KARL SCHUSTER

# Das Spiel und die dramatischen Formen im Deutschunterricht

## Theorie und Praxis

### 2. vollständig überarbeitete Auflage

## Schneider Verlag Hohengehren GmbH

Umschlaggestaltung:

Karl Schuster unter Verwendung eines seiner Aquarelle

Bildnachweis:

Foto S. 37 Jürgen Rinklef; Foto S. 59 Rudolf Mader;
alle übrigen Fotos stammen vom Autor selbst.

Gedruckt auf umweltfreundlichem Papier (chlor- und säurefrei hergestellt).

Die Deutsche Bibliothek – CIP-Einheitsaufnahme

**Schuster, Karl:**
Das Spiel und die dramatischen Formen im Deutschunterricht / Karl Schuster.
– 2., vollst. überarb. Aufl. –
Baltmannsweiler : Schneider-Verl. Hohengehren, 1996
   (Theorie und Praxis)

   ISBN 3-87116-487-9

© Schneider Verlag Hohengehren GmbH., Baltmannsweiler, 1996.
   Printed in Germany – Druck: Wilhelm Jungmann, Göppingen

# Inhalt

## Vorwort

Schon früh habe ich mich mit dem Spiel beschäftigt, habe als Schüler eine Spielgruppe geleitet und mir schon damals wertvolle Erfahrungen erwerben können. Als ich während meines Psychologiestudiums Mitte der 70er Jahre auf die interaktionistischen Spielformen stieß, die weitgehend aus der Encounter-(Selbsterfahrungs-)bewegung stammten und die damals nicht nur in der Universität populär wurden, begann ich mich mit diesem so wichtigen Bereich zu befassen. Das Konfliktrollenspiel wurde nun z. B. für die schulische Zwecke eingesetzt, aber auch im internationalen alternativen Theater verwendet.

Ich habe mich bis heute kontinuierlich mit dem Spiel und den dramatischen Formen befaßt und auch immer wieder einzelne Arbeiten dazu veröffentlicht. Die Materialien, die sich stapelten, und die vielfältigen Erfahrungen sollten nun ausgewertet und durch eine systematische Darstellung zugänglich gemacht werden. Es gibt zwar viele Publikationen zum Spiel im Deutschunterricht, aber bis heute keine Gesamtdarstellung.

Danken möchte ich Prof. Dr. Otto Schober und Dr. Bernhard Meier für die vielen wertvollen Gespräche und Anregungen und auch für die Durchsicht des Manuskripts.

Nicht zuletzt möchte ich auch allen SchülerInnen, StudentInnen und LehrerInnen herzlich danken für die Bereitschaft und den Mut, sich immer wieder auf oft sehr schwierige Spielprozesse einzulassen, für das Engagement und die kreative Phantasie, die oft vorbehaltlos experimentierend in den Situationen eingebracht wurden. Ohne die fast immer positive Einstellung der TeilnehmerInnen zum Spielbereich wären diese Erfahrungen und damit auch dieses Buch nicht möglich gewesen.

Bamberg / Nürnberg, Juni 1993                                        Karl Schuster

## Bemerkung zur zweiten Auflage

Die gute Aufnahme des Buches macht nach einer relativ kurzen Zeit schon eine 2. Auflage notwendig. Vielleicht spiegelt sich darin auch die Bedeutung wider, die LehrerInnen dem Spiel im Deutschunterricht einräumen.

Ich habe zwar keine prinzipiellen Veränderungen vorgenommen, den Text aber insgesamt überarbeitet.

Die Auswahlbibliographie wurde durch einige Titel ergänzt.

Ein besonderer Dank gilt dem Verlag, der dem Buch ein neues, attraktives „Outfit" genehmigte.

Bamberg / Nürnberg, April 1996                                       Karl Schuster

*Das Spiel bindet und löst. Es fesselt.*
*Es bannt, das heißt: es bezaubert.*
Es ist voll von den beiden edelsten Eigenschaften, die der Mensch an den Dingen
wahrzunehmen und auszudrücken vermag:
es ist erfüllt von Rhythmus und Harmonie.

*Johan Huizinga, 1956, S. 18*

*Für meine Frau Christiane,*
*unsere Söhne Michael und Stephan*

# Einleitung

Jeder Mensch weiß aus eigener Erfahrung oder glaubt es zu wissen, was man unter *Spielen* zu verstehen hat. Doch wenn man die Literatur zu sichten beginnt, die sich im allgemeinen mit dem *Spiel* oder mit *speziellen Spielformen* befaßt, dann begegnet man einer geradezu überwältigenden Fülle von Veröffentlichungen (siehe Literaturverzeichnis). Da *Spielen* alle Lebensbereiche des Menschen durchdringt und häufig genug auch die Grenze hin zum Ernst des Lebens überschreitet, zum Menschsein als solchem zählt, arbeiten viele Wissenschaftsdisziplinen und Forschungseinrichtungen an diesen Phänomenen. Neben der eigenständigen Spielforschung beschäftigen sich u. a. damit:

*die Psychologie – Pädagogik – Philosophie / Kulturforschung - Theaterwissenschaften – Geschichte – Literaturwissenschaft – Grundschuldidaktik – die Didaktiken der verschiedenen Unterrichtsfächer.*

Als Forscher hat man die Möglichkeit, *empirisch-analytisch* zu arbeiten, d. h. man untersucht Einzelaspekte des Spiels mit quantifizierenden und teils auch mit qualifizierenden Methoden. An der Universität Erlangen-Nürnberg (Erziehungswissenschaftliche Fakultät in Nürnberg) besteht eine *Forschungsstelle Spiel und Spielzeug*, die einen großen Teil ihrer Arbeit empirisch-analytisch durchführt (*z. B. Einsiedler, W./Treinies, G.: Zur Wirksamkeit von Lernspielen und Trainingsmaterialien im Erstleseunterricht. 1983; Bosch, E.: Lernspiele für den Grundschulunterricht. 1983. Veröffentlichungen der Forschungsstelle*); solche Untersuchungen sind wichtig und notwendig, da sie in vielen Fällen erst einen Einblick in bestimmte Zusammenhänge ermöglichen.

Man kann sich aber auch dem Gegenstand auf der *phänomenologischen Basis* nähern. *Seiffert (Bd. 2, 1983)* nennt dies eine „*lebenswissenschaftliche*" Haltung, die „*die Äußerungen der menschlichen Subjektivität als grundlegend für jede wissenschaftliche Betätigung ansieht und durch das Leben selbst – in doppelter Weise: als Voraussetzung und Gegenstand der Wissenschaft – unter die Kontrolle der wissenschaftlichen Vernunft stellt.*" (S.17) Und „*phänomenologisch*" ist nach *Seiffert* eine Methode, „*die die Lebenswelt des Menschen unmittelbar durch 'ganzheitliche' Interpretation alltäglicher Situationen versteht. Der Phänomenologe ist demnach ein Wissenschaftler, der selbst an dieser Lebenswelt teilhat, und der diese Alltagserfahrungen für seine wissenschaftliche Arbeit auswertet.*" (S. 26) Meine Vorgehensweise in diesem Buch entspricht eher dieser *phänomenologischen Methode.* Das *Fach Deutsch* hat vielfältige, komplexe Bezüge zum Spiel, die andere Disziplinen nicht in derselben Weise teilen. Ich werde versuchen, das Spiel in die *Bedürfnisse und Notwendigkeiten der Deutschdidaktik* einzuordnen. So ist in unserem Zusammenhang wichtig:

*– Die geschichtlich-historische Dimension der Spiele*

Welche Ursprünge hat z. B. das Kasperltheater, das Schatten- oder Maskentheater oder das Stegreifspiel? Diese Frage interessiert zunächst ohne Bezug zum Schüler, doch kann u. U. bereits der Jugendliche von dem Wissen um historische Zusammenhänge profitieren.

*– Die theatralische Bedeutung der Spielformen*

Da die dramatischen Formen zu den Gegenständen des Deutschunterrichts gehören, sind die Spiele nicht nur Methode des Unterrichts, sondern sie sind auch immer wieder zu befragen nach ihrem aktuellen Kontext zur bundesrepublikanischen und internationalen Theaterszene. Diese Aspekte sind notfalls in den Unterricht einzubringen und zu ergänzen. Der Deutschlehrer sollte bei seiner unterrichtlichen Arbeit immer den Zusammenhang, die Überschneidungssegmente mit dem kulturell-öffentlichen Bereich berücksichtigen (vgl. dazu das Kapitel über das *Freie und alternative Theater→ Augusto Boal→ Forumtheater*); der Schüler soll schließlich zur Teilhabe am kulturellen Leben der Gegenwart angeleitet werden.

Das *traditionelle Schultheater* hat in den letzten Jahren auch eine neue Bewertung und didaktische Ausrichtung erhalten. Es werden also die dramatischen Bereiche dieser Gattung hier Berücksichtigung finden, die die *Übertragung ins darstellende Spiel* geradezu dringend notwendig erscheinen lassen.

*– Bedeutung der Spiele für die verschiedenen Lernbereiche des Deutschunterrichts*

Ein besonders enger Kontext stellt sich zum *Lerngegenstand Dramatik* her; in der Kollegstufe gibt es in vielen Bundesländern einen *Grundkurs Dramatisches Gestalten*. Selbstverständlich sind *Spiel und produktionsorientierte Verfahren* aus dem modernen Literaturunterricht nicht mehr wegzudenken.

*Sprachdidaktisches Rollenspiel und interaktionistische Spielformen* finden immer häufiger Eingang in den Sprachunterricht.

*– Entwicklungspsychologische Aspekte des Einsatzes des Spiels*

Da sich die Deutschdidaktik mit allen Altersstufen auseinandersetzt, sind entwicklungspsychologische Aspekte zu berücksichtigen. Freilich kommt in vorliegender Abhandlung diesem Gesichtspunkt nicht die entscheidende systematisierende Funktion zu, wie es z. B. durchaus in rein psychologischen Abhandlungen der Fall sein kann. So findet man bei *Hans Mogel (Psychologie des Kinderspiels. 1991)* nur sporadische und unsystematische Spielbeschreibungen. Bei ihm, dem Psychologen, rückt das Kind ganz in den Mittelpunkt des Interesses. Die *pädagogische Perspektive des Deutschlehrers* wird durch die in unserem Zusammenhang ganz besonders wichtige *fachwissenschaftliche* ergänzt.

*– Anpassung an die Kultur und Aneignung der Kultur durch das Spiel*

Das Kind bzw. der Jugendliche paßt sich durch das Spiel einer Kultur, in der es bzw.

er lebt, an, wächst in deren Verhaltensweisen und -muster hinein. Das Spiel ist damit für die gesellschaftliche Existenz überlebenswichtig (siehe dazu auch Kap. 1).

Wenigstens ganz kurz möchte ich auch meinen eigenen Bezug zum Spiel darlegen. Seit fast zwei Jahrzehnten beschäftige ich mich mit dem Spielbereich. Als Vater nun schon erwachsener Söhne habe ich das kindliche Spiel in allen Phasen beobachten können und mit ihnen z. B. über Jahre hinweg jede Woche Kasperltheater gespielt. Schon sehr früh, in der Mitte der 70er Jahre, bin ich durch mein Psychologiestudium auf die interaktionistischen Bereiche gestoßen, die ich mir durch Teilnahme an den verschiedensten Ausbildungsveranstaltungen (vor allem der TZI = Themenzentrierte Interaktion → *Ruth Cohn*) angeeignet habe, bevor ich das erste Programm für Studenten gestaltete. Ich habe meine wissenschaftliche Beschäftigung mit dem Spiel immer auch praxisorientiert gesehen. Seminare zum Spiel im Unterricht sind auch immer Veranstaltungen, in denen die Studenten neben der Theorie auch Spielpraxis sammeln müssen. Bei der Lektüre wird man feststellen, daß ich natürlich bei manchen Spielformen mehr Erfahrung (z. B. bei *den neueren Spielformen, beim literarischen Rollenspiel, bei den traditionellen vor allem beim Kasperletheater*) gesammelt habe als bei anderen. Ich habe aber auch in der Praxis meist versucht, alle im Blickfeld zu behalten. Dennoch kann wohl kaum jemand einzelner, alle Ausprägungen mit der gebotenen Intensität in sein Repertoire aufnehmen.

Die Beispiele stammen aus:

– *dem universitären Bereich (der Arbeit mit den Studenten)*;

– *dem Bereich der Lehrerfortbildung.* Da nur über die Deutschlehrer selbst eine Breitenwirkung erzielt werden kann, ist für mich dieser Teil meiner Arbeit besonders wichtig. Sie waren dann meist in der Lage, Spielmethoden in ihren Unterricht erfolgreich einzuführen. Vielfältige Rückmeldungen machten dies deutlich. Die Beispiele aus dem Uni- und Lehrerfortbildungsbereich sollen auch aufzeigen, was *die Methoden insgesamt zu leisten vermögen* (dem germanistischen Leitinteresse entsprechend). Denn man könnte mir eventuell vorwerfen, daß nicht alle Modelle aus der Schule stammen. Ich sehe meine spielpädagogischen Intentionen ganzheitlich. Für mich ist die Arbeit mit den verschiedenen Gruppen gleich wichtig, wenn sich auch die Zielsetzungen unterscheiden.

– *Dem schulischen Bereich (aller Schulgattungen).* Da ich Praktika der Studenten betreue, konnte ich die Spielthematik immer wieder einbringen.

Das Buch möchte auch anregen, die eigene Unterrichtspraxis zu verändern; deshalb wurden überall dort, wo es möglich war, über die besprochenen Beispiele hinaus Spielvorschläge aufgenommen, die als Anregung in der Unterrichtspraxis ausprobiert werden können. Ich möchte Sie auch ermutigen, mit kleinen Schritten sofort zu beginnen und nicht abzuwarten, bis man sozusagen perfekt ist. Als Lehrer müssen Sie ohnehin jeden Tag vor Ihren Klassen ein gewisses schauspielerisches Talent beweisen. *„Der Lehrer als Spieler?"* fragt *Gerhard Lippert* im

*Deutschunterricht (3/83)* und gibt selbst die Antwort: „*Der Lehrer als Koordinator, Anreger, 'Vormacher' lernt manches von seinen Schülern, er muß selbst wieder 'phantasieren' lernen, vielleicht auch spielen. Ernst und Spiel sind keine Gegensätze; Spiel ist eine andere Form, sich mit Realität auseinanderzusetzen.* " *(S. 3)*

Die Komplexität des Spielbereiches drängt nicht selbstverständlich zu einer bestimmten Gliederung; vielfältige wären denkbar. In meiner Arbeit in der Praxis war der *Unterschied von traditionellen zu neueren Spielformen* immer wieder bestimmend, so daß ich von diesem Prinzip ausging. Um diesen Kernbereich gruppierte ich dann die notwendigen anderen Kapitel.

Man kann das Buch zum Nachschlagen benutzen, wenn man sich mit einem ganz bestimmten Spiel befassen möchte, es muß also nicht unbedingt chronologisch durchgearbeitet werden.

Zum geschlechtsspezifischen Sprachgebrauch möchte ich folgendes bemerken. Aus vereinfachenden Gründen werde ich meist die männliche Form benutzen, im vollen Bewußtsein, daß sich viele Frauen unter den Lehrkräften und Studierenden und viele Mädchen unter den „Schülern" befinden. Nicht immer konnte ich mich zu dem neutralen großen „I" im Wortinnern (z. B. die SchülerInnen) durchringen, da es sich doch um eine sehr künstliche Wortgestalt handelt. Manche engagierte Leserinnen mögen mir dies nachsehen.

Am Ende des Buches befindet sich eine *umfangreiche Bibliographie*, die für den Benutzer etwas aufbereitet wurde. Da in eine solche Publikation nicht für jede Spielform entsprechend umfangreiche Spielanleitungen und -vorschläge aufgenommen werden können, sind Bücher, die solche enthalten, mit einem * gekennzeichnet. Ich habe versucht, möglichst viele einschlägige Veröffentlichungen zusammenzutragen, die zwar oft nicht primär intentional auf die Deutschdidaktik ausgerichtet sind, aber für unsere Zwecke gut genutzt werden können. Hilfreich war mir dabei die Datenbank für Spielliteratur des *Matthias Grünewald Verlages Mainz*, die von *Prof. Dr. Jürgen Fritz* betreut wird und dem ich für seine Unterstützung danken möchte.

# 1 Allgemeines – Einführung – Theorie

Diesen Bereich werde ich ziemlich kurz abhandeln, da schon sehr viel Literatur dazu existiert, die kaum noch überschaubar ist. Dennoch finde ich es wichtig, die allgemeinen Bedeutungen des Spiels zu erörtern, damit die größeren Zusammenhänge deutlich werden, in die das Spiel im Deutschunterricht eingeordnet werden
muß.

## 1.1 Definitions- und Beschreibungsversuch des Spiels

„Trotz aller Bemühungen, die seit mehr als zweihundert Jahren von Philosophen und Fachgelehrten,
von Dichtern und Erziehern unternommen worden sind, gibt es noch nicht einmal eine anerkannte
Definition, mit der es gelungen wäre, aus dem allgemeinsprachlichen Wort [dem Spiel] einen wissenschaftlichen Terminus zu machen!" *(Scheuerl, H., in: Kreuzer, 1983, Bd. 1, S. 32)*

„*Spiel*" und „*spielen*" werden in vielfältigen Bedeutungszusammenhängen und
auch für die unterschiedlichsten Tätigkeiten benutzt, wie z. B. *Gesellschaftsspiel,
Fußball spielen, mit Gedanken, Gefühlen, Menschen spielen; Liebesspiel, Vor-
spiel; eine Rolle spielen; der Spielfluß; Spielbein – Standbein; Spieltrieb; das Spiel
des Lebens; Spielverderber; Spielgeld usw.*; auch in Redewendungen wird „*spielen*" verwendet: *jemandem übel mitspielen; er weiß, was gespielt wird; das Leben
aufs Spiel setzen; man spielt mit dem Feuer oder man spielt ein gefährliches Spiel;
das Wetter spielt verrückt.* Diese Ausdrücke sind symbolisch – metaphorisch aufzu-
fassen. Wichtig dabei ist die Tatsache, daß die Verwendung von „*Spiel*" und „*spielen*" nicht beschränkt bleibt auf das, was wir im allgemeinen im engeren Sinne darunter verstehen. Ja, es werden höchstbezahlte Tätigkeiten (wie das Spiel der Profis
im Tennis und Fußball) damit bezeichnet, die wir ansonsten eher dem Arbeitsbe-
reich zuordnen würden. Hier wird nämlich dem Prinzip Freiwilligkeit oder Freude
meist höchst zuwider gehandelt. Damit beginnen die Schwierigkeiten des Definie-
rens. Wenn die Semantik eines Wortes so Unterschiedliches beinhaltet, wird wohl
kaum eine allgemein gültige Definition möglich sein, sondern eher Beschreibungs-
versuche, mit denen sich der Sache angenähert werden kann. Für jedes Merkmal
lassen sich allerdings auch Beispiele finden, die diesem widersprechen. *Einsiedler*
definiert Spiel „*als eine Handlung oder Geschehniskette oder Empfindung, die
teils unter der Voraussetzung von mehr oder weniger (a) frei von sekundären
Zwecken, (b) vom Subjekt frei gewählt und bestimmbar, (c) von positiven Emotionen begleitet sowie (d) flexibel und wegen des offenen Ausgangs ambivalent ist. Je
stärker die jeweiligen Ausprägungsgrade der Merkmale sind, desto mehr ist vom
Spiel zu sprechen.*" *(1984, S. 894/895)*

Bei jedem dieser Bestimmungsmerkmale, so richtig das eine oder andere auch in
manchen Situationen sein kann, wird man Beispiele finden, auf die es nicht zutrifft.

Selbstverständlich verfolgen wir im Unterricht *sekundäre Zwecke* – ja dies tun häufig auch Eltern im familiären Bereich – und nicht immer wird ein Spiel (oder Spielverlauf) *positive Emotionen* freisetzen. Der „weinende Verlierer" ist keine Seltenheit.

*Scheuerl,* der sich über Jahrzehnte hinweg mit dem Spiel befaßt hat, schreibt:

„Spiele können nutzlose Überflüssigkeiten sein, bestenfalls geeignet, Langeweile zu verscheuchen. Sie können aber auch ins Zentrum des Daseins rücken, Leidenschaften erregen, bis daß ein Spieler 'alles auf eine Karte setzt': Geld, Vermögen, die eigene Existenz. Innerhalb der Gesamtheit aller Aktivitäten oder Erlebnisweisen kann Spielen bei Erwachsenen, Jugendlichen und Kindern eine ganz unterschiedliche Bedeutung haben: Es kann angenehme Unterbrechung des Alltags sein oder zentrale Ausdrucksweise eigenen Erlebens. Es kann ein Reservat sein, streng ausgegrenzt aus dem Ernst des übrigen Daseins; oder gerade ein verbindendes Moment, das alle Lebensäußerungen eines Menschen, einer Gruppe durchwirkt." *(Scheuerl, H., In: Flitner, A., 1988, S. 33)*

Er ringt sich dann doch zu einer Definition durch, die logisch scheint, die aber dieselbe Problematik aufwirft wie alle Definitionsversuche. *„Spiel, spielen ist ein Bewegungsablauf, der durch Momente der Freiheit, der Ambivalenz, der relativen Geschlossenheit und der besonderen Zeitstruktur und Realitätsbeziehung ('innere Unendlichkeit', 'Scheinhaftigkeit', 'Gegenwärtigkeit') von anderen Bewegungsabläufen unterschieden werden kann." (1975, S. 347)*

*Elke Callies (1976, S. 7–11)* hat eine pragmatische Sammlung von Merkmalen des Spiels, die für den schulischen Bereich besonders geeignet sind, aufgestellt:

Spiel = intrinsisch motiviertes Verhalten
zweckfreies Verhalten
freiwilliges Tun
handelnde Auseinandersetzung mit der Umwelt
selbstbestimmte Aktivität
Tätigkeit mit Spaß und Vergnügen
expressives Verhalten
Aktivität mittlerer emotionaler Spannungslage
frei von formellen Sanktionen und sozialen Repressionen
kein Ernstcharakter
vermittelt als Quasirealität zwischen Phantasie und
Wirklichkeit gekennzeichnet durch Ambivalenz

Eine Annäherung an den Gegenstandsbereich Spielen hat *Hans Mogel (1991)* besonders eindrucksvoll in seinen etwa 20 Beschreibungsstatements, die zum Teil aus einer Studentenbefragung stammen, demonstriert, die ich hier anfügen möchte. Wir können festhalten, daß vielleicht auf das jeweilige einzelne Spiel nur einige Sätze zutreffen.

o Spielen bedeutet irgend etwas nur zur Freude zu machen, Spaß und Vergnügen zu haben, Amüsement und Lust zu erleben.

o Spielen meint eine Tätigkeit oder ein Verhalten, das frei gewählt ist und das frei ist von äußeren Zwängen.

o Spielen heißt Beschäftigung im Raum mit Gegenständen zwecks Zeitvertreib und Vergnügung.

o Spielen heißt, sich für kurze Zeit losgelöst fühlen vom Alltag, es heißt eigentlich Freizeit„vertreib".

o Für das Spielen muß genügend Zeit vorhanden sein, unter Zeitdruck kann man nicht spielen.

o Meistens kann man Räumlichkeit und Zeitlichkeit beim Spiel momentan überwinden, man wird von der Räumlichkeit und Zeitlichkeit unabhängig.

o Spielen heißt Gestaltung von Raum und Zeit.

o Spielen heißt Auslotung aller Ebenen der Wirklichkeit. Spielen verschafft einen Zugang zur „Welt". Spielen ist der Ausdruck des eigenen „Selbst" .

o Spielen heißt Umsetzung individueller Kreativität. Spielen bedeutet ein Nachaußenkehren seelischer Konstellationen. Spielen ist eventuell ein Abbild der Psyche.

o Spielen heißt das Errichten einer Phantasiewelt. Es ist oft ein Schlüpfen in eine andere Rolle, aber auch der Versuch, die reale Welt nachzustellen (zum Beispiel Spielen mit Fischertechnik) und dadurch neue Gesetzmäßigkeiten zu erlernen. Das ermöglicht es, das logische Denken zu erlernen.

o Spielen heißt Hintergrund für ungezwungene Unterhaltung, bedeutet, sich mit seinem Spielpartner auf ein anderes Gebiet zu begeben, ihn anders kennenzulernen.

o Spielen heißt „Kommunikation" mit Gedanken/Dingen/Personen.

o Spielen heißt Auseinandersetzung mit der Umwelt oder/und Personen in Freiheit mit Freude, ohne Ernstcharakter – von den Folgen her betrachtet, vom Engagement her besteht Ernst.

o Spielen heißt die Auseinandersetzung mit Gegenständen nach eigenen oder vorgegebenen Regeln. Dabei werden die Ziele teilweise selbst gesteckt. Das Spiel ist aber deutlich von Arbeit und Pflicht abgetrennt.

o Wenn man das Spiel kennzeichnet, muß man seine Zielrichtung nennen. Spielen ist auf Lustgewinn gerichtet (Ausnahmen: das Durchspielen von Sachverhalten im Management und das professionelle Spielen im Sport).

o Spielen heißt, daß das Ziel des Spiels nicht immer von vornherein festgelegt ist.

o Spielen bedeutet immer ein Bewegen, selbst wenn dieses Bewegen nur in Gedanken ist.

o Spielen heißt Bewegung und spannender Kampf, Vergleich, Herstellen einer Rangordnung (zum Beispiel „Computer-Weltranglisten").

o Spielen erzeugt eine gewisse Spannung: „thrill".

o Spielen heißt, daß ein Subjekt sich mit einem Objekt auseinandersetzt, so daß Spannung entsteht, aber freiwillig, um sich zu amüsieren.

o Spielen heißt, irgend etwas nur zur Freude und zum Wohlgesinntsein machen. Man kann es auch gezielt einsetzen, um etwas zu üben, aber es muß unbedingt Spaß machen. Spielen ist für alle wichtig, auch für Erwachsene, um das Leben vor Trübsinn und Sinnlosigkeit zu retten.
*(S. 3–6)*

## 1.2 Kulturelle Bedeutung des Spiels

„Spiel ist älter als die Kultur; denn so ungenügend der Begriff Kultur begrenzt sein mag, er setzt doch auf jeden Fall eine menschliche Gesellschaft voraus, und die Tiere haben nicht auf die Menschen gewartet, daß diese sie erst das Spielen lehrten. Ja man kann ruhig sagen, daß die menschliche Gesittung dem allgemeinen Begriff des Spiels kein wesentliches Kennzeichen hinzugefügt hat. Tiere spielen genauso wie Menschen. Alle Grundzüge des Spiels sind schon im Spiel der Tiere verwirklicht." *(Huizinga, J., 1965, S. 9)*

*Huizinga* meint, man brauche nur die jungen Hunde beobachten, wie sie miteinander balgten, was begleitet sei durch eine Art *„von zeremoniellen Haltungen und Gebärden"*, und man wisse, daß sie miteinander spielten.

Sie würden bestimmte Regeln einhalten, daß man z. B. seinem Bruder das Ohr nicht durchbeißen solle. Und sie stellten sich so, als ob sie fürchterlich böse seien. Das Wichtigste aber sei, an alledem hätten sie ungeheuer viel Vergnügen und Spaß. Dabei sei dies nur eine einfachere Form des Tierspiels. Es gäbe viel höhere und entwickeltere Stufen: *„echte Wettkämpfe und schöne Vorführungen vor Zuschauern."* *(S. 9)*

Viele spielerische Erscheinungsweisen sind aus ursprünglichen Bedürfnissen des Menschen entwickelt worden, um z. B dem *elementaren Bewegungsdrang* zu genügen. Der Mensch war in seiner evolutionären Entwicklung als Jäger und Sammler auf seine Kondition und läuferische Fähigkeiten (besonders beim Mann) angewiesen (vgl. den Beginn der olympischen Spiele im antiken Griechenland). Seiner existentiellen Unsicherheit versuchte er, durch mythologische Deutungsspiele zu begegnen. Im anthropologischen Sinne leistet das Spiel einen entscheidenden Beitrag zur Sinnfindung in bezug auf das menschliche Leben.

„Die frühe Gemeinschaft vollzieht ihre heiligen Handlungen, die ihr dazu dienen, das Heil der Welt zu verbürgen, ihre Weihen, ihre Opfer und ihre Mysterien, im reinem Spielen im wahrsten Sinne des Wortes.

In Mythus und Kult aber haben die großen Triebkräfte des Kulturlebens ihren Ursprung: Recht und Ordnung, Verkehr, Erwerb, Handwerk und Kunst, Dichtung, Gelehrsamkeit und Wissenschaft. Auch diese wurzeln somit sämtlich im Boden des spielerischen Handelns." *(Huizinga, S. 12)*

Und *Röhrs* ordnet das Spiel der menschlichen Existenz zu:

„Das Sorgen, Lieben, Kranksein, Glücklichwerden, Angsthaben und Mutmachen als die anthropologischen Endpunkte menschlicher Daseinsverwirklichung werden spielend so häufig eingesehen und durchleuchtet, daß sie in ihren Grundstrukturen vertraut sein müssen, sobald sie existentiell einzulösen sind. Diese Konstruktion der Welt und ihrer tragenden Inhalte im Spiel ist eine wichtige Funktion, die erlaubt, davon zu sprechen, daß das Spiel eine Grundbedingung des Lebens sei. Dazu gehört auch das spielende Einüben, Funktionalisieren und Koordinieren der Körperlichkeit und der Sinnesfunktionen.

Ichfindung und -verwirklichung erhalten auf dieser spielerischen Basis eine weitaus distanziertere und offenere Struktur als in einem Lebensrahmen, in dem die Arbeit und der dazugehörige Pflichtenkreis sehr früh beginnen. [...] Kreativität als Innovation und Reformation läßt sich nicht erzwingen; sie bedarf vielmehr der spielerischen und perpetuierlich weiterentfalteten Rahmenbedingungen." *(Röhrs, H., in: Kreuzer, 1983, Bd. 1, S. 61/62)*

Jede Spielform hat neben dem historischen und existentiellen Bedeutungshorizont auch ein ganz konkretes aktuelles Umfeld, das durch die soziokulturellen Bedingungen mitbestimmt wird. So haben die gesellschaftlichen Umwälzungen der späten 60er und beginnenden 70er Jahre den Durchbruch des *Konfliktrollenspiels* entscheidend begünstigt (vgl. S. 71/92). Denn der Mensch sollte konfliktfähig werden. Ja, man erwartete die Veränderung der Gesellschaft, die Überwindung des Spätkapitalismus, und dabei sollte diese Spielform u. a. hilfreich sein. Die *Selbsterfahrungsbewegung* hat in Schule und Theater die *interaktionistischen Übungen und Experimente* gebracht. Sensibilität im Bereich der Körpererfahrung, von vielen Menschen im Alltag als nicht mehr existent empfunden, sollte auf diese Art und Weise wieder gelernt werden. *Alternatives und Freies Theater* bedingten einen anderen Typ von Schauspieler, der seine Aufgabe vor allem auch darin sah, den Zuschauer aktiv am Geschehen zu beteiligen (vgl. S. 127).

## 1.3 Das Spiel und die Entwicklung des Kindes bzw. des Jugendlichen

### Aufbau der persönlichen Identität

Im Spiel ist es notwendig, jeweils Kooperationsbereitschaft, aber auch Abgrenzungsleistungen zu erbringen, was je nach Alter unterschiedliche Möglichkeiten und Formen generiert. Im spielerischen Umgang mit der Mutter entdeckt schon der Säugling, daß er nicht mit ihr identisch ist. Die Entwicklung der persönlichen Identität ist intensiv an das Spielen gekoppelt, denn es ist der Bereich, in dem das Kind relativ sanktionsfrei die Um- und Neudefinitionen seiner Person erproben und damit stabilisieren kann, bis sie einem neuen Entwicklungsschub weichen müssen. Der Deutschunterricht ist in besonderer Weise gefordert, die persönliche Identität in einer Welt zu entwickeln, die immer weniger verbindliche Norm- und Wertordnungen und entsprechende Lebensentwürfe für den einzelnen bereit hält *(vgl. dazu Spinner, K. H., 1980; Beck, U. / Beck-Gernsheim, E., 1990; Ziehe, Th., 1985).*

### Das Spiel als Assimilation der Wirklichkeit *(nach Piaget/Inhelder, in: Flitner, 1988, S. 131).*

Das Kind bzw. der Jugendliche muß sich immer auf die Umweltgegebenheiten beziehen, sie ins Spiel einbringen und u. U. auch verändern (z. B. seine Verhaltensschemata). In diesem Zusammenhang hat das (sprachdidaktische) Rollenspiel einen besonderen Stellenwert. Denn dabei muß der einzelne auf seine Erfahrungen zurückgreifen.

„Es ist deshalb für das Kind notwendig, daß es über ein eigenes Ausdrucksmittel verfügen kann, das heißt über ein System von Zeichen, die es selbst aufgebaut hat und die es nach seinem Willen zurechtbiegen kann: das ist das System der Symbole, die für das symbolische Spiel eigentümlich sind, die als Werkzeug der Nachahmung entliehen wurden, aber einer Nachahmung, die nicht um ihrer selbst willen betrieben und nur Erinnerungsmittel im Dienste der spielerischen Assimilation verwendet wird:

das ist das symbolische Spiel, das nicht nur wie das Spiel im allgemeinen Anpassung des Wirklichen an das Ich, sondern eine Assimilation ist, die durch eine symbolische Sprache vollzogen wurde [...], welche das Ich aufgebaut hat und die nach Maßgabe der Bedürfnisse modifizierbar ist." *(Piaget/Inhelder, S. 130)*

**Das Spiel als entdeckendes Lernen** *(nach Bruner / Sherwoord, in: Flitner, 1988, S. 158ff.)*

Da im Spiel keine harten Sanktionen wie im wirklichen Leben zu erwarten sind, kann das Kind/der Jugendliche neues Verhalten erproben, Probleme zu lösen versuchen, sein kreatives Potential stärker einbringen und nutzen. Manchmal wird dies auch als experimentierendes Lernen bezeichnet.

**Das Spiel als Übergang zum abstrakten Denken und geplanten Handeln** *(nach Wygotski, L. S., 1977, S. 36ff.)*

Diese Funktion wird vor allem Fiktions- und Regelspielen zugeschrieben, da es hier um die Trennung von Gegenstand / Handlung und Bedeutung geht, d. h. die Bedeutung eines Gegenstandes kann von der Wahrnehmung dieses Gegenstandes und der Sinn einer Handlung vom konkreten Handlungsvollzug abgelöst werden. *„Deutlicher konnte nicht gesagt werden, daß das Bedürfnis nach logischem Denken und das Bewußtsein der Wahrheit selbst aus der Kommunikation des Bewußtseins des Kindes mit dem anderer entstehen."* (Wygotski, S. 57)

**Das Spiel als Therapie**

In der Psychotherapie werden die unterschiedlichsten Spielformen eingesetzt, um therapeutische Prozesse anzubahnen (vgl. dazu Band 4 von *Kreuzer, J.*, 1984, der sich ganz mit *„Spiel im therapeutischen und sonderpädagogischen Bereich"* befaßt) und zu stabilisieren, vor allem im Zusammenhang mit der *Humanistischen Psychologie*. Im Spiel werden Erlebnisse, Verletzungen, Traumata und Ängste verarbeitet, die Umweltbeziehung evtl. umorganisiert. Seelische Konflikte können auf diese Weise bewußt und evtl. gelöst werden. Therapeuten sprechen von der kathartischen (reinigenden Funktion) der Spiele (vgl. das *Psychodrama* S. 87ff.). Ja, für den geübten Teilnehmer/Lehrer kann die Beobachtung des Kindes als diagnostisches Hilfsmittel genutzt werden. In der Schule wird man diese Funktion nicht gezielt und kontrolliert ansteuern wollen und können. Dennoch sind solche Nebenwirkungen nicht auszuschließen, da diese sich elementar während des Spiels ereignen.

**Das Spiel als Förderung der Sprachentwicklung und kommunikativen Kompetenz**

Im Spiel kommt es unwillkürlich zur Artikulation, zum Ausdruck und zur Kommunikation, da es am vorhandenen Objekt bzw. bei der notwendigen Interaktion immer etwas zu beschreiben, etwas mitzuteilen gibt. Diese Voraussetzung kann genutzt werden, das Kommunikationsverhalten zu verbessern. Darüber hinaus kann im Spiel mit Sprache diese Funktion ebenfalls erreicht werden. (Vgl. dazu auch das Kapitel *„Kommunikation als Prinzip des Deutschunterrichts"* in meiner *Einführung in die Deutschdidaktik*, 1993)

**Das Spiel und die soziale Entwicklung**

Durch das Spiel lassen sich leicht und schnell soziale Gruppen konstituieren, da es den Spielpartnern gemeinsame Erfahrungen ermöglicht und die Beteiligten in recht engen Kontakt miteinander bringt. *„Sie bauen einen gemeinsamen Bestand von Erinnerungen an Erlebnissen und von Interpretationen auf. Folglich bieten sie eine vielfältige Auswahl an Identifikationsmöglichkeiten und bereiten Kooperationen vor. Da sie helfen, grundsätzlich geklärte und tragfähige Sozialbeziehungen miteinander zu unterhalten, sorgen sie zugleich für eine Grundlage kritischer Auseinandersetzungen mit Problemen in der Gruppe, aber auch mit Neuem, das von außen hereingetragen wird."* *(Krappmann, in: Flitner, 1988, S. 172)*

In diesem Zusammenhang sollen weitere Funktionen des Spiels nur angedeutet werden:

– Das Ausbilden des emotionalen Ausdrucks (Lachen, Weinen, Zorn, Trauer),
– das Vertrautwerden mit dem Körper (z.B. mit pantomimischen Übungen).

Dies bedeutet auch

– die Ausformung der Bewegungen, der Körpersprache,
– die Schärfung der Sinne und der Wahrnehmung, die Verbesserung der Gedächtnisleistungen und der Ausdauer.

## 1.4 Das Spiel und der Deutschunterricht

Es ist notwendig, bevor die einzelnen Spielformen genauer betrachtet werden, sich über das Verhältnis von *Spiel und Deutschunterricht* allgemein Gedanken zu machen. In keinem anderen Fach sind die Bezüge von solcher Komplexität, mit Ausnahme des Sportunterrichts, der sich vielleicht auf einer noch elementareren Ebene bewegt. Sicherlich wird heute, bis zu einem gewissen Alter, fast in jedem Fach gespielt, schätzt man doch die Vorzüge des spielerischen Lernens:

– *Spielen vermenschlicht die Schule.*
– *Spielmaterialien fordern zu handelndem Tun auf (Entwicklung der kognitiven Fähigkeiten; so zielen z. B. Lernspiele auf die Entfaltung manueller und intellektueller Fähigkeiten).*
– *Spielen fördert die soziale Handlungskompetenz. (Erfassung von Situationen, sozialen Strukturen, Rollenmerkmalen; Übernahme von Einstellungen, Einüben von Rollenverhalten)*

Im Spiel werden Lernvoraussetzungen grundgelegt. Spiele tragen zur Entfaltung von Fähigkeiten bei, wie sie auch beim systematischen Lernen und Arbeiten gebraucht werden. Spiele bahnen damit Grundhaltungen an und fördern das Arbeitsverhalten, schaffen Befriedigung am eigenen Tun und entwickeln planmäßiges Vorgehen, helfen zum Überwinden von Schwierigkeiten, lassen erkennen, daß das *Ergebnis Resultat eigener Anstrengung* ist und fördern ausdauernde und konzentrierte Betätigung.

„Ebenso wie die Persönlichkeiten Erwachsener durch ihre Lebenserfahrung reifen, entwickeln sich die Kinder durch ihr Spiel und durch die spielerischen Erfindungen anderer Kinder und Erwachsener. Indem sie sich innerlich bereichern, vergrößern die Kinder allmählich ihre Fähigkeit, den Reichtum der realen äußeren Welt zu erkennen. Spiel ist stetiges schöpferisches Tun, ist Lebendigkeit." *(Winnicott, D. W., in: Flitner, A., 1988, S. 109)*

Auch *Jean Piaget* sieht im kindlichen Spiel einen Weg zur Erkenntnis der Wirklichkeit, wobei er besonders die Entwicklung der kognitiven Fähigkeiten betont.

Im *Bayerischen Grundschullehrplan* wird die Bedeutung des Spiels für das Kind hervorgehoben:

„Vor dem Schuleintritt überwiegen im Leben des Kindes spielerische Betätigungen und Lernweisen. Es kann weitgehend selbst bestimmen, wie lange und womit es sich beschäftigen will. Auch die Förderung im Kindergarten ist noch nicht auf allgemein verbindliche Lern- und Leistungsanforderungen festgelegt. Damit der Übergang des Kindes in die Schule möglichst wenig Schwierigkeiten bereitet, muß der Unterricht der beiden ersten Schuljahre inhaltlich und methodisch in besonderer Weise gestaltet werden. Er muß Gelegenheit zu Spiel, Bewegung und musischer Betätigung geben und darf das Kind hinsichtlich Stillsitzen, Dauer der Aufmerksamkeit und anderer Leistungserwartungen nicht überfordern." *(CULP Bayern 1981, Unterricht in der Grundschule 3.1)*

So wichtig es mir erscheint, deutlich und bestimmt spielerische Aktivitäten als Unterrichtsmethode zu fordern, so entlarvend ist es doch auf der anderen Seite, daß vor allem auf die beiden ersten Schuljahre Bezug genommen wird. Der Lehrplan fährt nämlich folgendermaßen fort: *„Er* [der Unterricht] *läßt dem Kind Zeit, sich allmählich in die Ordnung der Schule einzuleben und weist doch zunehmend die Merkmale schuleigenen und planmäßigen Lernens und Arbeitens auf."* Leider bestätigt sich bei der Durchsicht der Lehrpläne die Befürchtung, daß mit zunehmendem Alter der Schüler die Erwähnung bzw. die Forderung nach dem Spiel als Unterrichtsmethode abnimmt, bis es abgesehen von rudimentären Restbeständen aus den Lernzielkatalogen ganz herausfällt, spätestens etwa ab der 7. Jahrgangsstufe. Das Spiel wird durch *ernsthafte Arbeit* abgelöst.

All diese Vorzüge und Probleme beziehen sich natürlich auch auf den Deutschunterricht. Worin aber liegt nun die besondere Affinität des Spiels zu unserem Fach?

Die Deutschdidaktik und die Deutschlehrer haben ein *spezielles Interesse*, das in derselben Weise von anderen Disziplinen nicht geteilt wird, da sich die Spielforschung (Psychologie und Pädagogik) vornehmlich mit psychischen und physischen Phänomenen, die auch in der Entwicklungspsychologie ihren Niederschlag finden, beschäftigt *(vgl. Oerter, R. / Montada, L., 1987; Kreuzer, K. J.,(Hrsg.), 1983/84).*

Vielfältige Bezüge des Deutschunterrichts auf verschiedenen Ebenen berühren den Bereich des Spiels:

– *Das Kind lernt spielerisch die Muttersprache.*
Der Spracherwerb vollzieht sich in einer aktiven Auseinandersetzung mit der sozialen Umwelt. In einem ständigen Rückkoppelungsprozeß erprobt das Kind sprachliche Varianten, wobei auch Phantasie und Kreativität gefordert sind.

– *Das Kind bzw. der Jugendliche soll eine umfassende kommunikative Kompetenz erwerben, damit gegenwärtige und zukünftige Lebenssituationen möglichst erfolgreich bewältigt werden können.*
Diese Fähigkeiten und Fertigkeiten zur Kommunikation können im Deutschunterricht mit Hilfe verschiedener Spielformen erprobt und angebahnt werden (vgl. dazu das *sprachdidaktische Rollenspiel und die Pantomime*). Besonders interaktionistische Spielformen sind in diesem Zusammenhang geeignet (siehe S. 99ff.).

– *Zu den literarischen Gegenständen des Deutschunterrichts zählen alle dramatischen Formen, deren konstituierendes Wesensmerkmal es ist, im Spiel realisiert zu werden.*
Das Spiel ist also *Methode und Gegenstand des Deutschunterrichts.*
So begegnet das Kind im Vorschulalter im *Kasperltheater* der ersten dramatischen Form. Auch wenn der Theaterbesuch immer noch einer kleinen Minderheit vorbehalten bleibt, so ist heute jeder Mensch den vielfältigen *medialen dramatischen Formen ausgesetzt. Medienerziehung* wird damit zu einer wichtigen Aufgabe des Deutschunterrichts.

Viele Spielformen reichen zurück bis in die Antike (z. B. die *Pantomime und das Maskenspiel*). Durch eine solch lange Tradition und durch die geschichtliche Entwicklung haben diese eine *Tiefendimension.* So muß im Unterricht der *historische Aspekt* Berücksichtigung finden (selbstverständlich unterschiedlich ausführlich je nach Altersstufe und didaktischer Situation); denn auch die kulturelle Identität einer Nation knüpft an diese Zusammenhänge an.

Aber auch junge Entwicklungen im interaktionistischen Spielbereich *(Konfliktrollenspiel oder New Games)*, die nicht so eng an der Literaturwissenschaft orientiert sind, beziehen sich auf gesellschaftlich-historische Zeitumstände.

## 1.5 „Der Körper, das sind wir!"

(Körpertheater heute)

In einem Seminar versuchten wir, *Balladen ins szenische Spiel* umzusetzen (pantomimisch, sprachgestaltend mit verteilten Rollen, mit dem Rollenspiel). *„Belsazar"* von H. Heine machte einer Gruppe – wir hatten uns mit verschiedenen Balladen beschäftigt – Schwierigkeiten in bezug auf den Höhepunkt. Ein Student las den

Satz *„Jehova! Dir künd ich auf ewig Hohn – ich bin der König von Babylon."* viel zu ausdrucksschwach. Erst als ich ihn bat, doch auf einen Tisch zu steigen und die Fäuste drohend gegen den Himmel zu recken, da brach das Gotteslästernde, das Ungeheuerliche, die Blasphemie sehr eindrucksvoll durch. Die *körperliche Aktion* ermöglichte einen völlig anderen Tonfall.

Ein anderes Beispiel: In einer 5. Klasse wurde eine Szene aus der Erzählung von *Astrid Lindgren „Die Mutprobe"* dargestellt. Die zwei Buben, Anführer zweier „Banden", *Albin und Stig,* schaukeln sich gegenseitig mit ihren Mutproben so hoch, daß sie schließlich vom Dach eines Kuhstalls springen wollen. Ein Schüler sollte nun versuchen (im Rahmen eines literarischen Rollenspiels), die beiden (die auf den Schulbänken standen) eindringlich zu bitten, diesen gefährlichen und unsinnigen Sprung nicht zu tun. Der Schüler stellte sich vor die beiden, *verschränkte die Arme hinter dem Rücken* und begann so mit seiner Überzeugungsarbeit, die entsprechend dünn ausfiel. Die Springer ließen sich nicht abhalten. Ich fragte die Zuschauer, die den entscheidenden körpersprachlichen Ausdruck durchaus beobachtet hatten, woran es wohl gelegen habe. In einem zweiten Durchgang wurden die Hände flehend emporgehoben, und damit veränderte sich die ganze Argumentation. Die Kirchen wissen seit Jahrhunderten sehr wohl, wie stark symbolische körperliche Gesten auf andere wirken und setzen sie auch gezielt in vielfältiger Weise ein.

Der Lehrer sollte bei sich selbst und den Schülern stets darauf achten, daß *körperlicher Ausdruck und verbale Ebene* übereinstimmen. Ebenso muß bei jedem *lauten Lesevorgang* auf eine Kongruenz zwischen dem *Text und dem Körperausdrucksverhalten* geachtet werden. In der Regel sitzt der Schüler zusammengekauert auf seinem Stuhl vor seinem Tisch bzw. seiner Bank, eine Haltung, die einem intensiven Sprachfluß mit entsprechendem Atemeinsatz sehr hinderlich ist. Und in dieser Haltung, oft noch den Kopf gesenkt, liest er die meisten Texte. Zur Informationsentnahme, zum stillen Erlesen mag dies genügen, für den Vortrag der meisten Gedichte, epischen Kurzformen und von vielen anderen Texten nicht. Schüler und Studenten waren häufig sehr erstaunt, wie sich das laute Vorlesen fast von selbst veränderte, wenn sie sich aufrichteten, auf die Bank setzten oder stellten, eine andere räumliche Position im Klassenzimmer einnahmen, vor allem dann, wenn mehrere Sprecher beteiligt waren. Oft wurde schon durch das bewußte körperliche Arrangement, wobei selbstverständlich in einem Reflexionsprozeß – sehr kurz bis relativ ausführlich – die Beteiligten mitentschieden, die Intention des Textes sinnlich erfahrbar, so daß die sich anschließende Verstehensarbeit erleichtert wurde. Wenn Studenten darüber diskutieren, wie, wo und warum der König *Belsazar* so und nicht anders körperlich agieren solle, dann ist dafür ein grundlegendes Verständnis für die Figur notwendig. *(Vgl. Spinner, K. H., 1996)*

Da in unserem Schulwesen diese elementare Ebene oft ignoriert wird, könnte gerade *das Spiel* derartige Körpererfahrungen ermöglichen. Diese Bewußtheit ist allerdings auch in Spielprozessen nicht selbstverständlich gegeben, sondern sie erfordert eine wachsame Beobachtung und ein Wissen um derartige Zusammenhänge. *Lander/Zohner (1988)* schreiben dazu:

„In unserem *Leib* ruhen wir, nicht in unserem Intellekt oder in unseren Muskeln. Freude, Trauer, Zartheit, Zärtlichkeit, Kraft durchdringen uns, unseren Leib. Nur über unseren Leib können wir Vielfältiges wahrnehmen. Damit schließen sich für uns ein-seitige Positionen aus, wie z. B. Körperkult mit Muskeltraining o. ä., der Körper unser Gott, oder daß der Körper nichts ist, nur negativ bewertet wird, nur 'sündiges Fleisch', oder wir nehmen unseren Körper nur wahr, wenn er schmerzt, Grenzen setzt, uns einschränkt, wenn wir ihn abspalten, gefühllos werden, nicht mehr die Gefühle in ihm wohnen lassen. Wir möchten integrieren: Körper – Seele – Geist, im Leib erfahrbar." *(S. 9; vgl. auch Dychtwald, K.: Körperbewußtsein. 1981)*

Diese Integration wird auch für die Schule seit den 60er Jahren immer wieder angemahnt, geändert hat sich allerdings nur wenig oder allenfalls in Randbereichen. Man kann z. B. durchaus auch die Theater-Arbeitsgemeinschaft konventionell betreiben oder bewußt *Körperübungen, Körperwahrnehmung* als die Grundlage ansehen. Ich konnte bei den deutschen Schultheatertagen (siehe S. 59) beobachten, wie sehr in diesen Spielgruppen die Inszenierungen unglaublich an Intensität gewannen. *„Körperarbeit"* kann in allen Lernbereichen „geleistet" werden, aber in Spielprozessen ist sie unabdingbare Voraussetzung.

Ein Heft *(1/1989)* der Zeitschrift *„Praxis Spiel + Gruppe"* beschäftigt sich mit dem Thema *„Körpererleben"*. Im Vorwort dazu wird festgestellt, daß wir *„die wachsende Entfremdung von allen natürlichen körperlichen Vorgängen"* spüren, *„zu der die unaufhaltsame Zerstörung ökologischer Zusammenhänge ebenso gehört wie die von wirtschaftlichen Interessen diktierten Konsumzwänge, in die der einzelne gerät ohne Rücksicht auf die Bedürfnisse des Körpers. Auf der anderen Seite stehen die Versuche, eben diese Entfremdung durch Körper-Faszination zu kompensieren." (S. 1)* Diese Einstellung schließt ein, daß wir zwar „Körper sind", aber gleichzeitig unser Körper in größere Zusammenhänge eingefügt ist, wir also Teil dieser Natur sind. *„Die Erfahrung des eigenen Körpers in Beziehung zur Umwelt bzw. in Beziehung zu anderen Körpern strukturiert unsere Wahrnehmung von Wirklichkeit." (S. 1)*

*Christel Wagner* leitet in ihrem Aufsatz *(Körper erfahren, Praxis Spiel + Gruppe, 1989)* zur Körpererfahrung folgendermaßen an:

„'Bitte suche Dir einen Platz im Raum, wo Du genug Bewegungsfreiheit hast. Laß Dir Zeit, den Boden mit Deinen Füßen zu spüren...

Schließe Deine Augen, und achte darauf, wie Du Dich in Deinem Körper fühlst... Wie stehst Du auf dem Boden?...

Nimm Deinen Atem wahr...

Stell Dir vor, Du stehst mit Deinen Füßen auf einer Schwelle. Laß Dir Zeit, Dir diese Schwelle wirklich vorzustellen. Vielleicht kannst Du sie sogar mit Deinen Füßen fühlen...

Diese Schwelle trennt zwei Räume. Hinter ihr liegt ein Raum und vor ihr liegt ein anderer Raum...

Was könnte für Dich hinter der Schwelle liegen – und was vor der Schwelle... Laß Gedanken, Bilder, Phantasien dazu in Dir entstehen...Spüre jetzt wieder Deinen Körper. Wie geht es dir auf dieser Schwelle?... Laß eine Bewegung in Dir entstehen, die etwas von dem ausdrückt, was in Dir vorgeht... Führe diese Bewegung eine Weile aus...

Dann öffne bitte die Augen, bleib bei Deiner Bewegung und nimm zu den anderen in Deiner Nähe Blickkontakt auf... Jetzt schließe wieder die Augen und spüre nach, wie das war: anderen Deine Bewegung zeigen...'

Nach einer Pause bat ich die Teilnehmer, ihre Augen wieder zu öffnen, sich zwei Partner in ihrer Nähe zu suchen, um sich für eine Weile zusammenzusetzen und auszutauschen. Danach kamen wir für die Aufarbeitung im Plenum zusammen." *(S. 13/14)*

Dieses Sich-Einstimmen kann durchaus, wenn auch in etwas verkürzter Form, zu Beginn einer jeden Übung bzw. eines jeden Spiels stehen. Selbstverständlich hat diese Körpererfahrung besondere Nähe z. B. zur *Pantomime, dem interaktionistischen Spiel und den New Games* in diesem Buch.

## Beispiel: Die Hände und das Spiel

Wir begleiten unser Sprechen und unsere Interaktion fast immer mit Gebärden der Arme, der Hände, ja wir benutzen diese als Taktgeber, die das Gesagte akzentuieren *(vgl. Schuster, K., 1993, S. 84)*. Wir können mit den Händen auch räumliche Relationen symbolisch sichtbar werden lassen. Dem Zuhörer oder Gesprächspartner, und selbstverständlich insbesondere dem Schüler, wird dadurch meist das Verstehen erleichtert. Der Lehrer sollte auf jeden Fall *„mit seinen Händen sprechen"*.

„Lehrer in der Schule stehen häufig vor der kaum lösbaren Aufgabe, Sachverhalte zu vermitteln und gleichzeitig ein kaum überschaubares Beziehungsgeschehen zu strukturieren. Hier übernehmen die Hände häufig die Funktion, für eine Ordnung im Kommunikationsfluß zu sorgen, während auf der verbalen Ebene die inhaltliche Stoffvermittlung relativ ungestört vonstatten geht. Es scheint eine spezifische 'Handsprache' in der Schule zu geben, die von Lehrern und Schülern rasch und meist unbewußt erlernt wird [...]." *(Goldbrunner , H., S. 58)*

Der Verhaltensforscher *D. Morris* bemerkt in diesem Zusammenhang:

„Von allen Teilen des menschlichen Körpers sind die Hände vielleicht am aktivsten, und dennoch hören wir selten, daß jemand über 'müde Hände' klagt. Es sind hervorragende, hochkomplizierte Werkzeuge. [...] Und was können wir später alles mit den Händen tun! Auf der Schreibmaschine 100 Worte in der Minute schreiben, in halsbrecherischem Tempo Konzerte spielen, komplizierte Maschinen bedienen, eine Gehirnoperation durchführen, Meisterwerke malen, mit den Fingerspitzen Blindenschrift lesen und mit Hilfe der Zeichensprache der Taubstummen sogar Gedichte aufsagen. Vergleicht man die menschliche Hand mit einem Rolls Royce, haben die anderen Arten nicht einmal ein Fahrrad." *(Morris, D., 1986, S. 146)*

Auch *Hans Goldbrunner* beschreibt die *„Funktionen der menschlichen Hand"* sehr eindrucksvoll, wobei er es für *„sehr erstaunlich"* hält, *„wie wenig wir uns im Alltag mit unseren Händen gedanklich befassen: Sie sind einfach vorhanden." (1990, S. 50)* Weniger auffällig, aber in die gleiche Richtung weisend, sei die Rolle der menschlichen Hand auf dem Sektor der Wahrnehmung und des Erfahrungsammelns. *„Während sich frühere Generationen vieles selbst 'ertasten' mußten, Erfahrungen aus erster Hand sammelten, vieles selbst 'in die Hand' nehmen* *mußten, wird uns heute dank moderner Massenmedien vieles nahegebracht, ohne daß wir uns aktiv darum bemühen müssen. Wir erfahren die Welt ohne eigene Anstrengung, ohne eigenen Zugriff."* (S. 50) Aus meiner Beobachtung kann ich dies nur bestätigen, der visuelle Kanal dominiert bei Jugendlichen (und nicht nur bei Jugendlichen) so sehr, daß wir mit einfachen Gegenständen Tastübungen machen mußten, als wir *personales Schreiben auf der Grundlage der Aktivierung von Körpergefühlen* durchführen wollten, da die Schüler nicht mehr gewöhnt waren, mit den Händen etwas sorgfältig zu er-fassen. Dasselbe gilt selbstverständlich auch für die anderen Sinne wie *Riechen und Schmecken.* Selbst *Sehen und Hören* sind zum Teil pervertiert, ausgerichtet auf das Aufnehmen möglichst flüchtiger, grober Reize.

**Möglichkeiten der Aktivierung der Hände im Deutschunterricht**

Die Aktivierung der Hände bedeutet natürlich auch, daß der Schüler *gleichzeitig mit seinem ganzen Körper* (pars pro toto) aktiv wird. Aber aus Übungsgründen kann man immer wieder einen bestimmten Aspekt isolieren.

– *Selbsterfahrungsspiele und -übungen* sind dazu besonders geeignet, z. B. *sich spiegeln; allein in einer großen Stadt; Händeübung; Dom aus Händen* (S. 114 f.); bei vielen Spielen ist es einfach notwendig, sich an den Händen zu fassen, so daß dadurch eine gewisse Sensibilität für die eigene Hand und die des anderen entsteht.

– Auch viele andere *(traditionelle oder neuere) Spielformen* bieten Möglichkeiten, die Aufmerksamkeit auf die Hände zu lenken. Besonders die *Pantomime* verlangt ein intensives *Händespiel.* Zur Übung kann man kleine pantomimische Geschichten (beginnend mit ganz einfachen Gesten des Sich-Verabschiedens, des Sich-Begrüßens, des Ballwerfens usw.) mit den Händen erzählen lassen, wobei freilich immer die mimische Unterstützung erlaubt sein sollte. Das *Schattentheater* kann zum *Handtheater* werden. Jeder Lehrer hat es wohl schon erlebt, wie Schüler nach einer Diaprojektion ihre Hände in das Licht streckten und z. B. einen Hasen darstellten. Dies könnte ausgebaut werden.

– Man kann Texte *(vor allem Gedichte)* vortragen lassen, wobei der Schüler aufgefordert wird, explizit seine Handgestik erklärend einzusetzen.

– *Die Hände sollten auch immer wieder gelockert werden,* indem man sie ausschüttelt, indem man stehend sich selbst möglichst dehnt und die Arme, soweit wie möglich, nach oben streckt und die Hände mehrmals zur Faust ballt und wieder weit öffnet.

Und der Lehrer selber sollte im Unterricht seinen Körper einsetzen. So bezeichnet *Hilbert Meyer* den Körper des Lehrers *„als wichtigstes Medium im Unterricht".*

„Der Lehrer sollte seinen Körper häufiger und bewußter als Lehr-Mittel einsetzen: indem er selbst etwas vorträgt, vormacht, vorsingt, vorzeigt; indem er mit seinem Körper und dem der Schüler ein

'Standbild' baut, mit dem die eigene Haltung (z. B. zum Thema Rechtsradikalismus) sinnlich-hand-
greiflich ausgedrückt wird; indem er durch Blickkontakte, durch Gestik, Mimik und Bewegung im
Klassenraum provoziert und dramatisiert. Dies fällt uns schwer.

Viele haben verlernt, den Körper methodisch einzusetzen; manchen ist die Idee ein Graus! Nur wenige tragen selbst eine Ballade vor; noch weniger trauen sich, in der gymnasialen Oberstufe eine selbst
ausgedachte Geschichte zu erzählen. Warum eigentlich?" *(1993, S. 37)*

Der Lehrer bleibt dennoch authentisch; er steigert nur durch körpersprachliche
Mittel seine Wirkung auf die Schüler. Doch muß vermutlich auch er erst mühsam
diese Sprache erlernen, da unsere Gesellschaft ein sehr widersprüchliches Verhältnis zur Körperlichkeit entwickelt hat.

## 1.6 Zur Organisation des Spiels im Deutschunterricht

Immer wieder konnte ich in den Praktika und Unterrichtsversuchen beobachten,
wie sich Lehrer und Studenten hilflos dem Spielgeschehen ausgeliefert fühlten. Sie
initiieren Spielprozesse und überlassen sie dann der Eigendynamik, ganz selten
wird eingegriffen. Folgende Grundsätze sollten beachtet werden:

o *Festlegen der Spielfläche* (evtl. Markierung durch einen Kreidestrich)

Wer die Spielfläche betritt, verwandelt sich in die darzustellende Person. Das
*„Heraustreten aus der Person"* muß für die Zuschauer sichtbar sein. Verlegen-
heitslachen deutet fast immer auf eine mangelnde Identifikation mit der Figur hin.
Dies sollte der Spielleiter nicht einfach hinnehmen, sondern intervenieren, nachfragen: *„Hast du Probleme mit der Person? Welche Charakterzüge sind für dich
nicht nachvollziehbar? Ist dir etwas nicht ganz klar? Beginnen wir noch einmal!"*

o Einige *grundsätzliche choreographische Bedingungen* sollten berücksichtigt
werden. Häufig wenden Schüler den Zuschauern ihren Rücken zu, so daß sie
nicht nur nicht gesehen, sondern auch nicht verstanden werden können. Der
Lehrer sollte eingreifen und selbst als Modell wirken. Wichtig ist ebenfalls die
Verteilung im Raum; oft stehen alle Akteure zu eng zusammen, was einer wir-
kungsvollen Interaktion hinderlich ist. Man sollte in der Vorbereitungsphase u.
U. sogar eine „Stellprobe" vornehmen. Verzichten wird man auf solche Eingriffe
immer dann, wenn es sich um spontane Spielprozesse handelt, deren Intention
es ist, aus „Fehlern", wie den oben genannten, zu lernen (z. B. beim offenen Rollenspiel S. 75).

o Auf *Lockerungsübungen und Warming-up-Spiele* sollte nur selten verzichtet
werden. Dazu gehört natürlich auch, die Schüler auf den Spielvorgang zu konzentrieren.

Angesichts der positiven Wirkungen des Spiels, derer sich die Spielforscher, wie
selten, einig sind, ist es kaum verständlich und auch nicht gerechtfertigt, daß manche Lehrer sich diesem Bereich gegenüber relativ reserviert verhalten. Gründe
hierfür lassen sich anführen. In der Ausbildung wird das Spiel (einschließlich prak-

tischer Übungen) zu wenig berücksichtigt. Es bringt eine gewisse (wenn auch positive) Unruhe ins Klassenzimmer, die der Lehrer oft als anstrengend erlebt. Auf Lehrerfortbildungsveranstaltungen habe ich des öfteren einen Lehrertyp angetroffen, der zwar der Bedeutung des Spiels im Deutschunterricht durchaus positiv gegenübersteht, aber der Meinung ist, selbst „nur" Anleiter, Supervisor sein zu müssen, ohne sich selbst unmittelbar zu beteiligen. Der Lehrer sollte jedoch sich selbst einbringen und auch etwas von sich preisgeben, sich an den Spielprozessen beteiligen, nicht unbedingt im Sinne des Musterhaften (etwa bei Interaktionsspielen). Und er sollte auch einmal eine Rolle selbst übernehmen. Ich stellte meist eine größere Ernsthaftigkeit und ein fast leidenschaftliches Engagement fest, wenn der Lehrer mitspielte.

## 1.7 Die gesellschaftliche Bedeutung des Spiels im Deutschunterricht

Man braucht in Zeitungen nicht lange zu suchen, um Nachrichten und Berichte über Gewalt an unseren Schulen zu finden. *„Gewalt an unseren Schulen: die Lage ist schlichtweg alarmierend", „an Deutschlands Schulen wird geprügelt, erpreßt und gestohlen."* (Fränkischer Tag, 5.3.1993) Nach der Wiedervereinigung hat die Welle der Gewalt auch den Osten Deutschlands erreicht. Umstritten ist dabei, ob die Krawallbereitschaft von Schülern im Osten mit der einst autoritären DDR-Schule zusammenhängt. Unter den Jugendlichen vermischten sich offenbar Ausländerfeindlichkeit, pubertäres Dominanzverhalten und Bereicherungsabsichten. *„Das ist hier brutaler KRIEG" – „ Sie bewaffnen sich mit Messern, Pistolen und Knüppeln, schlagen sich krankenhausreif, erpressen Schutzgelder – an vielen deutschen Schulen herrschen Angst und Schrecken."* So beginnt der *Stern* seinen großen Bericht über die Gewalt an deutschen Schulen *(Stern, Febr. 1993, Nr. 8)*. Und *Helmut Spreiter* stellt fest: *„Brutale Prügeleien, Messerstechereien oder Schutzgelderpressung an deutschen Schulen machen dieser Tage Schlagzeilen. Doch weniger solch spektakuläre Kriminalität macht Pädagogen Sorge, sondern die 'ganz alltägliche' Gewaltbereitschaft unter den Schülern und deren verödete Gefühlswelt. Eltern versagen, Politiker bleiben untätig, und Lehrer fühlen sich überfordert und im Stich gelassen."* (Die Gewalt macht Schule: Aufrüstung im Klassenzimmer. In: Psychologie heute. Febr. 1993, S. 58) Selbstverständlich ist *die Schule Teil unserer Gesellschaft* und damit auch wiederum ein Spiegel derselben. Allerdings hat sie auch auf solche Herausforderungen zu antworten. Nach *Spreiter* sollte sich die Schule nicht länger als *„kopflastige Lehranstalt"* begreifen, da der Lernerfolg sich sehr verbessern dürfte, wenn mit *„Herz, Hand und Kopf"* und nicht nur mit dem *Kopf* gelernt werde. Und *„da vielen Kindern außerdem körperliche Entfaltungsmöglichkeiten in der Freizeit fehlen, wären kreative Formen von körperbetontem Austoben angebracht. So könnten auch die alltäglichen Aggressionen auf spielerische Art und Weise ausgelebt werden, ohne Waffen und Opfer. Solche Prävention*

*gegen Gewalt ist im übrigen langfristig auch wesentlich kostengünstiger." (S. 62/
63;* vgl. dazu auch die *New Games S. 119 f.)*
Ich glaube, daß das Spiel allgemein dazu beitragen könnte, die Atmosphäre in den
Klassenzimmern entscheidend zu beeinflussen *(vgl. dazu Korte, J.: Faustrecht auf
dem Schulhof. Über den Umgang mit aggressivem Verhalten in der Schule. 1992).*
Allerdings müßte das *spielerische Element integrativ in den Unterricht* einbezogen
werden. Warum können wir nicht auch im „normalen" Unterricht immer wieder
(vielleicht jede halbe Stunde) Warming-up-Übungen machen, um das angestaute
körperliche Bewegungsbedürfnis abzubauen? Versuche in studentischen Seminaren ermutigen, in dieser Richtung weiterzuarbeiten. Neben der unterrichtshygieni-
schen Aufgabe hat das Spiel natürlich vielfältige Funktionen, die auf die Sozialisation und Entwicklung des Kindes und Jugendlichen positiven Einfluß nehmen könnten, etwa im Bereich *der Konfliktbewältigung, der Kooperationsbereitschaft, der
Entwicklung von Empathie* (z. B. durch Rollentausch → ein Schüler stellt einen
Asylbewerber dar; Monolog über die ausgestandenen Ängste). Das Spiel kann
wohl nicht für sich *allein* gesellschaftsverändernde Wirkungen entfalten, aber es
könnte seinen Anteil dazu beitragen, wenn es entsprechend eingesetzt wird.

**Traditionelle Spielformen**

- Stegreifspiel
- Kasperltheater
  o Marionetten-, Masken-, Schattentheater
- Pantomime
- Lernspiel, Sprachspiel
- Szenisches Spiel:
  o Schulspiel, Schultheater
- Mediale Formen:
  o Hörspiel, Fernsehspiel
- Tanz- und Musikspiele

**Neuere Spielformen**

- Selbsterfahrungs- und Interaktionsspiele
  o Warming-up-Spiele
  o Kennenlernspiele
  o Kommunikationsspiele

    (Metakommunikation, Feedback, Vertrauen, Wahrnehmung,

    Sich-selbst-Kennenlernen)
  o Kooperationsspiele
  o New Games
- Sprachdidaktisches Rollenspiel
  o Psychodrama
- Literarisches Rollenspiel
- Planspiel
- Alternatives, Freies Theater
  o Boal-Formen
- Schreibspiele

# 2  Traditionelle Spielformen

## 2.1  Figurentheater

„Puppenspiel, als jüngste Form der darstellenden Kunst, ist wohl eine der ältesten Äußerungen der menschlichen Phantasie, menschlichen Drangs, um die Wirklichkeit zu bewältigen. Durch Sublimierung und Projektion seiner Probleme auf eine andere, eine künstliche, eine künstlerische Ebene schaffen wir uns die Kraft, mit uns selbst und dem Leben zurechtzukommen.

Puppenspiel rückt in unseren Tagen immer stärker ins Bewußtsein, es entwickelt sich mehr und mehr zum Theater, zum Figurentheater. Vergessen oder verdrängt war es nie. Es hat sich, wenn auch oft am Rande der Gesellschaft, durch alle Zeiten behauptet. In den letzten Jahrzehnten aber hat sich die Szene des Puppenspiels erstaunlich erweitert. Traditionelle Formen werden ins Bewußtsein gebracht und aus der Volkskunst weitergeführt. Andererseits werden ganz neue Wege beschritten in Technik, Form und Inhalt – ein Aufbruch in eine Welt schier unbegrenzter Möglichkeiten, die sich nicht nur dem Professionellen öffnet." *(Waldmann, W., 1986, S. 5)*

Im *Figurentheater* werden dramatische Gestalten nicht durch den Körper selbst präsent, sondern durch künstlich geschaffene Objekte, die durch Einsatz menschlicher Bewegung und Stimme lebendig werden.

Da schon früh in der Menschheitsevolution Kunstgegenstände für kultisch-magische Zwecke geschaffen wurden, ist die *Geschichte des Figurentheaters* sehr alt. *Schatten- und Maskentheater* sind zwar nicht mehr ganz eindeutig dem *Figurenspiel* zuzuordnen, aber da der *Schatten* bzw. die *Maske* konstituierend für diese Spielformen sind, möchte ich sie als *Übergangsformen* bezeichnen. Darüber hinaus kann in der offenen Spielweise auch beim *Kasperl- und Marionettentheater* der ganze Körper eingesetzt werden. Immer wieder sind pragmatische Aspekte in unserer Arbeit von großer Bedeutung.

### 2.1.1  Das Kasperltheater

**Zur Geschichte**

„Lange Zeit nahm man an, daß der Anfang des Puppenspiels im alten Ägypten lag, weit zurück im 5. Jh. vor Chr. In der Tat gab es in der Geschichte sehr früh Puppen, mit denen man aber nicht Theater spielte. Sie dienten kultischen Zwecken." *(Waldmann, W., 1986, S. 10)*

Der Mensch sei nach *Waldmann* schon immer versucht gewesen, Wesen unter seinen Händen wachsen zu lassen, die ihn selbst imitierten. Allerdings hätten alle diese Figuren nichts mit dem Puppentheater zu tun, sie seien dem Urwunsch entsprungen, Leben möglichst perfekt nachzuschaffen.

Nach *Hans Purschke* kannte man im 12. Jh. drei Puppenarten: *Tatermane, Mantelpuppen und Handpuppen. Tatermane* sind allmählich verschwunden. Es handelte sich um Gliederpuppen, die sich bewegen konnten, indem man an Schnüren waagerecht zog. Die Spieler standen sich gegenüber und konnten die Figuren gegeneinander kämpfen lassen (siehe Abb.).

*(Waldmann, W., 1986, S. 10)*

Die *Mantelpuppe* wurde auf der Straße „gespielt". Dazu waren ein Erwachsener und ein Kind nötig. „*Der Erwachsene saß am Boden und spielte auf seiner Drehleier. Dabei trug er einen weiten Umhang. Das Kind kroch unter den Mantel, streckte beide Arme durch die Öffnungen im Mantel und spielte so mit zwei Puppen.*" (Waldmann, W., 1986, S. 10)

Von dieser Art der Vorführung hin zum tatsächlichen Handpuppenspiel ist die Entwicklung leicht nachvollziehbar. „*Mit Handpuppen wurde aber richtig Theater gespielt. Aus den Puppen, die bei den zuvor angeführten Puppenarten reines Unterhaltungsspielzeug waren und selbst keinen schöpferischen Wert besaßen, wurden jetzt Akteure, die sich hinter der Spielleiste bewegten und von ihren Spielern Stimmen verliehen bekamen.*" (Waldmann, W., 1986, S. 11)

*Norbert Miller / Karl Riha* (1978) behaupten, daß das *Kasperltheater in Wien* seinen Ursprung habe, und der Komiker *Johann Laroche* (1745-1806), der in jungen Jahren Hans-Wurst-Darsteller war, der Schöpfer des *Kasperl Larifari* sei, den er 40 Jahre lang gespielt habe. Nach seinem Tod sei das Kasperltheater fest etabliert gewesen.

*H. Purschke*, der sich zeitlebens mit dem Puppenspiel befaßte (siehe die Beschreibung S. 24) widerspricht dieser Darstellung heftig. Er unterscheidet zwischen dem *Marionetten- und Kasperlspiel.* „*Mit den lustigen Figuren der Wiener Stegreif-Komödie hat der Handpuppenkasper überhaupt nichts zu tun, nicht einmal der Pra-*

*ter-Wurstel. Sie sind ein anderer, älterer Typ. Nur den Namen haben sie von der La-
roche-Schöpfung bzw. vom alten Hanswurst im vorigen Jahrhundert geerbt.“
(1983, S.* 118) Und er vergleicht Marionetten- und Handpuppentheater, die zwar
beide Puppentheater seien, aber dennoch so verschieden voneinander wie Tennis
und Fußball, die beide Ballspiele seien.

---

### Hans R. Purschke

Von Hause aus war er Jurist, aber eigentlich war er ein Besessener, mit Haut und Haaren dem
Puppenspiel verfallen. Man kann Purschke als den Chronisten des Puppenspiels bezeichnen. Er
war eigentlich kein Puppenspieler, er betrieb kein Theater (sieht man von seinen Anfängen ab),
doch er war auch nicht nur Sammler, ein Freund und Liebhaber dieser Kunst. Purschke war
Puppentheaterfanatiker im liebenswertesten Sinn. Über ein halbes Menschenleben sammelte
er alles, was zum Genre gehörte. Eine Fachbibliothek mit fast 2000 Bänden, Zeitschriften, ein
umfangreiches Archiv mit Zeitungsausschnitten, Spieltexte, Theaterbilderbögen, Tausende
von Fotos und Dias, Plakate, Graphiken und Puppen und Schattenfiguren.

Allein Purschkes Puppenspielerzeitschrift *Perlicko-Perlacko* würde reichen, seinen Namen in
Fachkreisen unsterblich zu machen. Weil ein Verleger Purschkes ersten Zeitschriftversuch
*Das Puppenspiel* mangels Profiterwartungen nach der ersten Nummer eingehen ließ, entschloß
sich Purschke 1950, sein eigener Verleger zu sein. Seit damals erscheint seine Fachzeitschrift, inzwischen für den, der alle Bände gesammelt hat, eine unersetzliche Fundgrube, das Handbuch
der Puppentheatergeschichte und -technik. Von 1981 an gab Purschke die Reihe *Archiv für Puppentheatergeschichte* heraus. Zu *Perlicko-Perlacko* erschienen bis heute 15 Sonderhefte. Ebenso lang müßte die Liste geraten, die Purschkes Veröffentlichungen notiert, Bücher, Beiträge zu
Almanachen, Fachblättern, Sammelwerken.

Ein solcher Mann wirkt nicht nur vom Schreibtisch aus, und da war Purschke fast überall mit dabei. In der UNIMA arbeitete er von Anfang an mit, organisierte Festivals, nahm als Juror teil,
repräsentierte die Bundesrepublik im Ausland.

Purschke wurde 1911 in Olmütz in Mähren geboren. 1935 stand er vor einer Entscheidung: entweder als Stage Manager mit einer indischen Tanztruppe auf die Reise zu gehen oder sich ans Ju-
rastudium zu machen. Er studierte.

Kunst interessierte ihn von klein an. Er lernte zeichnen, singen und musizieren, baute sich ein
kleines Marionettentheater, später leitete er in Prag 1942–1944 eine Handpuppenbühne. Als er
ausgesiedelt war, organisierte er in München Nachkriegstreffen deutscher Puppenspieler.
Hans R. Purschke ist der deutsche Historiker des Puppenspiels, er ist mehr: eine Instanz. Im
Frühjahr 1986 starb er.

*(Waldmann, W., S. 19)*

---

Man unterscheidet also grundsätzlich zwei „*Kasperl*“; einmal den *Handpuppenkasperl* und zum anderen den *Marionettenkasperl*:

### Der Marionettenkasperl:

o  Vorform des Marionettenkasperls ist der „Wiennerische Hannßwurst“.
o  Schauspieler *Johann Anton Stranitzky* und sein Nachfolger *Gottfried Prehauser*
   waren von 1706-1769 die bedeutendsten Interpreten des Hanswursts.

o *Johann Laroche* setzte die Tradition der Volkskomödie fort; *Phillipp Hafner* kam mit seinem „*Kasperl*" zu ungeheuerer Popularität.

o *Joseph Leonhard Schmid* kreierte den „Kasperl Larifari".

o Der *Marionettenkasperl war (und ist) stets Nebenfigur*, ein Diener, Knappe, der die Handlung lustig glossierte.

*Der Handpuppenkasperl:*

o Urahnen des *Handpuppenkasperls* sind Gaukelspieler des 13. und 14. Jahrhunderts.

o Direkter Vorfahre ist der *italienische „Pulcinella"* aus der Commedia dell'arte (Maskenfigur mit Buckel, Bauch, Hakennase und Spitzmütze).

o In Deutschland bürgerte sich etwa um 1850 für die lustige Person der Handpuppenbühne der Name *Kasperl* ein, der im Volk für den Lustigmacher üblich geworden war.

o Der *Handpuppenkasperl* ist älter.

o Er war nie *Nebenfigur, sondern stets Hauptfigur.*

**Möglichkeiten des Einsatzes des Kasperltheaters im Deutschunterricht**
Für unsere Arbeit in der Schule ist der Streit um die Ursprünge des Kasperltheaters ziemlich unerheblich, da die Spielformen pragmatisch genutzt werden.

Das *Kasperltheater* ist die dramatische Form, der das Kind schon sehr früh, meist sogar im Vorschulalter, im Kindergarten oder im Elternhaus begegnet. Insofern hat es propädeutische Funktion; denn das Kind lernt hier schon die *dramatischen Grundstrukturen, den Dialog, den Monolog, die Szene, den dramatischen Konflikt, die Guckkastenbühne* kennen (vgl. dazu *Hentschel, J.: Kindertheater. 1988, S. 66 ff.*). Die Figuren sind meist *keine Charaktere*, sondern *Typen,* die leicht einzuordnen sind. Allerdings lassen sich in Eigenarbeit „Puppen" herstellen, die nicht so „typisch" festgelegt sind. Man kann in diesen Spielzusammenhängen das Figurenrepertoire der Schüler nutzen, z. B. durch diejenige Figuren, die zu Hause eine wichtige Rolle einnehmen. Die Motivation läßt sich steigern, wenn der persönliche „Liebling" mitspielen darf. Es ist nicht unbedingt notwendig, daß immer auf der „Bühne" agiert wird. Mit etwas Übung können die Kinder in der *offenen Spielweise* von den sichtbaren Personen schnell abstrahieren. (Vgl. S. 33/37) Und es wird damit möglich, daß sich viele gleichzeitig beteiligen, Szenen und Details entwerfen.

Im *Literaturunterricht* kann das Geschehen eines *Märchens*, einer *Fabel*, eines *Schwanks* szenisch dargestellt werden; in der Form des *Stegreifspiels* wird ein dramatisches Geschehen entfaltet, in Gruppenarbeit werden Szenen erfunden. Es können aber auch über den Text hinausgehend neue Spielverläufe gesucht werden (fast im Sinn des *literarischen Rollenspiels*).

Das „Rotkäppchen" könnte gut dargestellt werden:

– *Die Szene mit der Mutter und dem Auftrag, die Großmutter zu besuchen;*

– *Rotkäppchen im Wald: die Begegnung mit dem Wolf.*

Hier könnten durchaus zusätzliche Szenen erdacht werden, wie z. B. Begegnungen mit Menschen und Tieren.

– *Die Szenen im Haus der Großmutter: Der Wolf frißt die Großmutter und das Rotkäppchen, schließlich werden beide vom Jäger gerettet.*

Dabei ergibt sich aber das Problem, daß der *Kasper* nicht mehr Hauptfigur ist, sondern sich mit einer Nebenrolle begnügen muß, der des Kommentators, des Helfers. Die Fotos (siehe S. 25/28) sind bei einer Aufführung von „*Hänsel und Gretel*" der *Bamberger Bühne Herrnleben* entstanden; bei dieser Bearbeitung war eben der *Kasperl* „nur" Nebenfigur, vergleichbar dem *Marionettenkasper*. Damit die Kinder nicht Angstgefühle entwickelten, wurde auch die Handlung entschärft. Die Eltern wollten hier *Hänsel und Gretel* nicht unbedingt „loswerden", sondern sie schickten sie nur in den Wald, um Beeren zu sammeln. Dieses Beispiel zeigt, wie pragmatisch mit den Spielformen umgegangen wird, ohne Skrupel, Abgrenzungen nicht einzuhalten. Nun könnte aber auch ein Märchen mit vertauschten Rollen erarbeitet werden, wie wir dies in einer 3. Klasse getan haben:

## Vom bösen Rotkäppchen und dem lieben Wolf

Es war einmal ein kleines Mädchen, das mit seiner Mutter am Rande des Waldes lebte. Weil es immer ein rotes Kleid und ein rotes Mützchen trug, nannte die Mutter es Rotkäppchen. Rotkäppchen bereitete seiner Mutter viel Ärger, denn es machte beim Spielen sein Kleid immer schmutzig, hatte immer struppige Haare und war stets unfreundlich und faul. Eines Tages sagte die Mutter: „Rotkäppchen, die Großmutter ist krank, würdest du ihr bitte Kuchen bringen?" „Oh nein, ich will nicht zu der alten Ziege." „Wenn du nicht zur Großmutter gehst, versohle ich dich." Zornig nahm das Mädchen den Korb mit Kuchen und Wein und machte sich wütend und brummend auf den Weg.

Und nicht nur die Großmutter wohnte im Wald, zum Glück gab es da auch noch einen Wolf, der so lieb und hilfsbereit war, wie kein anderer Wolf auf der ganzen Welt. Er war zierlich, hatte schönes glattes Fell und kurze Zähne. Den ganzen Tag hüpfte er fröhlich durch den Wald und traf die anderen Tiere zur Begrüßung, und um Menschen zu suchen, denen er hilfsbereit helfen konnte. Alle mochten ihn. Wer ihn singen hörte, rannte sofort zu ihm. Es gab im Wald nur ein Lebewesen, vor dem der Wolf selbst Angst hatte, das war der Jäger, denn der hatte ein Gewehr. Der Wolf machte immer einen großen Bogen um ihn.

Oho, was war denn das? Ein dreckiges, schimpfendes Mädchen, das durch den Wald ging. Und wirklich, der Wolf erschrak, als plötzlich das böse Rotkäppchen vor ihm stand und ihm eine Wasserpistole vor die Nase hielt. „Hallo, Wölfchen,", schrie das böse Mädchen, „wohin des Weges?" Der Wolf sprang, als er diese krächzende Stimme hörte, hinter ein Gebüsch. Sie lockte den ängstlichen, lieben Wolf mit einer Bockwurst, die für die Großmutter gedacht war, aus dem Gebüsch hervor. „Ich hab' dich was gefragt, also antworte!" „Ich will zu deiner lieben Oma und ihr Waldfrüchte und eine gute Besserung von allen Tieren aus dem Wald bringen." „Na wunderbar, die Waldfrüchte werden mir gut schmecken." „Du willst der Oma die Waldfrüchte wegessen," fragte der Wolf entsetzt. „Dann trage mich zu meiner Großmutter, oder ich esse sie auf." Und weil der Wolf Angst hatte, daß die Waldfrüchte verderben könnten, trug er sie schnell zur Großmutter. Unterwegs fing das Rotkäppchen an zu lachen: „Ach bitte Wolf, friß die Großmutter, ich hasse sie doch." „Warum sollte ich die Großmutter fressen? Erstens habe ich keinen Hunger, und wenn ich zweitens Hunger hätte, würde ich die Großmutter fragen, ob ich ein Stück von dem Kuchen abbekomme." Nach einer Weile kamen der Wolf und das Rotkäppchen im Haus der Großmutter an und traten ein. Die alte Frau lag schlafend in ihrem Bett. Das Rotkäppchen wollte den Wolf noch einmal zwingen, die Großmutter zu fressen. Doch da erblickte der Wolf schon den Jäger und holte ihn herein. Der bedrohte das Rotkäppchen mit dem Gewehr, da ergriff das Rotkäppchen die Flucht. Das Rotkäppchen ließ sich nie mehr bei der Großmutter blicken. Die Großmutter, der Jäger und der Wolf aßen Kuchen und tranken Wein und waren fröhlich.

Selbstverständlich könnte man auch diese Alternativgeschichte wieder ins Spiel umsetzen.

Da das *Kasperltheater* an sich als Gegenstand des Literaturunterrichts einzuordnen ist, ist die freie Erarbeitung eines Stückes eine wichtige Erfahrung des dramatischen Gestaltens.

Bei der Wahl eines Themas oder Inhalts kann durchaus auch ein Geschehen aus der Umwelt des Kindes oder Jugendlichen gewählt werden, das einen realistischen Hintergrund hat.

Beispiele:
- *Ein Zirkus gerät in Not, die Tiere drohen zu verhungern. Kasperl leitet eine*
  *Hilfsaktion ein.*
- *Asylanten werden in einem Ort angegriffen. Kasperl wehrt sich mit den Helfern*
  *gegen diese Gefahr. Er muß für eine Idee werben, z. B. beim Bürgermeister, dem*
  *Polizisten, bei den Nachbarn, evtl. auch bei der Prinzessin und beim König (ste-*
  *hen hier für die reiche Oberschicht). Währenddessen müssen selbstverständlich*
  *die Attacken der „Bösen" (des Teufels, des Räubers, der Neonazis usw.) abge-*
  *wehrt werden.*
  *Für die Asylanten können auch andere Randgruppen stehen: Zigeuner, kinder-*
  *reiche Familien, Aus- und Übersiedler, Behinderte.*
  *So können schon sehr früh empathische Fähigkeiten wie selbstverständlich ent-*
  *wickelt werden, und zwar ohne den erhobenen Zeigefinger.*
- *Umweltsünder werden gestellt. Der Kasperl als Öko-Aufklärer. Auf spielerische*
  *Weise lernen die Kinder so ökologische Zusammenhänge. Dieser Aspekt wird*
  *fächerübergreifend in den Lehrplänen gefordert.*

Das Kasperltheater bietet dabei einen wichtigen Vorteil, daß die Kinder/Zuschauer
nämlich an der Entwicklung der Ideen beteiligt werden. Die Szenen lassen sich *of-*
*fen* konzipieren, so daß jederzeit weitere Vorschläge aufgenommen und ausagiert
werden können. Die *Beratung des Kasperl mit den Kindern* wird in solchen

Spielprozessen wichtigstes Element, wobei anfangs wohl der Lehrer die Rolle des *Kasperl* selbst übernehmen muß.

Es gibt aber auch viele *Kassetten und Schallplatten (auch CDs)* mit Abenteuern des *Kasperl*. Selten genügen sie pädagogisch-didaktischen Ansprüchen. Abgesehen davon, daß die Phantasie der Kinder wenig gefordert ist, geht gerade durch dieses Medium die dialogische Grundstruktur mit dem Publikum verloren. Darüber hinaus bieten die meisten Platten eine billige Action-Handlung, nicht selten dargeboten auf einer sprachlichen Ebene, die den Kindern nicht angemessen ist.

Auch *in anderen Lernbereichen* läßt sich das Kasperltheater einsetzen. Wir haben bereits festgestellt, daß ökologische Fragestellungen auf diese Weise zu thematisieren seien. Da der Kasperl sich häufig verspricht, ja Mißverständnisse dadurch produziert, daß er *Metaphern* oder *Sprichwörter wörtlich (z. B. jemanden an der Nase herumführen, jemanden anschmieren, sich ins Fäustchen lachen, ein Auge auf jemanden werfen)* nimmt, könnten diese sprachlichen Mißgeschicke Anlaß und Ausgangspunkt für eine *Sprachbetrachtung* sein, aber auch im Sinne des *Sprachspielerischen* genutzt werden.

Das *Kasperltheater* ist nicht nur für Kleinkinder geeignet, obgleich es hier zunächst den originären Platz hat. Und in diesem Alter ist die Typisierung der Figuren auch nicht umkehrbar, sie ist irreversibel. Als ich mit den eigenen Söhnen in diesem Alter spielte, wollte Michael eines Tages den Teufel nicht mitspielen lassen, *„weil der immer so böse mit mir redet: 'Michael, warum sagst du nichts?'"* Und er fügte hinzu, um die gute Stimmung nicht zu gefährden, daß es ja wirklich nicht so schlimm sei, wenn er mal aussetzen müsse. Daraufhin bot ich ihm an, den Teufel umzufunktionieren, ihm ausnahmsweise eine positive Einstellung zu verleihen. Probehalber ließ ich den Teufel sprechen: *„Lieber Michael, ich freue mich, daß du da bist."* Ich fügte noch hinzu, daß es solche Teufel mit Hörnern ja gar nicht gebe. Interessant war nun, daß er wohl auf die Argumente einging, sie akzeptierte, aber diesen Teufel dennoch immer noch ausschließen wollte. Und da kam von ihm der entlarvende Satz: *„Ja, aber vielleicht hält sich der Teufel nicht daran und spricht wieder böse zu mir."* Das magische Weltbild des Vierjährigen setzte sich gegen die Vernunftargumentation durch.

Im Grundschulalter sollte das Kasperlspiel *Methode und Gegenstand* des Deutschunterrichts sein, so daß es nicht nur einmal im Ablauf des Jahres eingesetzt wird, sondern immer dann, wenn es die Situation erlaubt. Es hat den Vorzug, daß Schüler nicht mit ihrem ganzen Körper (der ja hinter der Bühne nicht sichtbar ist) agieren müssen, sondern die Figur stellvertretend aktiv wird. So kann man beobachten, daß auch Kinder spielen, die sich sonst noch nicht „auf die Bühne" wagen. Das Kasperltheater kann damit eine *kompensatorische Funktion* haben.

Ich glaube aber, daß auch in höheren Jahrgangsstufen diese Spielform unter veränderten Bedingungen ihren Platz einnehmen könnte. Mir fiel z. B. auf, mit welcher Begeisterung die Studenten in den „Spielseminaren" damit agierten, ohne Kulissen und aufwendigen Bühnenapparat. Meist genügte schon ein gekippter Tisch, hinter dem man sich verstecken konnte. Allerdings nehmen in den improvisierten Spielszenen ironisch-satirische Elemente zu. So spielten Studenten ihre Partys, Auseinandersetzungen mit unverschämten Vermietern, mit Professoren und Dozenten.

*Auflistung von Merkmalen:*

o Das Kasperlespiel stellt die früheste Bekanntschaft eines Kindes mit dem Theater („Drama") dar. Kinder identifizieren sich mit dem „Kasperle", da dieser (im folgenden wird grammatikalisch die männliche Form verwendet) Eigenschaften besitzt, die sie in sich selbst wiederfinden (in diese Kategorie sind auch Figuren einzuordnen, wie z. B. in ähnlicher Weise *Pinocchio* oder *Pumuckl*). Er hat Angst vor der Dunkelheit und vor drohenden Schlägen; er besitzt einen ungezügelten Tatendrang; er denkt niemals an die Folgen seiner Handlungen, er besitzt eine „gutmütige Aufsässigkeit".

o Aber „Kasperle" ist zwar kindlich, jedoch trotzdem kein Kind mehr, er torkelt betrunken; er singt anstößige Lieder.

o Außerdem besitzt „Kasperle" Eigenschaften, die den Kindern völlig fremd sind; bei aller Feigheit ist er unverwundbar; bei allem Jammer zeigt er keine Ermüdung; er ist zwar schußlig, besitzt aber List und Erfahrung.

o „Kasperle" ist Hauptfigur: er ist nur er selbst; er repräsentiert nichts.

o Alle anderen Figuren (wie z. B. die zänkische Gretel, der Polizist, das Krokodil, Seppl, der Zauberer usw.) sind vereinfachte Abbilder der Wirklichkeit.

o Das Kind lernt allmählich, sich in die gespielte Puppe hineinzudenken, um sich schließlich mit ihr zu identifizieren (v. a. wenn die Schüler die Figuren selbst herstellen).

o Nun handelt und denkt die Puppe stellvertretend für das Kind, wobei nun seine Konflikte, Erlebnisse und Wünsche dargestellt werden.

o Durch eine entspannte Sprechsituation beim „Kasperlespielen" können Sprech- und Sprachhemmungen sozusagen „überspielt" werden (Sprachtherapie).

o Die Puppe, in die das Kind hineinschlüpft, enthebt es und seine Spielpartner des Verantwortungsdrucks: den Spielern eröffnet sich Raum zur Erprobung sozialen Handelns.

o Das „Kasperlespielen" eröffnet dem Schüler als schlichte Form des darstellenden Spiels den Zugang zur Kunst des Schauspiels: Kinder lernen elementare Formen theatralisch-dramatischer Darstellung.

## 2.1.2 Das Marionettentheater

Das *Marionettentheater* übt noch heute eine starke Faszination aus (und diese nicht nur auf Kinder, sondern vor allem auch auf Erwachsene), wie es in der folgenden Programmbemerkung anklingt. Dies kleine Marionettentheater (siehe den beigefügten Programmzettel) mit 20 Plätzen ist so gefragt, daß Wartezeiten von bis zu einem Jahr von der großen Nachfrage zeugen.

**Puppentheater für Erwachsene?**

Das Puppentheater ist weit mehr als eine Belustigung für Kinder. Die kleinen hölzernen Männlein, die man Marionetten nennt, üben einen ganz eigenen magischen Reiz aus. Natürlich weiß jedermann, daß es (obwohl menschlich herausgeputzt) keine zwergenhaften Menschen sind – man sieht auch die Fäden recht deutlich, an denen sie bewegt werden. Aber von ihren steifen, eben: hölzernen Bewegungen geht jene magische Wirkung aus. Wenn Sie sich ihr überlassen, befinden Sie sich in guter Gesellschaft. Unabhängig vom Auf und Ab in der Gunst des großen Publikums haben Menschen, die „Kultur machen", dem Puppentheater stets ihre Zuwendung bewahrt. Durch die Jahrhunderte reicht die Reihe großer Namen: Dichter, Komponisten, Maler, berühmte Schauspieler, Sänger, Bühnenbildner, Film- und Fernsehregisseure, die dem Puppentheater zugetan waren und sind. Wenn Sie bereit sind, sich dem dichterischen Anspruch unseres heute gespielten Textes zu stellen, werden auch Sie der Verzauberung unterliegen, als säßen Sie in einem großen Theater in einiger Entfernung von der Bühne.

*(Aus einem Programmzettel des Marionettentheaters Loose, Bamberg)*

*Heinrich von Kleist* hat sich in einem fiktiven Gespräch mit dem Marionettentheater beschäftigt, das wegen seiner Bedeutung hier in Auszügen aufgenommen werden soll.

## Über das Marionettentheater

Als ich den Winter 1801 in M. zubrachte, traf ich daselbst eines Abends, in einem öffentlichen Garten, den Herrn C. an, der seit kurzem in dieser Stadt als erster Tänzer der Oper angestellt war und bei dem Publico außerordentliches Glück machte.

Ich sagte ihm, daß ich erstaunt gewesen wäre, ihn schon mehreremal in einem Marionettentheater zu finden, das auf dem Markte zusammengezimmert worden war und den Pöbel durch kleine dramatische Burlesken, mit Gesang und Tanz durchwebt, belustigte.

Er versicherte mir, daß ihm die Pantomimik dieser Puppen viel Vergnügen machte, und ließ nicht undeutlich merken, daß ein Tänzer, der sich ausbilden wolle, mancherlei von ihnen lernen könne. Da diese Äußerung mir, durch die Art, wie er sie vorbrachte, mehr als ein bloßer Einfall schien, so ließ ich mich bei ihm nieder, um ihn über die Gründe, auf die er eine so sonderbare Behauptung stützen könne, näher zu vernehmen.

Er fragte mich, ob ich nicht in der Tat einige Bewegungen der Puppen, besonders der kleineren, im Tanz sehr graziös gefunden hatte.

Diesen Umstand konnt ich nicht leugnen. Eine Gruppe von vier Bauern, die nach einem raschen Takt, die Ronde tanzte, hätte von Teniers nicht hübscher gemalt werden können.

Ich erkundigte mich nach dem Mechanismus dieser Figuren, und wie es möglich wäre, die einzelnen Glieder derselben und ihre Punkte, ohne Myriaden von Fäden an den Fingern zu haben, so zu regieren, als es der Rhythmus der Bewegungen oder der Tanz erfordere.

Er antwortete, daß ich mir nicht vorstellen müsse, als ob jedes Glied einzeln, während der verschiedenen Momente des Tanzes, von dem Maschinisten gestellt und gezogen würde.

Jede Bewegung, sagte er, hätte einen Schwerpunkt; es wäre genug, diesen, in dem Innern der Figur, zu regieren; die Glieder, welche nichts als Pendel wären, folgten, ohne irgendein Zutun, auf eine mechanische Weise von selbst.

Er setzte hinzu, daß diese Bewegung sehr einfach wäre; daß jedesmal, wenn der Schwerpunkt in einer *graden Linie* bewegt wird, die Glieder schon *Kurven* beschrieben; und daß oft, auf eine bloß zufällige Weise erschüttert, das Ganze schon in eine Art von rhythmische Bewegung käme, die dem Tanz ähnlich wäre. [...]

»Nun, mein vortrefflicher Freund«, sagte Herr C., »so sind Sie im Besitz von allem, was nötig ist, um mich zu begreifen. Wir sehen, daß in dem Maße, als in der organischen Welt die Reflexion dunkler und schwächer wird, die Grazie darin immer strahlender und herrschender hervortritt. – Doch so, wie sich der Durchschnitt zweier Linien, auf der einen Seite eines Punkts, nach dem Durchgang durch das Unendliche, plötzlich wieder auf der andern Seite einfindet oder das Bild des Hohlspiegels, nachdem es sich in das Unendliche entfernt hat, plötzlich wieder dicht vor uns tritt: so findet sich auch, wenn die Erkenntnis gleichsam durch ein Unendliches gegangen ist, die Grazie wieder ein; so, daß sie, zu gleicher Zeit, in demjenigen menschlichen Körperbau am reinsten erscheint, der entweder gar keins oder ein unendliches Bewußtsein hat, d. h. in dem Gliedermann oder in dem Gott.«

»Mithin«, sagte ich ein wenig zerstreut, »müßten wir wieder von dem Baum der Erkenntnis essen, um in den Stand der Unschuld zurückzufallen?«

»Allerdings«, antwortete er; »das ist das letzte Kapitel von der Geschichte der Welt.«

*(Von Kleist, Heinrich: Sämtliche Werke. Gütersloh: Bertelsmann o. J., S. 948 f., 954)*

Vollkommene „Grazie" wird nach *Kleist* im „Gliedermann", also der Marionette, oder in „Gott" erreicht. Während bei den Kasperlefiguren immer noch die menschliche Hand den Bewegungsrhythmus unmittelbar überträgt und damit auch die Finger- und Armarbeit deutlich wird, so wird die Marionette mittelbar durch Fäden mit dem Spielkreuz bewegt. Damit wird eine Illusion, eine künstlich kunstvolle Welt geschaffen, die noch gesteigert wird durch eine entsprechend tiefe Bühne, der vollendeten Form der *klassischen Guckkastenbühne*, die die spielenden Menschen verbirgt.

Im Zeitungsartikel (S. 33) wird beschrieben, wie man Marionetten herstellt, die selbstverständlich, wie in diesem Fall, auch Erwachsene in ihren Bann ziehen. Die Herstellung müßte auf jeden Fall fachübergreifend, im Kunstunterricht, erfolgen. Dabei müssen die Figuren nicht immer so perfekt gestaltet sein. *Werner Waldmann* macht dazu gute Vorschläge *(vgl. auch u. a. Batek, O., 1985; Beisl, H., 1981, Köhnen, D., 1989; Sander, H., 1989).*

In der Schule wird die professionelle Bühne des Marionettentheaters eher die Ausnahme sein (im Gegensatz zur Bühne des Kasperltheaters), da zu ihrer Erstellung ein hoher Aufwand betrieben werden muß. Die Faszination des Marionettenspiels ist aber auch dann noch gegeben, wenn man die Figuren in *„offener Spielweise"* präsentiert (dies gilt selbstverständlich auch für andere Formen).

„Die offene Spielweise bedingt, daß auch die kleinste Bewegung des oder der Spieler mit ins Spiel einbezogen werden kann. Es kommt also nicht nur auf das Figurenspiel selbst an, sondern auch auf jede Bewegung des Puppenspielers, selbst jeder technische Handgriff, der zum Spiel gar nicht unmittelbar gehört, wird so zum zusätzlichen ästhetischen Element.

Dramaturgisch gibt einem diese Spielweise ganz andere Ausdrucksmöglichkeiten als jene des alten

**Puppendoktor spann Fäden im Hintergrund**

Im Landkreis tanzen die Puppen. doch keine Angst, sie sind in festen Händen. Ihr Leben hängt nicht am seidenen, sondern am Häkelfaden. Und der Puppendoktor hat Geburtshilfe geleistet. Die Marionetten, die Bastlerinnen unter Anleitung des Puppenmachers Günter Geier gefertigt haben, sind nun zu vollem Leben erwacht.

50 Puppen haben die 20 Kursteilnehmer – Hausfrauen, Lehrerinnen, Angestellte, Studentinnen – hergestellt. Clowns, Hexen, Zauberer, Nixen, Feen: Vor allem Fantasiegestalten sind entstanden. Märchenfiguren wie Till Eulenspiegel, Max und Moritz und der kleine Muck sind auch dabei. Alles Absicht, denn die Marionetten sollen vor allem Kinder ansprechen.

Dabei sind die Gestalten wohl größer als so mancher Knirps, denn die meisten Figuren sind etwa einen Meter hoch. Um die Puppen herzustellen, braucht man ein Stück eines Besenstils, viel Watte, Seiden-, Samt- und Faschingsstoff, Tonmasse – und eine Menge Zeit. Die stattlichsten Exemplare wiegen geschätzt acht Kilo!

Das liegt vor allem, wie Puppendoktor Geier erklärt, an der tonartigen Masse, aus der die Köpfe und Hände der Marionetten geformt sind. „Efaplast" heißt der Stoff, der neu auf dem Markt ist. Das Material muß schnell verarbeitet werden, da die Oberfläche rasch härtet. Ist der Kopf einmal fertig, so dauert es etwa ein halbes Jahr, bis er durch und durch getrocknet ist. „Dann werden die Marionetten auch wieder leichter", berichtet Puppenmacher Günter Geier.

Der Kopf und besonders das Gesicht sind die wichtigsten Teile bei der Herstellung. „Man hat zwar eine Vorstellung, welche Figur man darstellen will", sagt eine Teilnehmerin, „aber erst aus dem Gesichtsausdruck entwickelt sich dann der vollständige Charakter der Puppe."

Ist das Gesicht fertig, so bekommt der Kopf seine Haarpracht. Echte Haare, Perücken oder Kaninchenfell: Erlaubt ist, was gut aussieht. Dann ist der Körper der Marionette an der Reihe. Das Skelett hat nur einen „Knochen", nämlich eine Holzleiste oder einen alten Besenstil, der die Schultern darstellen soll. An diesem Querstück wird später auch der Kopf mit zwei Haken verbunden. Um den Besenstil herum näht man einen Stoffsack, von dem die Arme und Beine weghängen. In den ganzen Stoffsack wird nun sogenannte Zauberwatte gestopft, die auch zur Füllung von Teddybären und Kissen verwendet wird. Die Ellenbogen und Kniegelenke entstehen kurzerhand durch eine feste Naht durch den Stoffkörper. Nachdem die Hände mit Komponentenkleber befestigt sind, kommen die Kleider an die Reihe.

In einem Resteladen mit Samt- und Seidenstoffen eingedeckt, sind der Fantasie beim Schneidern keine Grenzen gesetzt.

Als letztes folgt der Arbeitsgang, der die handgefertigten Puppen erst zu Marionetten werden läßt. Von einem Holzgerüst – eine Leiste mit Querstangen - laufen die Häkelschnüre herab zu Kopf, Schultern, Händen und Kniegelenken und erwecken die Figuren zu Leben.

*(leicht gekürzt, Fränkischer Tag, 11.7.1992)*

Guckkastentheaters, das zwangsläufig im Rechteck seines Bühnenkastens Theaterillusion schafft. Mit der offenen Spielweise läßt sich Figuren- und Menschenspiel kombinieren. Viele Variationen sind denkbar. Die Puppe kann auch in gestische oder verbale Kommunikation zu ihrem Spieler treten, was bei der Guckkastenbühne unmöglich ist." *(Waldmann, W., S. 108)*

In der *offenen Spielweise* konnte ich aber immer wieder feststellen, daß die Zuschauer voll konzentriert die Figuren beobachteten und die sie bewegenden Personen nicht wahrzunehmen schienen. *Ellwanger / Grömminger (1989)* verstehen un-

# Marionettentheater
## in Bamberg

**Vorstellungen auf einem historischen Miniaturtheater (Familientheater Loose) mit Marionetten für Gruppen von 12 Erwachsenen.**

### Zur Zeit:

## "Dr. Faust"
## " Prinz Rosenrot und Prinzessin Lilienweiß "

| | |
|---|---|
| **Spieltermine:** | Nach Vereinbarung |
| **Anmeldung:** | Klaus Loose, Untere Sandstraße 30, Staubsches Haus (direkt neben dem Parkplatz "Altes Krankenhaus" in der Altstadt) |
| **Preise:** | Die Vorstellungen sind kostenlos. Gespielt wird jedoch nur für geschlossene Gruppen von nicht mehr als 12 Personen. |

Der Prinzipal
Klaus Loose
mit einer
seiner Marionetten

Marionetten aus dem Theater Loose (etwa 15 cm groß)

## Marionetten

Sie gelten als Krönung der Spielfiguren. Ihre Körperteile werden fast ausschließlich über Fäden bewegt.

**Tuchmarionette** Einfache Marionette mit einem Körper aus einem leichten Tuch. Der Kopf besteht aus einer Holzkugel; Arme und Beine sind kleinere Holzkugeln, die auf die Tuchzipfel aufgezogen sind. Mit dem Spielkreuz werden dreifach aufgehängter Kopf und Arme bewegt. Die Tuchmarionette ist eine Tanzfigur. Ihr Vorzug beim Bauen ist, daß man rasch zu einem befriedigenden Ergebnis kommt. Mit dieser Figur kann man sich als Anfänger eine gewisse Fingerfertigkeit aneignen, die einem beim späteren Umgang mit der Fadenmarionette zugute kommt. Für Jugendliche ab 10 Jahren zu empfehlen.

**Wollmarionette** Der Körper der Figur besteht aus Wollfäden. Der Kopf ist an vier Seiten aufgehängt, die Hände an einer separaten Spielstange. Sehr einfache Herstellung in kurzer Zeit, deshalb ideal für Kinder ab 8 Jahren. Trotz der Einfachheit erlaubt die Figur eine erstaunlich differenzierte tänzerische Ausdrucksform.

**Vollmarionette** Die Figur hängt ausschließlich an Spielfäden, die über ein Spielkreuz koordiniert werden. Über die Fäden werden der Kopf und die einzelnen Glieder bewegt. In Ruhe zeigen alle Pendel der Figur nach unten; durch Fadenkraft werden die Pendel angehoben, wobei ein Pendel das andere beeinflußt. Sehr differenzierte Leistung beim Bau der Marionette notwendig, auch das Spiel ist nicht einfach und erfordert Einfühlungsvermögen und Geduld. Für Jugendiche ab 14 Jahren.

**Tiermarionetten** Im Prinzip funktionieren sie genauso wie die Menschenmarionetten. Nur bedingt die Körperbauweise der Tiere eine andere Spielkreuzmechanik, jedenfalls wenn es sich um Vierfüßler handelt. Vögel brauchen ein Spielkreuz, das es erlaubt, die Tiere mit den Flügeln schlagen zu lassen. Soll ein Tier, beispielsweise ein Storch, komplizierte Bewegungen zeigen, die Flügel ausbreiten, in den Beinen einknicken usw., muß man dafür eine individuelle Spielkreuztechnik entwickeln. Dies bleibt Profis mit langer Erfahrung vorbehalten.

**Marionettenkoppelung** Mehrere gleichartige Marionetten – etwa eine Schar Tänzerinnen hängen an einem langen Spielkreuz und können im Ensemble bewegt werden.

*(Waldmann, W., 1986, S. 225)*

ter der „offenen" Form
etwas anderes, nämlich
wenn Kinder aktiv in
das Geschehen auf der
Bühne eingreifen, es
verändern       können
(S. 99). Das, was ich
oben beschrieben habe,
nennen sie den „Hand-
puppendialog".
(S. 103) „Geschlossen"
wäre danach eine Auf-
führung, die eine aktive
Beteiligung    der   Zu-
schauer   in   jedweder
Form ausschließt (bis
auf   das   Klatschen).
„Halboffen" wäre nach
den beiden Autoren,
wenn „die Zuschauer
mitsprechen, Ratschlä-
ge erteilen und Vor-
schläge machen, ohne
jedoch den Verlauf des
Stückes prinzipiell ver-
ändern   zu   können."
(S. 101)

„Die übergreifende Form" wäre dann gegeben, wenn Kinder während des Spiels
auf die Bühne kommen, „mit den Figuren Kontakt aufnehmen, sie zu liebkosen,
oder aber, was viel häufiger vorkommt, sie zu schlagen versuchen." (S. 102). Die
„halboffene" Form könne in die offene übergehen, wenn die Kinder selbst das
Spiel übernehmen und die eigentlichen Spieler sich weitgehend zurückziehen. Welche Form schließlich gewählt wird, hängt von der jeweiligen Situation und der Intention ab.
Thematisch könnte man ähnlich verfahren wie mit dem Kasperltheater. Nur in Ausnahmefällen wird man einen dramatischen Text übernehmen, ansonsten aus der Situation heraus spielen; Studenten gingen in einem Seminar so weit, daß sie eine
Professor-Marionette hinter einem Pult die Geschichte und die Theorie des Marionettentheaters vortragen ließen. Aufmerksam hörten alle zu.

Auch in der Schule könnten Puppenfiguren in bestimmten Phasen des Unterrichts eingesetzt werden.

## 2.1.3 Das Maskentheater

Die *Maske* (von *arab. mas-chora Scherz, Posse, lat. masca, ital. maschera*) gehört zu den *ursprünglichsten und ältesten kultisch-mythischen Zeugnissen der Menschheit überhaupt.* Sie verhüllt das Gesicht, oft in einer groteske Form aus *Baumrinde, Leder, Wachs, Holz, Bast, Metall, Stoff oder Pappe.* Die Intention ist, das Gesicht zu verbergen, es zu verwandeln, um Feinde zu erschrecken, zu vertreiben, ja um sich die Kraft der Person anzueignen, die man darstellt. Die *Masken* kommen bei allen Völkern und in allen Erdteilen vor. Sich zu bestimmten Gelegenheiten zu maskieren, ist auch dem heutigen Menschen ein Bedürfnis, etwa zur Faschingszeit, in der noch die ritualisierte Teufelsaustreibung am Ende des Winters weiterlebt (besonders in der alemannischen Fastnacht in Schwaben und in der Schweiz). Im Tanz und bei Kostümbällen wird das Gesicht mit einer seidenen Halbmaske (meist schwarz) halb oder ganz verhüllt (vgl. *Goldbrunner, H., 1993*). In Deutschland sind seit dem 17. Jh. Bälle bekannt, bei denen Damen oder alle Teilnehmer Masken tragen. Besonders das Rokoko liebte diese Form der Unterhaltung. So ist die *Maske das älteste Requisit der Darstellung*; besonders in den asiatischen Ländern wurde und wird die Masken-Kunst gepflegt und hat eine außerordentliche Qualität erreicht. In der *griechischen Antike* wurde sie bei den Aufführungen von Komödien und Tragödien getragen (sie war das Symbol des griechischen Gottes *Dionysos*). Die Masken waren zunächst aus leicht verderblichen „Stoffen" gefertigt und erst später aus festem Material. Es gab tragische, komische, chorische und Satyrmasken; die Spieler waren dadurch als Typen erkennbar (junge Frau, alter Mann, Priester, Bote, Sklave/Sklavin, Händler usw.) und konnten die Masken während der Vorstellung wechseln (z. B. Blendung des Ödipus). Die Maske (als Halbmaske) ist auch noch in der *Commedia dell'arte* anzutreffen (siehe das Kapitel S. 45 ff.), wird aber in der Folge aus dem Theater weitgehend verdrängt, da sie mit ihrem starren Gesichtsausdruck den individualisierenden Tendenzen der bürgerlich abendländischen Ausprägung des Schauspiels entgegenstand (vgl. *Nold, W., 1993*).

Im 20. Jahrhundert haben vor allem die *Freien Theaterformen* die Maske wieder aus der Mottenkiste der Geschichte hervorgeholt, sie entstaubt und neu gestaltet. Nicht nur in Aufführungen antiker Tragödien und Komödien werden Masken getragen, sondern auch in modernen Stücken *(z. B. in: B. Brecht „Kaukasischer Kreidekreis" ; J. Genet „Die Neger", E. Ionesco „Jacques oder der Gehorsam").* Ein anderer Entwicklungsstrang führt von den urtümlichen und volkstümlichen Maskentänzen, auch vom griechischen Drama über die altrömische Pantomime (vgl. S. 48 ff.) zur Maske im Ballett des 17. Jhs. bis hin zur modernen Tanzkunst.

Selbstverständlich wird im weiten Sinne darunter auch die vom Maskenbildner angefertigte *Maske des Schauspielers* verstanden, dessen Gesicht mit Hilfe künstlicher Elemente dem darzustellenden Typ oder Charakter angepaßt wird. Metaphorische Ausdrücke zeigen, welche Bedeutung wir der Maske beimessen, z. B. *du versteckst dich hinter einer Maske, dein Gesicht ist eine Maske, maskenhaft* (vgl. dazu das Heft „Masken", Juni 1993, Praxis Spiel + Gruppe).

**Die Maske im Deutschunterricht**

Ich bin ziemlich ausführlich auf die „Vergangenheit" der *Maske* eingegangen, weil wir uns bei allen Spielformen der *historischen* und *existentiellen Dimension* bewußt sein sollten. Nur wenn diese bekannt ist, so glaube ich, können wir diese Spielform im Unterricht entsprechend einsetzen.

Die *Masken* lassen sich gut im *Kunstunterricht* herstellen, am besten aus *Papiermaché*. Aus Seidenpapier oder ähnlich weichem Papier oder Zeitungspapier werden kleine Schnipsel gerissen und auf dem Herd zu Brei verkocht; dann wird Tapetenkleister angerührt und mit der noch weichen Papiermasse verrührt. Sägemehl wird als Bindemittel hinzugegeben und evtl. noch etwas Gips. Nach kräftigem Durchkneten ist die Masse gebrauchsfertig. Erfahrungen mit dem Maskenspiel habe ich noch nicht allzu häufig sammeln können, da im Praktikum der langfristige Zeitaufwand der Herstellung von Masken gescheut wird, die dann doch nur relativ kurze Zeit Verwendung finden. Man bedenke allerdings, welcher Fundus dem Lehrer während des gesamten Schuljahres zur Verfügung steht, wenn jeder einzelne Schüler seine Maske gefertigt hat. Wir konnten feststellen, daß *mit Hilfe der Maske die Identifikation mit der Rolle sehr viel intensiver gelingt*, die Verwandlung ist vollkommener. Die *Körpersprache der Bewegung* paßt sich oft auf unerklärliche Weise der *Maske* an. Das Spiel bekommt *eine psychologisch nicht faßbare Tiefendimension* und kann eine fast mythische Bedeutung annehmen. Ich konnte eine derartige Wirkung bei einer Studentengruppe beobachten, die Professoren- und Studentenmasken hergestellt hatte und damit unterschiedliche Situationen vorführte. Sprache und Körperhaltung (Gestik) waren auf verblüffende Weise mit der jeweils getragenen Maske identisch. Abhängigkeiten, autoritäres Gehabe, Schmeichelei, das Verhältnis „Meister – Schüler" wurden prototypisch und in der Tiefendimension (generalisierbar) erfahrbar.

Besonders Märchen eignen sich gut für diese Spielform; „De Fischer und sin Fru" hatten wir als Beispiel ausgewählt. Die sich ständig höher schaukelnden Wünsche lassen sich gut mit Masken darstellen.

Auch *Schwänke, Lügengeschichten* und *Sagen* z. B. können auf diese Art bearbeitet werden. Allerdings sollte man durchaus realistische Vorgaben umsetzen, Szenen und Situationen aus dem Alltag (nicht nur auf der Textgrundlage).

Das *Maskentheater* ist an kein Alter gebunden. Die naive „Benutzung" durch das

Grundschulkind ist genauso zu akzeptieren wie die ironisch-distanzierende Inszenierung des jungen Erwachsenen in der Kollegstufe oder im Studium.

### 2.1.4  Das Schattentheater

**Licht und Schatten**

*Die Geschichte des Schattenspiels beginnt ungleich früher als die Geschichte
des Theaters. Sie beginnt in dem Augenblick, da der erste Lichtstrahl durch das
Urdunkel zuckt und zum erstenmal Licht und Schatten sich als Pole gegenüber-
stehen. Jahrmillionen lang spielt die Natur für sich allein: mit jeder Wolke, die
sich vor die Sonne schiebt, mit jedem Baum, der seine Silhouette auf den Boden zeichnet, mit jedem Blatt, das mit seinem Schatten tänzelt. Eines Tages
folgt der Schatten auch dem Menschen, und der Mensch fürchtet sich lange vor
ihm. Dann nimmt er Leben und Schatten für eins und bohrt seinen Spieß in den
Schatten des Feindes, dem er sonst nichts anhaben kann. Es kommen die großen Umdeutungen: Licht – Leben, Schatten – Tod, Seele – Schatten. Und eines
Tages heißt es Diesseits und Jenseits, die Ahnen personifizieren sich im Schatten, und man spricht mit ihnen. Die Furcht vor dem Ungewissen nach dem Tod,
der Wunsch, sehnsuchtsvoll hinübergreifen zu können und mit einem Dahinge-
gangenen noch mal Berührung zu finden, und die Gedankenflüge der Dichter,
all das hat den Schatten aus seiner physikalisch-optischen Existenz herausge-
löst und ihn zur Brücke in andere Bereiche und Dimensionen gemacht. Auf
diesem Wege kam es eines Tages dazu, daß sich ein weiser, vielleicht auch nur
ein kluger Mensch aus einer Lampe eine Sonne machte und einen transparen-
ten Schirm aufstellte als Grenze zwischen drüben und herüben. Und wie ein
Gott hatte er die Figuren in der Hand; sie lebten, solange er sie hielt und bewegte, sie waren tot, als er sie weglegte.*

*(Krafft, zitiert nach Heft 3, 1989, Praxis Spiel + Gruppe)*

## Peter Schlemihls wundersame Geschichte

*Adalbert von Chamisso*

[...] Der Schatten, auf meine Bewegung, nahm vor mir die Flucht, und ich mußte auf den leichten Flüchtling eine angestrengte Jagd beginnen, zu der mich allein der Gedanke, mich aus der furchtbaren Lage, in der ich war, zu retten, mit hinreichenden Kräften ausrüsten konnte. Er floh einem freilich noch entfernten Walde zu, in dessen Schatten ich ihn notwendig hätte verlieren müssen, – ich sah's, ein Schreck durchzuckte mir das Herz, fachte meine Begierde an, beflügelte meinen Lauf – ich gewann sichtbarlich auf den Schatten, ich kam ihm nach und nach näher, ich mußte ihn erreichen. Nun hielt er plötzlich an und kehrte sich nach mir um. Wie der Löwe auf seine Beute, so schoß ich mit einem gewaltigen Sprunge hinzu, um ihn in Besitz zu nehmen – und traf unerwartet und hart auf körperlichen Widerstand. Es wurden mir unsichtbar die unerhörtesten Rippenstöße erteilt, die wohl je ein Mensch gefühlt hat. Die Wirkung des Schreckens war in mir, die Arme krampfhaft zuzuschlagen und fest zu drücken, was ungesehen vor mir stand. Ich stürzte in der schnellen Handlung vorwärts gestreckt auf den Boden; rückwärts aber unter mir ein Mensch, den ich umfaßt hielt, und der jetzt sichtbar erschien. [...] (S. 28/29)

*(Ausschnitt: Hrsg. von Karl Holz, Buchner: Bamberg 1984)*

### Das Motiv des Schattens in einem Kinderbuch:

Als die letzte Vorstellung vorüber war und der letzte Vorhang gefallen war, blieb sie [Fräulein Ophelia] ganz allein noch für ein Weilchen im Theater. Sie saß in ihrem Kasten und dachte an ihr Leben zurück. Plötzlich sah sie einen Schatten, der über die Kulissen hin und her huschte, manchmal größer und dann wieder kleiner wurde. Aber da war niemand, der ihn hätte werfen können.

„Hallo!" sagte Fräulein Ophelia mit ihrer leisen Stimme, „wer ist denn da?" Der Schatten erschrak sichtlich und schrumpfte zusammen, er hatte sowieso keine bestimmte Form, aber dann faßte er sich und wurde wieder größer.

„Verzeihung!" sagte er, „ich wußte nicht, daß da noch jemand ist. Ich wollte Sie nicht erschrekken. Ich bin nur untergeschlüpft, weil ich nicht weiß, wo ich bleiben soll. Bitte jagen Sie mich nicht weg." „Bist du ein Schatten?" fragte Ophelia. Der Schatten nickte. „Aber ein Schatten gehört doch zu jemand", fuhr sie fort. „Nein", sagte der Schatten, „nicht alle. Es gibt einige überzählige Schatten auf der Welt, die zu niemanden gehören und die niemand haben will. Ich bin so einer. Ich heiße Schattenschelm." „So", sagte Fräulein Ophelia, „und ist das nicht traurig, so ohne jemand zu sein, zu dem man gehört?" „Sehr traurig", versicherte der Schatten und seufzte leise, „aber was soll man machen?"

*(Ende, Michael: Ophelias Schattentheater. Stuttgart: Thienemann 1988, mit sehr schönen (Schatten)Bildern von Friedrich Hechelmann)*

Die hier abgedruckten Texte zeigen, wie sehr der „*Schatten*"wiederum ins *Existentielle und Mythologische* hineinführt. Ich möchte diese Zusammenhänge nur andeuten, da das *Schattenspiel* im Deutschunterricht wohl kaum eine zentrale Rolle einnehmen wird; die Bedeutung anderer Spielformen ist ungleich größer *(etwa des Kasperltheaters oder des literarischen Rollenspiels)*. Ich verweise auf spezielle Literatur für denjenigen, der sich für dieses an sich faszinierende Spiel mit *Licht und Schatten* näher interessiert. *(Heft 3 der Zeitschrift Praxis Spiel + Gruppe 1989, das sich mit dem Schattenspiel befaßt; Seitz, R., 1984; Dunkel, P., 1984; Canacakis u. a., 1986; Fuglsang, M., 1980)*

Worte sind Schatten
worte sind schatten
schatten werden worte

worte sind spiele
spiele werden worte

sind schattenworte
werden worte spiele

sind spiele worte
werden worte schatten

sind worte schatten
werden spiele worte

sind worte spiele
werden schatten worte

*Eugen Gomringer*

**Schattenwörter — Schattenworte**
Wo viel Licht ist, da ist viel Schatten
etwas wirft seinen Schatten voraus
sie führt ein Schattendasein
er ist nur noch ein Schatten seiner selbst
sie gehört ins Reich der Schatten
er ließ sie beschatten
überschattet vom Unglück
auf der Schattenseite des Lebens
schattig
im kühlen Schatten
schattenspendend
im Schatten leben
Nachtschattengewächs
Schattenmorelle
Schattenblume
Schattenkäfer
Schattierung
Schattenfarbe
Lidschatten
Schattenbild
Schattenriß
Schattenspiel
Schattentheater
Schattenfiguren
Schattenkönig
Schattenkabinett
Schattenindustrie
Schattenpflanzen
Schattenhalle
Schattengewebe
Schattenarbeit
Schattenprobe
schattenhaft
Schattentherapie
verschattet        *Irene Flemming*

(Aus: Praxis Spiel + Gruppe 10/89, S. 96)      (Aus: Praxis Spiel + Gruppe 10/89, S. 107)

In der Dichtung kommt das Motiv des *schattenlosen Menschen* immer wieder vor. In der Erzählung von *A. Chamisso* tauscht *Peter Schlemihl* seinen Schatten gegen einen unerschöpflichen Glücksäckel, er gerät aber gerade auf Grund seiner Schattenlosigkeit in heillose Schwierigkeiten. *Chamisso* hat damit eine *Allegorie* auf sein eigenes Schicksal geschrieben (Gewöhnung an sein „neues" Vaterland). Damit ist der eigene Schatten Teil der persönlichen Identität. Um diese Identität geht es auch in der Oper „*Frau ohne Schatten*" (*Hofmannsthal / R. Strauß*), eine außerirdische Figur, die an dem Menschlichen teilhaben will, aber dennoch kein vollwertiger Mensch ist. Die Schattenlosigkeit wird als Symbol gesehen. *Canacakis u. a.* weisen deutlich auf den Zusammenhang zwischen *Schatten, Leben und Tod* hin. In der griechischen Mythologie existieren *die Toten im Schattenreich des Hades*, wo sie ein erbärmliches Leben führen. Allerdings gibt es auch elysische Mysterien, die eine orphische Fahrt in die Unterwelt machten, die *„eine phantasievollere lebendigere Vorstellung vom unsichtbaren Reich der Schatten vermitteln, die damit nicht nur mehr Grauen auslösen." (Canacakis, 1986, S. 139)*

Im übrigen beginnt nach *Irene Flemming* die *Geschichte des Schattenspiels* mit der *toten Gemahlin des Kaisers Wu*, die als Schattenbild auf dem Seidenschirm erscheint. „*Das Spielen mit Schattenfiguren stammt wohl aber aus Indonesien und kam erst von dort nach China. Über Persien wanderte es in die Türkei und nach Ägypten. Schließlich fand es auch Eingang in den europäischen Raum." (1989, S. 97)*

**Das Schattenspiel im Deutschunterricht**

Das Schattenspiel sollte in der Schule mit den oben *angedeuteten Nebenaspekten* erarbeitet werden (also den mythologischen, metaphorischen, physikalischen Aspekten je nach Altersstufe).

Der technische Aufbau soll hier nur kurz beschrieben werden:

o *Lichtquellen:* (Früher begnügte man sich mit dem Sonnenlicht, abends mit einer Kerze.) Ein Diaprojektor ergibt eine sehr helle Lichtfläche. Sehr gut eignet sich ein Overhead-Projektor, der heute in fast jedem Klassenzimmer zur Verfügung steht. Man sollte allerdings stark verdunkeln können.

o *Schattenwände:* Für erste Versuche ist eine weiße Wand ausreichend. Aber eigentlich sollte eine durchscheinende Projektionsfläche benutzt werden. Dazu kann man durchaus weiße Bettlaken verwenden. Wichtig ist es, selbst zu experimentieren und auszuprobieren.

*Irene Flemming* schlägt „*Schatten raten*" vor:

## Schatten raten

Leinwand und Lichtquelle regen sofort an, Schatten zu machen. Da werden die Hände ausprobiert, oder einer geht selbst hinter die Leinwand. Total verfremdet erscheint sein Profil auf dem Bildschirm. Und schon entsteht daraus das erste Spiel:

*Personenraten*: Die Hälfte der Gruppe spielt Zuschauer, die anderen gehen hinter die Bühne und schicken nacheinander ihre Spieler an die Leinwand. Wer ist es?

*Dinge raten*: Jemand hält verschiedene Dinge vor die Leinwand, und die anderen erraten sie. Beim Projektor legt man die Sachen einfach auf die Glasplatte. Vorschulkinder haben Spaß an diesem Spiel.

*Händeraten*: Drei oder vier Gruppenmitglieder zeigen den anderen ihre Hände. Dann gehen sie hinter die Leinwand und zeigen nacheinander die Hände im Schatten. Wer erkennt sie richtig wieder? (Von der übrigen Person darf man nichts sehen.)

*Veränderte Person*: Die Spieler gehen hinter den Schirm und verändern ihr Aussehen, ehe sie sich zeigen. Beispiel: Brille aufsetzen, Frisur ändern, sich dick machen.

*Handschatten*: In vielen Büchern gibt es Anleitungen, wie man Handschatten machen kann. Meistens sind sie schwer nachzuahmen, besonders für Kinderhände mit kurzen Fingern. Die Kinder werden aber Spaß daran haben, wenn der Erwachsene ihnen etwas vorspielt.

Schon durch diese einfachen Ratespiele kann man eine Menge über Schattenwirkungen lernen. Dazu gehören Materialerfahrungen: Was sah besonders schön aus? Suchen wir doch einmal nach Dingen, die einen besonders schönen Schatten werfen. Blätter und Blüten – schön! Spitzenstoffe – schön! Und erst zarte Federn! Dinge aus dem Nähkasten – frappierend! Sogar die geknüllte Plastiktüte überrascht. Die Wirkung ist zwar ähnlich wie bei einem Fotogramm, aber die Vergrößerung verstärkt den Eindruck enorm.

*(Irene Flemming, S. 100/101)*

Selbstverständlich kann man auch selbst als Schattenfigur auf der „Leinwand" auftauchen, mit Kostümen spielen, wozu sich nach *I. Flemming* vor allem Stoffe eignen, die Licht durchlassen: „*Simone holt sich aus dem Kostümschrank den schönen Königsmantel. Enttäuschung! Farbe, Goldlitze und Falten – nichts ist zu sehen. Aber als sie dann im Tüllröckchen kommt – ah! Welche wunderbaren Linien haben Arme und Beine, wie schön wirken die gespreizten Finger! Der durchsichtige Stoff läßt jede Bewegung erkennen.*" (S. 102)

*Märchen, Sagen, Legenden*, aber auch selbsterfundene Stücke lassen sich ins *Schattenspiel* umsetzen, man kann mit Musik die Handlung untermalen. Meist wird man pantomimisch agieren, aber das sprachliche Moment braucht nicht ausgeschlossen bleiben, man kann einen *Erzähler* einfügen; die Schattenfiguren können aber auch selbst sprechen.

## 2.2 Das Stegreiftheater

Das Stegreifspiel wird häufig mit der Semantik des Begriffes zu erklären versucht.

„'Stegreif' ist ein altes Wort für den Steigbügel, der rechts und links am Sattelzeug des Pferdes befestigt ist. In ihn steckt der Reiter seinen Fuß, wenn er aufs Pferd steigen will, und er gibt dem Reiter Halt, wenn er auf dem Pferd sitzt. Die Redewendung, er spricht oder tut etwas 'aus dem Stegreif' stammt aus der Zeit, als die Herren und Damen noch zu Pferde reisten. Es soll damit gesagt werden, daß der Reiter oder die Reiterin noch gar nicht vom Pferd abgestiegen ist, aber gleich losredet und loshandelt, so wie es ihm oder ihr im Augenblick in den Sinn kommt – ohne alle Vorbereitung, sozusagen die Füße noch im Steigbügel, eben aus dem Stegreif." *(Seidel, G., S. 7)*

### Das Stegreifspiel und die Commedia dell'arte

Das *Stegreifspiel* hat eine lange Tradition. Es hat seinen Ursprung in der *Commedia dell'arte* im 16. Jahrhundert in Italien. Die *Commedia dell'arte* war ein Straßentheater, das im improvisierten Spiel aktuelle Geschehnisse in einer Stadt darstellte, wobei häufig auch Sozialkritik geübt wurde. Bevor jedoch die Staatsmacht eingreifen konnte, war man meist schon wieder verschwunden.

„Die Commedia dell'arte artikulierte die progressiven Ideen ihrer Zeit. Besonders im 16. Jh., als noch 'Abweichler' von einer durch Staat und Klerus bestimmten Konvention auf dem Scheiterhaufen enden konnten, waren subtil gefaßte Spielgeflechte mit vielen Metaphern die einzige Möglichkeit, das neue Denken jener Zeit zum Ausdruck zu bringen. Daher behielt die Commedia dell'arte für die nächsten zweihundert Jahre ihres Bestehens das Fehlen eines festen Textes als grundlegendes Kennzeichen stets bei." *(Harjes, R., 1983, S. 78)*

Selbstverständlich hat sich die *Commedia dell'arte* wiederum auf die Spielleute, Wahrsager, Ringer, Possenreißer, Seiltänzer, Zauberer, Schausteller der mittelalterlichen Jahrmärkte bezogen. Das fahrende Volk benötigte man, wenn man lange Tage (der Kirchweih oder des Carneval, des Fasching) feierte, um die bedrängenden Gefahren des täglichen Lebens (Tod durch Pest und andere Seuchen) und die starren hierarchisch orientierten Ordnungen und Schranken wenigstens zeitweise zu vergessen. Aber erst die *Commedia dell'arte*, die auch entsprechend überliefert wurde, hatte konsequent die Tendenzen gebündelt und ein unverwechselbares Theater-Genre geschaffen. Der Wiedererkennungseffekt war sehr wichtig, so trat man in Halbmasken auf (Typ = in Italien „Maske"), verkörperte bestimmte *soziale Prototypen*, die auch geographisch am Dialekt orientiert sein konnten (z. B. Neapel, Venedig, Rom). Die Konflikte, Schwierigkeiten in der Gesellschaft wurden grotesk überzogen, man konnte lachen, aber gleichzeitig erkannte man sich selbst. Die Figuren hießen: *Arlechino, Brighella, Die Zuni, Dottore, Pantalone, Fantesca, Pulcinella* (aus dem sich der spätere Kasper entwickelte; siehe S. 22 ff.), *Capitano* usw. *„Wenn auch die Commedia dell'arte mit ihrer sozialen Satire überwiegend vor dem Volk auf den Marktplätzen und Straßen spielte, so brachte ihre wachsende Beliebtheit sie doch auch in große Bühnenhäuser."* *(Harjes, R., S. 79) Nach Harjes* übten sie auf Gastspielreisen nach Spanien, Frankreich, England und Deutschland teilweise einen erheblichen Einfluß auf die dort bestehenden Theater aus, besonders stark in Frankreich, wo 1680 italienische Schauspieler mit der Theatergruppe *Molières* zusammentrafen. Aus dieser Begegnung habe sich die *Comédie Française* entwickelt.

Von Italien aus verbreitete sich diese Spielform über ganz Europa, bis in der 2. Hälfte des 18./19. Jh. der Aufstieg des Bürgertums und die damit auch verbundene Pflege des Theaters die Stegreifform weitgehend zum Verschwinden brachte, abgesehen von trivialisierten Restbeständen auf den Jahrmärkten, etwa des Bänkelsangs. Erst in den 60er Jahren wurden Formen der Commedia dell' arte wiederbelebt im Straßentheater und dem Freien Theater (vgl. *Baumgarten, M. / Schulz, W., 1979; Weihs, A., 1981).* *„Nach den vielen Versuchen des bürgerlichen Theaters, sich der Commedia dell'arte zu bemächtigen, darf man wohl ohne Übertreibung bestimmte Richtungen des heutigen Freien Theaters vieler Länder als legitime Erben dieser großen Theatergattung bezeichnen."* *(Harjes, R., S. 80) Harjes* führt einen der bekanntesten Theatermacher Italiens als einen der Erben an, nämlich *Dario Fo*, der Ende der 60er Jahre den etablierten Theaterbetrieb verließ, und neue Wege zum Volkstheater auf dem Fundament der *Commedia dell'arte* beschritt, das auch sehr radikal sein sollte. Und *Dario Fos* Arbeit hat nach *Harjes viele Freie Gruppen* in Deutschland und anderen Ländern beeinflußt. Sicher haben Studentenunruhen und die daraus resultierende Aufbruchstimmung mit dazu beigetragen.

**Stegreiftheater und Schule**

Da das Stegreiftheater eine universell verwendbare, robuste Form des Spiels darstellt, ist es in Ansätzen schon seit Beginn des Jahrhunderts vor allem im Deutschunterricht eingesetzt worden. Unter anderen Umständen (der Forderung nach ganzheitlichem Lernen und nach kreativen Rahmenbedingungen) wird es heute verstärkt in den Unterricht einbezogen. In der Tat ist es universell verwendbar, da es nicht so eng definiert worden ist wie das *sprachdidaktische Rollenspiel* (siehe S. 69 ff.).

Da es sich um eine Theaterform handelt, bedarf der Deutschlehrer für den Einsatz keiner besonderen Legitimation. Das Moment der *Improvisation* ist wesentliches Element dieser Spielform. Nach *Batz / Schroth* (1984) gehört zu den Grundformen der Improvisation, zu denen noch eine Menge von Varianten existieren:

o Sketch            o Geschichtenspiel
o Rollenspiel       o Stummes Spiel
o Stegreifspiel     o Nonsensspiel

*Sketch* ist ein englisches Wort und bedeutet ein szenisches Kurzspiel, Dialoge, *„Dreiecksgeschichten, die mit einer effektvollen Pointe enden."* *(Batz/Schroth, 1984, S. 112)*

Das *Nonsenstheater* könne nach *Batz / Schroth* eine interessante Alternative zum ernsteren Rollenspiel sein, wenn es gut gemacht sei: *Blödeldiskussion, surreale Einlagen, gescheiter und charmanter Quatsch.* (S. 114)

Es wäre aber ein Irrtum zu glauben, ein *Stegreifspiel* bräuchte keine Planung, keine Vorbereitung. Oft genug habe ich in Praktikumsklassen erlebt, wie solche Stegreifübungen unbefriedigend verlaufen sind, weil die Schüler nicht so recht wußten, wie sie agieren sollten. Ähnlich wie im *sprachdidaktischen Rollenspiel*, das auch keinen festen Text vorgegeben hat (wie im übrigen die meisten Spielformen), müssen die Rahmenbedingungen des Spiels geklärt sein.

Nach *Seidel* sind dies vier konstitutive Momente: *Thema, Rollen, Situation (Ort) und Handlungsziel.* (S. 7)

**Beispiele zum Stegreifspiel**

Als Beispiel sei ein *Stegreifspiel* in einer 11. Klasse (Gymnasium) näher beschrieben. Der Lehrer warnte uns, die Schüler würden in diesem Alter nicht zum Spielen zu bewegen sein. Da sich die Klasse im Deutschunterricht mit der mittelalterlichen Literatur, u. a. auch mit dem Minnesang befaßte, sollte unser Thema *das Verhältnis von Mann und Frau, die Geschlechterbeziehung*, sein. Wir wollten uns nicht nur auf das Hochmittelalter beschränken, sondern bestimmte Epochen bis in die Neuzeit miteinbeziehen: *Renaissance – Barock / Rokoko – 19. Jahrhundert: Das Bürgertum – unsere Zeit.*

Wir mußten zunächst klären, wie sich das Rollenverständnis von Mann und Frau darstellte. Der Ritter mußte versuchen, die Aufmerksamkeit seiner *frouwe* zu erregen, um so einen Gunstbeweis zu erhalten. Als *Situation* wurde folgendes festgelegt: Der Ritter unterhält sich nach einem gewonnenen Turnier mit seiner Angebeteten, die auf der Tribüne sitzt (in der Klasse saß die „Dame" auf einem Stuhl auf der Bank) und ihm huldvoll zulächelt, der Ritter/Schüler beschreibt glutvoll die Vorzüge der Dame und kann ein Taschentuch (es war schwierig, ein geeignetes aufzutreiben) als Liebespfand erwerben. Selbstverständlich enthielt die Szene, der Dialog, sehr viel Komik. Aber gerade das Stegreifspiel erlaubt das Burleske bis zum Grotesken; kabarettistische Elemente können die Wirkung auf die Zuschauer erhöhen.

Im übrigen hatten andere Schüler und Schülerinnen weitere Rollen übernommen, Turnierteilnehmer, weitere Damen auf der Tribüne.

Während beim *Konfliktrollenspiel Requisiten und Kostüme* eine untergeordnete Bedeutung haben, sollte man beim *Stegreifspiel* im Rahmen des Möglichen doch versuchen, die Identifikation mit der Rolle durch symbolische Repräsentation von vielleicht nur ganz wenigen Dingen zu erleichtern, auch auf der Zuschauerseite. Die Mädchen hatten mit Seidenschals eine Art mittelalterlicher Kopfbedeckung herbeigezaubert (freilich paßten in zwei Fällen die Jeans nicht so recht, zumindest erhöhten diese den ironischen Kontrast), die Jungen hatten sich Stöcke als Lanzen besorgt, und umgekehrt getragene Lederjacken symbolisierten den Panzer. Wir hatten uns darauf beschränkt, das beizuschaffen, was während der Stunde verfügbar war. Freilich könnte man auch gezielter vorgehen, etwa ergebnisorientiert, und aus einem Theaterfundus entsprechende Gegenstände ausleihen. Durchaus denkbar wäre auch, zunächst „nur" prozeßorientiert und erst in einem zweiten Schritt auf das Endprodukt (evtl. auf eine Aufführung) ausgerichtet zu arbeiten.

Ich verzichte darauf, die Darbietungen (insgesamt 3 Doppelstunden) und Diskussionen zu den anderen Epochen zu schildern. Kurzreferate bildeten im weiteren Verlauf die Grundlage für die Spiel- und Reflexionsprozesse. Während weiterhin ironisch-komische Elemente dominierten, fiel das „*Spiel in unserer Zeit*" durch die große Ernsthaftigkeit der beiden Protagonisten auf, die unversehens und sicherlich unbeabsichtigt von einem *Stegreifspiel* in ein *Konfliktrollenspiel* geraten waren. Zwei junge Leute treffen sich in einer Discothek, der junge Mann gesteht der jungen Frau seine Zuneigung, sie aber wehrt sich gegen ihn, möchte sich nicht binden. Die beiden Schüler simulierten *Wirklichkeit*, repräsentierten *zeitgenössisches soziales Rollenverhalten* und setzten sich mit einem *Konflikt* auseinander. Der Lehrer wird zwar registrieren, daß hier plötzlich in eine andere Spielform gewechselt wird – dies hatte auch gruppendynamische Ursachen in der Beziehung der beiden –, pragmatisch wird er dies nicht als Fehler werten. Freilich wurde der Klasse in der Reflexionsphase klar, daß in dieser Realisation ihre partnerschaftlichen Probleme sehr viel unmittelbarer ausgedrückt worden waren. Die ironische Distanzierung in den szenischen Darstellungen früherer Jahrhunderte entsprang der Schwierigkeit, sich in die ganz anderen Gefühlslagen „einzudenken" .

**Verwendungsbereiche im Deutschunterricht**

Man kann das *Stegreifspiel* als autonomen Gegenstand des Deutschunterrichts betrachten, da dieses abstammend von der *Commedia dell'arte* zu den ursprünglichen dramatischen Formen zählt. Es kann aber auch sehr gut im Literaturunterricht eingesetzt werden, wenn es gilt *Märchen, Sagen, Fabeln, Schwänke, Lügen-*

geschichten, *Kurzgeschichten, Erzählungen oder auch einzelne Szenen aus der Jugendliteratur oder Romanen (Novellen)* szenisch darzustellen. Selbstverständlich werden bei solchen „Aufführungen" immer auch pantomimische Elemente eingesetzt. Essen, Trinken, Ortswechsel, Auseinandersetzungen, Bewegungsabläufe werden meist symbolisch mit dem Körper dargestellt. So zeigt sich auch bei dieser Spielform, wie problematisch zu pedantische Abgrenzungen sein können (vgl. das Kapitel *Pantomime*).

Das *Stegreifspiel* kann methodisch in jedem Lernbereich eingesetzt werden. Einige wenige Beispiele seien hier angeführt.

*Mündlicher Sprachgebrauch:*

– Auf *Zuruf* muß aus dem Stegreif über *ein bestimmtes Thema* referiert werden. Schlagfertigkeit und spontanes Reagieren werden hierbei geschult. In einem Seminar an der Universität haben Studenten den pseudo-wissenschaftlich blasierten Ton mancher Dozenten überzeugend nachgeahmt, dabei mit vielen Worten wenig ausgesagt und oft unmögliche Querverbindungen hergestellt.

– *Sportreporter* berichten über einen fiktiven Wettkampf. Es können unterschiedliche Arten ausgesucht werden, die Mitschüler pantomimisch darstellen. Gerade dieses Spiel haben Schüler sehr gerne ausgeführt, da Sport heute bei den meisten Kindern und Jugendlichen außerordentlich beliebt ist. Schüler können als Zuschauer eingesetzt werden, da diese ebenfalls ein typisches Verhalten an den Tag legen. Auch dabei sehen wir wieder den Zusammenhang zur Pantomime.
Solche Sportarten könnten z. B. sein:
*Fußball – Tennis – Boxen – Radrennen – Autorennen – Tischtennis – Leichtathletik.*

– *Interviews führen* mit berühmten Sportlern, Popsängern, Fernsehstars, Schauspielern.
Es war für uns oft erstaunlich, wie informiert die Jugendlichen waren; sie konnten ihr Wissen einfließen lassen, sich aber durch ironisierende Distanzierung kritisch mit diesen Stars auseinandersetzen (z. B. Maradonna, U 2, Thomas Gottschalk)

– *Jemanden ansprechen* und um etwas bitten (Geld zu schenken; zum Essen eingeladen zu werden; übernachten zu dürfen). Selbstverständlich können auch etwas komplexere Stegreifspiele erarbeitet werden (mit mehreren Szenen) wie sie sich in der Regel z. B. bei literarischen Vorgaben (Texten) ergeben.

*Schriftlicher Sprachgebrauch*

– *Bildgeschichten* nachspielen und erst anschließend ins Schriftliche übertragen. Die Schüler sind dann meist in der Lage, den zeitlich-chronologischen Ablauf nachzuvollziehen. Wörtliche Reden ergeben sich von selbst (wie z. B. bei den Vater-Sohn-Geschichten von E. O. Plauen). Ist allerdings ein Konflikt enthalten, so

ist ein sprachdidaktisches Rollenspiel unvermeidlich. Bei den bisher schon er-
wähnten Überschneidungsbereichen ist dies fast schon selbstverständlich.
– *Reportagen über einen Unfall*
  o Zwei Betroffene unterhalten sich.
  o Ein Polizeibeamter berichtet seinem Vorgesetzten.
  o Ein Beteiligter berichtet einem nahen Verwandten.

*Grammatikunterricht*
– *Ein billiger Jakob* versucht, seine Waren anzupreisen und zu verkaufen. Damit
läßt sich *appellatives, adressatenbezogenes Sprechen* demonstrieren. Die verschiedensten grammatikalischen Aufforderungsaspekte können auf diese Weise
erarbeitet werden.

Auch in anderen Fächern läßt sich diese Spielform gut einsetzen, z. B. im *Ge-
schichtsunterricht*, wenn historische Ereignisse oder frühere Lebensformen verge-
genwärtigt werden sollen (vgl. die Liebeserklärungen durch die verschiedenen
Jahrhunderte); Einstellungen, Normen und soziales Bewußtsein lassen sich so
sinnlich erfahrbar machen.

Im *Erdkundeunterricht oder in der Heimat- und Sachkunde* können ebenfalls Situationen gefunden werden, die sich durch ein *Stegreifspiel* darstellen lassen.

*Stegreif- bzw. Improvisationselemente in anderen Spielformen*

| Stegreifelemente / Improvisationselemente |
|---|
| – im Konfliktrollenspiel<br>– im Figurentheater (Kasperl-, Marionettenspiel usw.)<br>– in den New Games<br>– in den interaktionistischen Spielformen<br>– in den Freien Theaterformen<br>– in der Pantomime<br>– im Schultheater |

## 2.3 Die Pantomime

Die *Pantomime* zählt ebenfalls zu den *ursprünglichen Theaterformen*, ja die „laut-
lose Kunst" ist schon über zweitausend Jahre alt (von grch. *pantomimos = alles
nachahmend*). Die *Pantomime* ist seit etwa 400 v. Chr. in der Antike nachweisbar;
später sah man als Begründer *Pylades* und *Bathyllos*, die 22. v. Chr. *in Rom* erst-
mals auftraten und sehr beliebt waren. Die *Pantomimen* spielten zur Kaiserzeit tragische und komische Szenen aus Mythen vor, die parodistisch (als Mythenparodie)

sein konnten; sie bildeten häufig Gruppen, denen auch Frauen angehörten. Wegen ihrer anstößigen Szenen sind sie vielfach verboten worden. In späterer Zeit lebte *die Pantomime* im Volkstheater fort, so in England als *dumb show* (*stummes Spiel* als Vorausdeutung der Handlung; Beispiel „*Hamlet*" 3. Akt). Auch die schon des öfteren erwähnte *Commedia dell'arte* arbeitete mit *pantomimischen Mitteln*, daraus entwickelte sich im 17./18. Jh. wieder ein eigenes Genre. *J. G. Debureau* konnte als *Pierrot* 1816 ein eigenes Pantomimentheater eröffnen. Später wurde die Pantomime ein besonderer Zweig des Balletts. *Max Reinhardt* zeigte die Pantomimen „*Das Mirakel*" (von *K. Vollmoeller* 1912) und „*Sumurun*" (von *F. Freska* 1913) auf Tourneen in Europa und Amerika.

1940 wird die *Pantomime* in Paris von *J. L. Barrault* durch die Gründung einer Schule wiederbelebt. So schreibt *Günter Titt* (1987):

„Paris – Für uns damals ein ungeheures Ereignis [er spricht von der unmittelbaren Nachkriegszeit]. Paris war für uns nicht nur beladen mit den neuen Träumen von der großen Welt, Paris war die Stadt von Debureau, Barrault, Decroux – Wiege der modernen Pantomime. Und die Stadt der Existentialisten, die uns in diesen Jahren die Köpfe heiß machten. Aber zunächst überrannten uns die Eindrücke einer Stadt ohne Trümmer und Ruinen. [...] Die Welt, das Leben der Menschen, neu geschaffen aus der Phantasie, nicht verstellt durch Bühnenbild und Requisit, sondern versehen mit tausend Fenstern, durch die die Phantasie des Zuschauers Einlaß hat und aufgefordert wird mitzuarbeiten, die Wirklichkeit zu durchleuchten. Das ist die Chance, die große Möglichkeit der 'mime' der modernen Form der Pantomime, 'der nackte Mensch auf der nackten Bühne', sagt ihr Schöpfer Etienne Decroux.

Sie hat einen langen Weg hinter sich, diese älteste Kunst der Menschheit; oft totgeschwiegen, verloren, jedoch gerade in den brüchigen Zeiten der Kulturkrisen wieder sichtbar werdend, aufdeckend, daß sie immer da war, diese Kunst des Körpers. Die moderne Pantomime hat viele Väter, wurde von vielen erwartet, in Moskau, London, Paris, Florenz ... Ihre Geburtsstunde war die des modernen Theaters." *(Falckenberg, B., / Titt, G., 1987, S. 18)*

Einer, der wie kaum ein anderer diese moderne Pantomime bekanntgemacht hat, das war *Marcel Marceau*, den ich selbst in der Zeit, als ich als Lehrer an der Deutschen Schule von Paris unterrichtete, einige Male erleben durfte. Unnachahmliche Körperbeherrschung und auf das Wesentliche konzentrierte Gestik zeichneten ihn aus. Er selbst sagte dazu:

„Für mich ist die Pantomime die Kunst, Gefühle mit Bewegungen oder durch Bewegungen auszudrücken, aber kein Ersatz der Worte durch Gesten. Die Kunst der Pantomime ist ebenfalls die Identifizierung des Menschen mit den Elementen, den Personen, der Natur, die uns umgibt. Es ist eine Art, das Unsichtbare sichtbar zu machen, es ist eine Kunst, den Raum zu gestalten, mit Händen zu bildhauern. Es ist die Kunst, die Gefühle zu übersetzen weiß. Durch die Pantomime integriert man sich total und übersetzt durch Gesten tiefe Gefühle des menschlichen Wesens." *(Marceau, M., in: Müller, W., 1981, S. 9)*

Und er erzählte in seinen Pantomimen ganze Geschichten, *sog. Mimodramen*, wie z. B. „*Micmac*", „*Le Monteau*" nach Gogol, „*Le bourdon*", „*Le tragedien*", „*Le tribunal*", „*Le magicien*" und „*Le fabricant de Masques*". Ein bekanntes Stück seines Repertoires hieß: *Jugend, Reife, Alter, Tod*. Innerhalb von nur zwei Minuten wird ein ganzes Leben, Wachstum und Verfall des Körpers und Wandel des Gesichts, dargestellt. An *Charlie Chaplin* erinnerte die Figur des „*Bip*", ein Nachfahre des *Pierrot*, für die er immer neue Spiele erfand. In ihm werden viele menschliche Zustände (Freude, Trauer, Triumph, Verzweiflung, Demut) und Eigenschaften in eine Person projiziert. Ähnlich der Improvisation ist die pantomimische Darstellung Voraussetzung und Grundlage jeder schauspielerischen Aktion. So kann der moderne *Pantomime* durchaus seine Körperaktion auch sprachlich begleiten.

Die *Pantomime* wurde in den 60er, Anfang der 70er Jahre von der *Freien und alternativen Theaterbewegung* aufgegriffen, *„da sich mit ihr ein Stilmittel anbot, das dem sattsam bekannten intellektualisierten Theater etwas entgegenzusetzen hatte, nämlich bündige, lyrische, ironische, dramatische und immer ungemein ausdrucksstarke Sketches, durch eine Sprache der Stille mit dem Körper gesprochen.“ (Harjes, R., 1983, S. 82)*

Nach *Harjes* erkannte man allerdings bald, daß man sich entscheiden müsse, *„die Formstrenge, in ihrer Grammatikalisierung mittlerweile recht festgelegte Pantomime weiterzuverfolgen oder sie als Durchgangsstadium, als Episode, zu betrachten. Die meisten Akteure entschieden sich für letztere und trennten sich nach und nach von den formalen Techniken. Sie erlaubten sich ein freieres mimisches Spiel nach den aktuellen Bedürfnissen des Freien Theaters. Nun war Sprache kein Tabu mehr. Mimisches Spiel wurde mit Sprache, Lauten und Klängen usw. durchsetzt. Hinzu kam auch immer mehr Akrobatik, die schon in der Pantomime der Commedia dell'arte bis hin zu den englischen Mimentheatern eine große Rolle gespielt hatte, dann aber immer stärker in den Zirkus und ins Varieté verdrängt worden war.“ (Harjes, R., S. 86/87)*

*Werner Müller* – er ist Lehrer und gleichzeitig ein bekannter Pantomime, der mit einem eigenen Programm auftritt – verbindet häufig den pantomimischen Gestus mit dem Vortrag, z. B. bei der Rezitation von *Morgenstern-Gedichten*. Er betont die Bedeutung der pantomimischen Körperarbeit mit den Schülern.

Die wichtigsten Elemente der Pantomime sind:

– Der *Toc* ist das Satzzeichen, er gliedert den Bewegungsablauf in deutlich sichtbare Phasen. *„Der Mime trinkt nun aus dem Becher. Er setzt den Becher an die Lippen – toc – er trinkt und setzt ihn mit einem toc wieder ab – er führt ihn vom Mund weg in die Richtung Tischplatte und setzt ihn ab. Auch dieser Augenblick der Kontaktlösung muß im toc erkennbar sein.“ (Müller, W., 1981, S. 12)* Gerade diese aktive Strukturierung des Bewegungsablaufes ist Schülern zunächst fremd und bedarf der Einübung. Eß- und Trinkbewegungen z. B. – und dies wird jeder Lehrer sofort beobachten können – werden meist in chaotischer Koordination ausgeführt. Übung und eine bewußte Haltung sind notwendig.

– Der *Blick* ist die Voraussetzung für die Gestik. Der Mime muß mit seinem Blick dem Gegenstand folgen, muß ihn fixieren. Wenn ein Regenschirm aufgespannt wird, dann muß dieser Vorgang auch im Blickverhalten nachvollzogen werden können.

– Der *Solar-Plexus* („Sonnengeflecht")

Als *körperliches Zentrum*, als Sammelpunkt aller physischen und psychischen Kräfte dient der *Nabel*. Er ist der dynamische Mittelpunkt des Körpers; der *Solar-Plexus* ist also der Punkt, an dem die Nervenbahnen zusammenlaufen, je nach Freude, Bedrohung oder Angst wird er von uns preisgegeben oder bedeckt, meist mit den Armen und der gesamten Körperhaltung, indem wir uns öffnen oder in uns zusammensinken.

„Bei den Griechen der Antike war der Sitz der Seele im Zwerchfell; wenn wir die berühmten 'Schmetterlinge und sonstigen Krabbeltiere im Bauch' bei Lampenfieber berücksichtigen, wenn wir uns an die Schwerelosigkeit des Rumpfes erinnern, das ein unvermutetes Glücksgefühl verursacht hat, so werden wir diesem Sitz der Gefühlsregungen nur zustimmen können." *(Müller, W., 1981, S. 24)*

– *Darstellungsbereiche der Pantomime:*

der imaginäre Gegenstand,
der imaginäre Raum,
die imaginäre Kraft,
die imaginäre Person.

*Werner Müller schlägt in seinem Buch „Pantomime"* (1981) eine Fülle von Übungen für den schulischen Bereich vor (vgl. dazu auch sein Buch: *Körpertheater und Commedia dell'arte.* 1984). Sie reichen von ganz einfachen Aufgaben bis zu komplexeren Abläufen; Gruppenpantomimen können als *Auflockerung*, als *Warming up* benutzt werden. In der Klasse kann unser Ziel nicht der perfekte Mime sein – der Lehrer ist es in der Regel ja auch selbst nicht –, sondern ein Schüler, der *Körperbewußtsein* entwickelt und der mit diesem Körper auch etwas auszudrücken vermag. Da in der Deutschdidaktik in den vergangenen Jahren besonders betont wurde, daß der Schüler die Mittel und Ausdrucksmöglichkeiten der Körpersprache (vgl. *Schober, O., 1995*) erfahren soll, ist die Pantomime neu bewertet worden, die sie aber auch selbst mitvollzogen hat (z. B. *Rebel, G.: Was wir ohne Worte sagen. Übungsbuch zur Körpersprache; Molcho, S.: Körpersprache; Avital, S.: Mimenspiel. Die Kunst der Körpersprache.) Titt* schreibt dazu:

„Wenn sich ein Mensch entschließt, Pantomime zu werden, hat er zwar erst einen kleinen Teil seines Lebensweges zurückgelegt, ist aber schon erwachsen. Sein Körper ist bereits in seinem Verhalten, seiner Art zu gehen und zu stehen, sich zu setzen, wie er den Kopf trägt oder die Hände hält, geprägt; einmal durch die biologische Grundkonstitution bedingt, zum anderen durch die Fülle unterschiedlichster Einflüsse wie Elternhaus, Schule, Gesellschaft, Beruf, Verhaltensmoden und Vorbilder. Sein Körper ist bereits geformt und oft verformt. Wenn mit diesem Instrument gespielt werden soll, müssen erst eine Menge Defizite abgebaut werden. Das beginnt mit ganz einfachen Übungen. Die meisten Menschen verfügen wohl über ein Körpergefühl, aber kaum über ein Körperbewußtsein. Wenn wir dieses Instrument Körper in Ordnung bringen, wollen wir gleichzeitig erfahren und uns bewußtmachen, wie es in seinen Bewegungen funktioniert und wo die Fehlerquellen liegen. Das hat mit Kunst noch nichts zu tun, sondern ist Basisarbeit." *(Falckenberg, B. / Titt, G., 1987, S. 61)*

Auch die Schüler verfügen in der Regel nicht über ein entsprechendes *„Körperbe-wußtsein"*. Sie sind zwar noch sehr jung, aber die oben angeführten Mechanismen sind auch bei ihnen meist schon wirksam geworden.

**Übungen zur Pantomime und die verschiedenen Lernbereiche des Deutschunterrichts**

Da die *Pantomime unterschiedliche Funktionen*, auch *im ursprünglichen Theater-bereich*, haben kann, so wird sie auch unterschiedliche Ausprägungen erfahren. Bei *Augusto Boal* (vgl. S. 127) z. B. hat sie zunächst die Aufgabe, den Menschen spielbereit zu machen, als eine Art Warming-up-Übung. Ich habe seine Vorschläge in diesem Sinne immer wieder eingesetzt. Darüber hinaus sind sie als interaktioni-stische Spielformen zu betrachten, die teilweise die Aufgabe übernehmen, für be-stimmte gesellschaftlich unsinnige oder nicht akzeptable Normen und Konflikte zu sensibilisieren. Die Pantomime hat in diesem Zusammenhang keinen Selbstzweck. Diese Ausformungen, mehr oder weniger akzentuiert, findet man auch allgemein in der *alternativen und Freien Theaterszene*. Im schulischen Bereich kann uns die-se weniger strenge Auffassung hilfreich sein.

*Beispiele zur Pantomime*

Zum *imaginären Gegenstand*; nach *Müller* muß der Mime über den Gegenstand nachdenken:

> „Ist der Becher aus Plastik oder aus kostbarem Kristall?
> Hat er Gebrauchswert, Erinnerungswert oder Symbolgehalt wie ein Kelch?
> Ist er leer oder gefüllt? Bis zum Rand oder nur halb?
> Womit ist er gefüllt?" *(Müller, W., 1981, S. 11)*

Zum *imaginären Raum*; der Mime kann versuchen, eine Wand abzutasten, *„indem er seine Hand der Form der Wand anpaßt."* (S. 15)

Zur *imaginären Kraft*; die bekannteste Übung dazu ist wohl das Ziehen an einem imaginären Seil, wobei der Zuschauer den Eindruck haben muß, daß auf der ande-ren Seite tatsächlich auch eine Gegenkraft vorhanden ist. Auch das Hochstemmen eines Gewichtes muß diesen Kraftakt sichtbar werden lassen.

Zur *imaginären Person*; der Mime muß durch seine Gestik spürbar werden lassen, um welche Person es sich handelt:

> „Wie groß, wie dick, wie schwer ist die Person?
> Bei welcher Gelegenheit begrüße ich sie?
> Wann habe ich sie zuletzt gesehen?
> Wie stehe ich zu ihr? Wie steht sie zu mir?" *(Müller, W., S. 19)*

Nach *Müller* spielt dabei der Blick eine ganz entscheidende Rolle.

*Pantomimische Übungen* finden wir, wie schon festgestellt, in den verschiedensten Zusammenhängen, wobei häufig interaktionistische Zielsetzungen verfolgt wer-den. Umgekehrt findet man Selbsterfahrungsspiele auch bei den *Pantomimen*, bei *Werner Müller* z. B. im III. Teil *„Übungen zur besseren Kommunika-*

*tion in einer spielenden Gruppe"* (so etwa: *sich fallen lassen* oder der *blinde Spaziergang*, vgl. S. 112/115). Auch das *Freie und alternative Theater* bedient sich der Pantomime. Im folgenden wurden einige pantomimische Übungen (von *Boal, Seidel, Müller*) aufgenommen, die als Anregung dienen mögen.

So schlägt *Augusto Boal* einige ganz einfache Übungen zum Gehen vor:

*Schubkarren*

Wie beim beliebten Kinderspiel faßt ein Teilnehmer die Beine des anderen, der auf den Händen gehen muß.

*Auf allen Vieren*

Wir bewegen uns auf allen Vieren fort, vorwärts und rückwärts.

*Affengang*

Wir gehen in leichter Hockstellung, mit pendelnden Armen, die Hände berühren dabei immer den Boden.

*Krabbengang*

Wir gehen auf allen Vieren, aber nicht vorwärts, sondern nur seitwärts, nach rechts oder links.

*Känguruhsprünge*

Wir fassen uns an den Knöcheln und hüpfen wie Känguruhs.

*Kamelgang*

Noch einmal auf allen Vieren. Wir gehen rechtes Bein – rechte Hand, linkes Bein – linke Hand, so daß sich immer nur eine Seite voranbewegt.

*Mit verschränkten Beinen*

Wir stehen nebeneinander, in Paaren, fassen einander um die Hüfte und verschränken entweder unser linkes Bein mit dem rechten des Partners oder unser rechtes mit seinem linken. dann beginnt der Wettlauf. Nicht springen, sondern gehen! Der Partner leistet dabei wenig Hilfe, jeder muß sich selbst anstrengen. *(Boal, A., 1989, 183/84)*

## Leichte pantomimische Übungen nach *Seidel*:

Hast du mich verstanden?

Der Spielleiter schildert eine Situation, in der eine normale sprachliche Kommunikation nicht möglich ist. Zum Beispiel:

*An der Hauptverkehrsstraße*

Du stehst an einer vielbefahrenen Hauptverkehrsstraße. Auf der anderen Seite steht dein Freund. Wegen des Verkehrslärms könnt ihr euch nicht hören, sondern nur durch Körpersprache verständigen.

*Hinter der Glasscheibe*

Du siehst deine Freundin im Kaufhaus hinter einer dicken Glasscheibe. Sie bemerkt dich auch. Du willst ihr etwas mitteilen.

*Der Rektor spricht*

Du sitzt in der Schulaula bei der Ansprache eures Schulleiters. Du willst deinem Klassenkameraden auf der anderen Seite des Saales etwas sagen, darfst aber natürlich nicht dem Schulleiter dazwischenreden.

*Die Einbrecher*

Zwei Einbrecher schleichen sich durch ein Zimmer, in dem der Hausbesitzer schläft. Sie wollen sich etwas mitteilen, ohne ein Geräusch zu machen.

*Im Fußballstadion*

Der Besucher eines Fußballspiels entdeckt im Stadion auf der anderen Tribünenseite seinen Kumpel und will ihm etwas sagen. Aber sie können sich natürlich wegen der Entfernung und des Geschreis im Stadion nicht hören. Was tun sie?

Jeweils zwei Spielpartner versetzen sich in eine solche gedachte Situation. Sie versuchen, sich eine einfache Mitteilung in der Körpersprache zu machen. Die Situation sollte möglichst echt angespielt werden, vielleicht spielen auch andere als „Statisten" mit. Wenn die wortlosen Mitteilungen erfolgt sind, wird das Spiel abgebrochen. Die beiden Spielpartner sagen, was sie jeweils vom anderen verstanden haben. Auch die Mitspieler oder Zuschauer können sagen, was sie von der körpersprachlichen Mitteilung erfaßt haben. Am Ende geben die Spielpartner bekannt, was sie tatsächlich haben sagen wollen. Hast du mich verstanden?

(Seidel, G., 1989, S. 36/37)

## Vorschläge zur Pantomime *(Werner Müller)*

*Geschehnisspiele, die den Hörsinn fördern*

Wir sind in einer Höhle und lauschen auf das Schnarchen des Riesen.
Wir sind allein zu Hause und hören »Gespenster«.
Wir hören eine Maus.
Wir tanzen nach Musik, die nur wir hören.

In diesem Bereich können auch Geräuschplatten als Spielmotivation eingesetzt werden. Die Spieler identifizieren die Geräusche und spielen dazu gleichzeitig die erforderlichen Bewegungsabläufe.

Natürlich darf man die Übung dieser Geschehnisspiele nicht peinlich genau nach Hörsinn, Tastsinn usw. trennen, sondern sollte stets »gesamtheitlich« üben.

*Bewegung nach Musik*

Wir stellen Tiere dar: Man erzählt den Kindern zuerst von den Tieren, zeigt Bilder und schildert ihre Bewegungsschwerpunkte. (Elefant: der schwere Kopf; Bär: der tapsige Gang usw.). Nun versucht man den Gang der Tiere nachzuahmen.

Dazu kann Musik sehr behilflich sein, außerdem fördert man dadurch das rhythmische Empfinden des Spielers.

Als Beispiele für geeignete Musik seien nur einige unter vielen genannt:

»Peter und der Wolf« von *Prokofieff*. Hier kann mit den Kindern das gesamte musikalische Märchen pantomimisch nachgespielt werden. »Karneval der Tiere« von *Saint-Saëns*. Die Kinder können hier die Riesenschildkröte, Aquarium usw. darstellen.

»Zirkustiere« und »Tiere in Wald und Feld«. Diese Kompositionen betonen den Bewegungsschwerpunkt der vorgestellten Tiere. Nach dieser Musik läßt sich eine ganze Tierschau nachspielen.

Dieser Bewegungsschwerpunkt sollte hierbei aber nicht nur nachgeahmt, sondern sich ganz genau bewußtgemacht werden. Hierbei können – besonders im Spiel mit Kindern – auch einfache Zeichnungen helfen.

Bei einer Kuh ist z. B. der Bewegungsschwerpunkt der dicke Bauch, der oft sogar das Rückgrat durchbiegt. Wir stellen uns nun vor, daß unser Bauch ganz schwer wird, und laufen los. (Selbstverständlich auf zwei Beinen, eine Tierdarstellung sollte *nie* auf allen vieren gespielt werden!)

Bei einem Wolf sind die Bewegungsschwerpunkte die spitze Schnauze und der dreieckige Brustkorb. Wenn sich diese bewußtgemacht werden, so kann der vorwärtsdrängende ruhelose Lauf des Wolfes dargestellt werden.

Beim Elefanten sind der schwere Kopf und der schaukelnde Gang die Bewegungsschwerpunkte. Das Gefühl hierzu erreicht man am besten, wenn man sich mit der linken Hand an die Nase faßt, den rechten Arm nun als Rüssel durchstreckt und nun vorwärtsgebeugt lostrabt.

*(Müller, W., 1979, S. 99/100)*

Neben diesen *eigenständigen pantomimischen Übungen* (und der unterstützenden Verwendung in anderen Spielformen) können sie natürlich auch in den *verschiedenen Lernbereichen* eingesetzt werden, jeder kennt sicher die Vorschläge aus der didaktischen Literatur, *Wortfelder* (z.B. *gehen, sehen, trinken*) *pantomimisch* darstellen zu lassen. Besonders geeignet ist sie natürlich für den Bereich der mündlichen, insbesondere der nonverbalen (analogen) Kommunikation (im folgenden einige Beispiele):

● *Darstellung von gefühlsmäßigen Zuständen*

Einigen Schülern wird draußen aufgetragen, pantomimisch vorzuspielen: Verliebtsein, traurig sein, wütend sein, zerstreut sein, gut gelaunt sein, ängstlich sein usw. Bei dieser Übung begreift man sehr schnell, daß nonverbale Kommunikation meist vieldeutig und oft eben nur in der Verbindung mit der verbalen zu verstehen ist, vor allem dann wenn es sich nicht um extreme Gefühlslagen handelt. Um den Zuschauern das Raten zu erleichtern, wurde häufig das Klischee des Gefühlszustandes gespielt, z.B. *beim Verliebtsein: gegen den Himmel blicken, die Augen verdrehen, ununterbrochen lächeln, wippend durch die Gegend laufen.* Die Reflexionsphase ergab dann meistens, daß wohl kein Verliebter so duch die Gegend läuft. Von dem Darsteller kam die Entschuldigung, *„ja aber irgendwie muß ich dies doch den anderen deutlich machen."* Dies ist selbstverständlich kein Fehler des Spielers, sondern eine Immanenz der Sache. Auch *Werner Müller* beschäftigt sich mit dem Klischee. *„Wenn man das Klischee kennt, kann man es vermeiden oder bewußt in die Rolle einbauen."* (1984, S. 11) Er meint, daß das Klischee zunächst *nichts Negatives* darstelle, aber man sollte sich nicht damit begnügen, außer man benutze es in kabarettistischen Spielzusammenhängen.

● *Darstellung von geschlechtsspezifischem nonverbalen Ausdrucksverhalten (vgl. auch Schober, O., 1995, S. 215–243)*

Abwechselnd läßt man auf Stühlen, die eng nebeneinander geschoben werden, Mädchen und Jungen Platz nehmen, mit der Aufforderung, es sich bequem zu machen. Die Jungen breiten sich meist so ungehemmt aus, daß die Mädchen sich ganz zusammenkauern müssen. Die Zuschauer beobachten und beschreiben, was sie sehen. In der Reflexionsphase sollten die Jungen begreifen, daß sie sich nicht gar so breit zu machen brauchen. Diese Übung ist allerdings erst ab der Pubertät möglich, da geschlechtsspezifisches Ausdrucksverhalten vorher noch nicht eindeutig ausgeprägt ist. Dies ergaben jedenfalls unsere Beobachtungen.

– *Modellsitzen (vgl. Schober, 1995, S. 237ff.)*

Auf Stühlen läßt man nun Jungen Platz nehmen, und die Mädchen fungieren als „Bildhauerinnen" und modellieren die Jungen zu typisch fraulichen (in einer offiziellen Situation) Körperhaltungen (enge parallele Beinausrichtung, leicht schräg gestellt; aufrechtes Sitzen mit eng an den Körper angelegten Armen, die Hände auf dem Schoß gefaltet). Die „Mädchen" sollten einige Zeit so sitzen müssen. Dann werden die Rollen gewechselt, jetzt sollen die Mädchen zu „Jungen" geformt werden (breite Sitzhaltung mit weit geöffneten Beinen, evtl. mit Ferse auf dem Knie; Arme offen und breit hingelagert). In der Regel empfinden die Jungen die weibliche Sitzhaltung als äußert unbequem, während die Mädchen die männliche eher als angenehm erleben. Ziel ist nicht eine totale Angleichung – das wäre auch sehr langweilig –, sondern ein Bewußtmachen des je geschlechtsspezifischen Körperausdrucksverhaltens, das nun in unterschiedlichen Situationen variiert werden kann.

– *Pantomimische Darstellung von (geschlechtsspezifischer) Werbung*

Mit den Schülern zusammen werden solche Werbeseiten aus Illustrierten gewählt, auf denen extremes männliches und weibliches Körperausdrucksverhalten besonders eindrucksvoll zu beobachten ist (z. B. Mann mit vorgestrecktem Kinn und geballter Faust; Frau zerbrechlich und schmal an den Mann geschmiegt). Es sollte allerdings abweichendes geschlechtsspezifisches Verhalten ebenso beobachtet werden. Welche Funktion hat diese Darstellung im Werbekontext (Frauen sollen z. B. provozieren)?

Die Werbeseiten werden dann von den Schülern (den Bildhauern) pantomimisch nachgestaltet, woran sich jeweils Reflexionsphasen anschließen. *(Vgl. auch Boal, A., 1989)*

Es ließen sich in diesem Zusammenhang noch viele Beispiele anführen, da sich gerade die pantomimische Aktion sehr gut für sehr viele Einsatzbereiche eignet, selbstverständlich ganz besonders für den Bereich der nonverbalen Kommunikation, der über das Spiel sinnlich erfahrbar gemacht werden sollte. Hier sind vielfältige Demonstrationen möglich. Aber, wie bereits ausgeführt, läßt sich die Pantomime in fast allen Lernbereichen des Deutschunterrichts einsetzen.

Eine Szene aus den Schultheatertagen

## 2.4 Schulspiel – Schultheater – Dramen

„Schauspieler müssen nicht wissen können, sondern erfahren können, darin liegt das Geheimnis. Wenn ihr lernt, die sinnliche Gegenwart der Situation auf der Bühne selber zu glauben, nicht nur zu wissen, sondern wirklich zu erfahren, erst dann macht ihr Gebrauch von dem wunderbaren Instrument des menschlichen Wesens." *(Lee Straßberg, in: von Reumont, A., 1985, S. 98)*

Es soll in diesem Kapitel nur angedeutet werden, wie sich dieser Bereich einordnen läßt in den größeren Zusammenhang spieldidaktischer und spielpädagogischer Vorstellungen. Auf die Geschichte des Schulspiels oder auf spezielle Fragestellungen (wie z. B. zur Regie oder zum Bühnenbild) kann hier nicht eingegangen werden.

Wenn wir die Begriffe *„Schulspiel, Schultheater"* hören, dann assoziieren wir in der Regel damit eine *Arbeitsgemeinschaft*, Schüler, die besonders für die Schauspielerei begabt sind und die mit einem Lehrer als Regisseur (der mehr oder weniger freiwillig dazu abgeordnet wurde) auf eine *Aufführung* hinarbeiten. Daß sich die Proben, und damit das Verständnis bzw. die Intention einer modernen Theaterarbeit, doch allgemein verändert haben, zeigten für mich deutlich die deutschen *Schultheatertage*, an denen man Einblick in die Probenstruktur bekommen konnte (siehe auch den Zeitungsartikel). In manchen Proben – ich nahm an verschiedenen teil – fühlte ich mich in den interaktionistischen Übungsbereich versetzt (vgl. auch die *alternativen und Freien Theater* S. 124 ff.).

*Eindrücke aus der Werkstattarbeit*

## Schultheatertage ein Forum der Kreativität

*Ideen für die eigene Arbeit geholt*
*Körper als Kommunikationsmittel eingesetzt*

Der ehrwürdige Theologiesaal der Universität hat sich in eine Turnhalle verwandelt. Etwa 20 Teilnehmer der Bewegungs- und Körpertheaterwerkstatt, einer Veranstaltung im Rahmen der Schultheatertage der Länder, wärmen sich vor Beginn der eigentlichen Arbeit erst einmal gründlich auf. Sie hüpfen wie eine Meute Hasen, kugeln sich auf dem Boden und gehen schließlich wie berufsmäßige Revolverhelden aufeinander los, um dabei ein Gefühl für den festen Stand auf den Bühnenbrettern zu bekommen. Dazwischen wird mit allen nur greifbaren Gegenständen mehr oder weniger perfekt jongliert. Mitunter springen Tennisbälle respektlos über das edle Parkett, das einigen Schauspielern sowieso zu glatt gebohnert ist.

Im Mittelpunkt dieser agilen Werkstattarbeit steht die visuelle Umsetzung eines Theatertextes. Ein kleiner Ausschnitt aus *Bertolt Brechts „Dreigroschenoper"* soll für die Teilnehmer später zum Experimentierfeld ihrer körperlichen Ausdrucksmittel werden. Das Handwerkliche, das Selbermachen und Ausprobieren hat für den Gruppenleiter *Henning Hörmann* (Ebenberg) dabei den Vorrang vor der Theorie. Dazu ist es aber zunächst notwendig, die Ängste vor Boden- und Körperkontakt abzubauen. Neben dem Aufwärmen des Körpers ist das die wichtigste Funktion der Übungen, mit denen *Hörmann* seinen Workshop beginnt.

### Emotionen trainieren

So teilt zum Beispiel *Klaus Wildermut* die Mitglieder seiner Werkstatt in noch kleinere Gruppen auf und läßt sie einen Szenenausschnitt aus *Bertolt Brechts „Johanna der Schlachthöfe"* vorbereiten. Es soll versucht werden, die unterschiedlichen Reaktionen ausgesperrter Arbeiter einer Fleischfabrik darzustellen. Es gibt ängstliche, hin- und hergerissene Typen und Menschen, die vor Wut gleich „auf den Putz hauen" werden. Wichtig ist *Wildermut* dabei, daß Angst nicht gleich Angst ist, sondern sich genauso wie die anderen Emotionen in unzähligen individuellen Varianten zeigt.

### Ariel, gruppendynamisch

Das Ziel der Vielschichtigkeit einer Szene hat auch *Hariet Wolf*, eine Schauspielerin des freien „Athenor Theaters" in München. Sie setzt aber auf die Kommunikationsfähigkeit der Gruppenmitglieder untereinander. So entsteht eine ganz überraschende Spielsituation: Der Zauberer *Prospero* aus *Williams Shakespeares „Der Sturm"* ruft *Ariel*, seinen dienstbaren Geist, zu sich. Doch dieser hat keine rechte Lust zur Arbeit. In der Bamberger Dominikanerbibliothek räkelt sich nun die ganze Gruppe als *Ariel* auf dem Boden herum. *Ariel* ist zu einem Gemeinschaftwesen geworden, dessen verschiedene Formen von Widerstand zwischen den Beteiligten koordiniert werden müssen. Das ist gar nicht so einfach. Immer wieder ruft *Prospero* sein „Her zu mir mein Ariel!", immer wieder folgt der Aufforderung Gelächter, Schnarchen und das Gemurmel eines Betrunkenen. Und immer wieder unterbricht *Hariet Wolf* die kurze Szene, kritisiert, regt an, verbessert. Dann beginnt alles von vorn, aber keiner scheint sich dabei zu langweilen.

*(Andreas Funke, Fränkischer Tag, 23.9.1989, leicht gekürzt.)*

Ein Mädchen aus einer Theatergruppe sagte: *„Mein Körper ist doch einfach ein tolles Kommunikationsmittel. Ich fände es unheimlich schade, wenn ich es nicht einsetzen könnte."* Diese junge Frau hat damit die Theaterarbeit auf den Punkt gebracht. Es darf heute nicht mehr darum gehen, die professionelle Bühne nachzuahmen, die Ideen des Lehrer-Regisseurs genau umzusetzen, sondern in einem ganzheitlichen Prozeß sollte das Theater-Spiel *Körpererfahrung* möglich machen. Dies meint auch *Ulf Abraham* (1992), wenn er schreibt:

„Nicht zufällig sieht ja eine Theaterdidaktik, die handlungsorientiert und subjektbezogen vom bloßen Abspielen 'klassischer' Dramenpartituren wegkommen will (das immer auch ein Nachspielen professioneller Schauspielkunst ohne deren Mittel wäre), ihr eigentliches Dilemma im ständigen Durcheinandergeraten von 'authentischem' Selbstausdruck und ahnungslos reproduziertem Klischee bei jungen Schülern." *(S. 31)*

*Abraham* betont, daß es beim dramatischen Gestalten *„immer darum gehen muß, zwischen produktorientiertem Hinarbeiten auf eine 'fertige' Inszenierung und prozeßorientiertem Hinarbeiten auf den Lernerfolg aller Beteiligten zu vermitteln. Die Vorbilder für Produkte drängen sich geradezu auf; für Prozesse aber gibt es keine, die dem Schüler zugänglich wären." (S. 33)*

Wegen der Bedeutung möchte ich die drei *methodischen Schritte*, die *Abraham* vorschlägt, an dieser Stelle auflisten.

„Methodisch würde ich auf dieser (ersten) Ebene gar nicht von einem Spieltext ausgehen, sondern von einfachen Elementen Dramatischen Gestaltens [...]. Die Schwelle des Bewußtseins ihrer Ausdrucksmöglichkeiten (das wir im Alltag nicht haben, obwohl wir dort auch Körpersprache, Tonfälle, usw. einsetzen), ist durch Übungen mit ihnen behutsam überschreitbar: Von Mimik, Körpersprache und Gruppierungen, Haltungen, Bewegungen der Körper im Raum zum Einsatz der Stimme, zum gesprochenen Wort, zum szenischen Dialog und zu Gestaltungsmittel wie Requisit, Kostüm, Kulisse." *(S. 40)*

Es gehe zunächst für die Spieler darum, die eigenen Ausdrucksformen zu erkunden und in ihrer Bedeutung zu verstehen und gleichzeitig neue (als fremd erlebte) Gesten, Tonlagen, Haltungen, Sprechweisen usw. spielerisch zu erproben. Begonnen werden könne mit Befindlichkeiten, gleichsam den Grundfarben der menschlichen Seele: *„Wie stellt man Trauer, Wut, Freude, Sehnsucht, Haß dar?" (S. 40)* Alexander von Reumont (theater spiel. 1985), geht von dergleichen aus und beginnt seine Probenarbeit deshalb mit *„sinnlicher Wahrnehmung" (der Atem, der Körper, die Körperübung)*:

„Bei emotionalen Vorgängen ist das uns am geläufigsten. Vergleichen wir den Atem von einem weinenden mit dem eines lachenden, oder dem eines traurigen mit dem eines glücklichen Menschen, und wir stellen fest, daß alle grundsätzlich verschieden atmen. Jede Emotion erfordert einen anderen Atemrhythmus." *(S. 39)*

Diese erste Ebene nennt *von Reumont „das emotionale Gedächtnis"* (S. 39 ff.):

„Es geht nun um die Fähigkeit, Gefühle bewußt wiederzuerleben. Wir beschäftigen uns mit eurer emotionalen Vergangenheit, mit Gefühlen der Freude, Liebe, des Hasses, der Trauer. Diese Gefühle und inneren Zustände bestimmen ebenfalls das Verhalten eines Charakters. Es kommt nicht auf die Worte, sondern auf deren emotionalen Hintergrund an. Die innere Motivation gibt dem Wort seinen

Sinn. Darum müssen wir Gedanken, Gefühle und Stimmungen nachvollziehen und wiedererleben."
*(S. 39)*

In dieser ersten Phase sollten die interaktionistischen Spiele und Übungen einen besonderen Platz haben, aber auch später sollte jede Probenarbeit mit ihnen begonnen werden, da sie im Grunde erst spielbereit machten. So schlägt *Dieter Neuhaus* fünf Schritte am Anfang einer Theaterarbeit vor:

1. *Man macht sich bekannt.*
2. *Wir bewegen uns im Raum.*
3. *Wir sprechen miteinander.*
4. *Wir lesen einen Text.*
5. *Wir gestalten szenisch Texte. (1985, S. 43 ff.)*

Auf der zweiten Ebene werden nach *Abraham* natürlich methodisch *„Szenen, Handlungen, Situationen gebraucht, an und in denen gearbeitet werden kann: aber nicht notwendigerweise müssen diese einem zusammenhängenden 'Stück' entstammen; eher halte ich für wünschenswert, wenn sie unbeschadet ihrer Herkunft aus Vorlagen oder ihres Entstehens aus Improvisationseinfällen allmählich sich zu einem eigenen Stück zusammenordnen. Dies geht natürlich nur, wo ein Thema integrierend wirkt. Ein recht allgemeines, aber sehr ergiebiges Thema ist Macht."*
*(S. 44*; vgl. weiter unten dazu die Ausführungen zur Begegnung der beiden Königinnen in *„Maria Stuart")*

*Pantomime, Stegreifspiel, Konfliktrollenspiel und literarisches Rollenspiel* (vgl. S. 130 ff.) haben auch im Zusammenhang des Schulspiels eine wichtige Funktion. Immer wieder konstatieren wir immanente Kontexte und Überschneidungen zwischen den verschiedenen Spielformen. *(Vgl. Jenisch, J., 1991; Langer, G., 1989)*

Methodisch mache es nach *Abraham* erst auf der dritten Ebene einen Sinn, *„sich für Inszenierungsstile und Darstellungsformen systematisch zu interessieren und sich im Ganzen, aber auch im Einzelnen bewußt Vorbilder zu suchen, die dramaturgische oder technische Probleme so oder so gelöst haben und damit eine ästhetische Form erreichbar machen: Welche Möglichkeiten der Dialog-, Bewegungs- oder Lichtregie etwa sind in einem bestimmten Fall einsetzbar? Wie können Szenen montiert werden, sind vielleicht mehrere parallel spielbar, und wie muß dafür die Bühne eingerichtet sein? Welche (wenigen) Requisiten, welche (angedeuteten) Kostüme haben den richtigen 'Anmutungscharakter'?" (S. 46)*

Auf dieser Ebene fordere nun gewissermaßen der imaginierte Zuschauer sein Recht gegen das unabschließbare *„Erfahrungslernen"* der Spieler ein, und eine Form müsse fixiert werden, die Selbstdarstellung und Nachahmung, Rollendistanz und -identifikation, Einfühlung und Analyse ins richtige Verhältnis setze.

*Abraham* ist der Auffassung, daß ein solches methodisches Vorgehen beim dramatischen Gestalten auch beim Umgang mit dieser Textsorte im Klassenverband notwendig sei. Ich kann dem aus meiner Erfahrung nur zustimmen. Oft werden die Prozesse auf Ebene 1 und 2 genügen, da man keine vorzeigbare Aufführung anstrebt. Zu den dramatischen Formen im engeren Sinne (wie zum Teil im weiteren) gehören viele der hier behandelten Spielformen. Schon in den 70er Jahren habe ich mich mit der Dramendidaktik (1979) befaßt und mußte feststellen: *„Wenn man die Literatur zur Dramendidaktik sichtet, so fällt auf, mit welcher Selbstverständlichkeit dramatische Texte wie lyrische und epische Formen mit denselben unterrichtlichen Methoden behandelt werden." (S. 33)* Für mich war es damals schon *„problematisch, das Drama dem Schüler als Lesedrama zuzumuten." (S. 38)*

Man sollte die *Fixierung auf das große Drama*, die intentional fast immer auch an das Produkt der Aufführung gekoppelt ist, aufgeben zugunsten der prozeßorientierten ganzheitlich verstandenen „Theaterarbeit" mit der Gesamtheit der Spielformen, die dem Schüler auch *Körperbewußtsein* vermitteln.

In studentischen Seminaren stellte ich überrascht fest, daß die Kleingruppen, die sich mit Ausschnitten großer Dramen befaßten, kaum Probleme mit der Textwiedergabe hatten (wir legten allerdings auch keinen Wert auf eine ganz genaue wörtliche Wiedergabe, und erlaubt waren eventuelle Blicke ins Textbuch). Den Studenten schien es selbst fast unerklärlich. Wir versuchten, uns über das Phänomen Klarheit zu verschaffen. Da wir schon über zwei Monate mit anderen Spielformen trainiert hatten, waren die Studenten in der Lage, sich gut in die Rollen hineinzuversetzen und vor allem das Körperausdrucksverhalten der dargestellten Personen anzunehmen, was auch explizites Ziel des Seminars war. Eine Gruppe hatte sich *Shakespeares „Das Leben von Antonius und Cleopatra"* (3, IV) gewählt. *Cleopatra* verabschiedet sich nach einer letzten Nacht von *Antonius*, der in den Krieg ziehen muß. Zwei zusammengeschobene Tische, darüber ein Spannbettuch und ein Kissen, die symbolische Andeutung des Schlafraumes war damit gegeben. Besonders fasziniert waren wir von der studentischen *Cleopatra*, die *Antonius* nur ungern in den Kampf verabschiedet, der für ihn wahrscheinlich den Tod bedeutet. Die heftige Leidenschaft der beiden wird in romantisch schwelgerischen Bildern ausgedrückt. Die Studentin konnte sich auf der einen Seite vollkommen mit der Rolle identifizieren, würde sie wohl kaum ihren Freund/Geliebten gerne in einen Krieg ziehen lassen; auf der anderen Seite war *Cleopatra* Königin von Ägypten, und dies führte bei der „Schauspielerin" zu einer kaum wahrnehmbaren Verzögerung und Verlangsamung der Bewegungen, der Gestik und Mimik, die Trauer und Melancholie intensiv als existentielles Phänomen spürbar werden ließ. *Antonius* ist dabei in einer vergleichsweise schlechten Position. Er ist eher der reaktive, der die Notwendigkeit des Kampfes schicksalhaft erfährt.

Eine andere Gruppe hatte sich *Schillers* Drama „Maria Stuart" gewählt (die entscheidende Szene in der Mitte des Dramas, als sich die beiden Königinnen begegnen). Die Szene ist geprägt von ganz unterschiedlichen Erwartungen der beiden Frauen. Die Regieanweisungen sind geprägt durch körperliche Dramatik *„Maria, welche diese Zeit über halb ohnmächtig auf die Amme gelehnt war, erhebt sich jetzt, und ihr Auge begegnet dem gespannten Blick der Elisabeth. Sie schaudert zu-*

*sammen und wirft sich wieder an der Amme Brust.*" „Maria rafft sich zusammen *und will auf Elisabeth zugehen, steht aber auf halbem Weg schaudernd still, ihre Gebärden drücken den heftigsten Kampf aus.*" „Sie wendet sich gegen die Königin.*" „Sie fällt vor ihr nieder.*" (Schiller. Dramen und Gedichte. 1955, S. 681)

Die Gruppe hatte zunächst nur das Körperausdrucksverhalten geübt, zwei Königinnen stehen sich gegenüber, die eine schön, sinnlich, mit starker erotischer Ausstrahlung, aber in der Hand der königlichen Schwester, die sie als Rivalin auf den Thron betrachtet, die andere fast häßlich, hart und mit kaltem politischen Kalkül. Erst als in der Körpersprache deutlich wurde – wie schwer fällt es *Maria*, sich vor *Elisabeth* hinzuknien –, was die beiden bewegt, kann dies auf die Zuschauer herüberkommen. Der Prozeßcharakter blieb in allen Phasen gewahrt.

Ich möchte noch ein Beispiel aus der Lehrerfortbildung anführen, das diese Annäherung über die *Körperebene* andeutet. Dabei handelte es sich zwar um ein Kindertheater, das aber von Erwachsenen (Lehrer, die Theaterarbeitsgemeinschaften leiten) szenisch aufbereitet wurde. Nur ein kleiner Ausschnitt aus dem Gesamtdrama wurde benutzt (siehe S. 65).

Ich konnte diese Erarbeitung in der *Akademie für Lehrerfort- und Weiterbildung* in *Dillingen / Bayern* beobachten. Im Text wird das *Motiv der Trennung* angesprochen, und dies stand dann auch im Mittelpunkt des szenischen Spiels.

Ein Mann und eine Frau zogen an einem langen Strick in entgegengesetzter Richtung, hin und her, her und hin, wobei sie pantomimisch übertrieben, schließlich verfingen sie sich an einer Säule, so daß sich beide in den Strick „einschlossen", bis sie sich nicht mehr bewegen konnten. Gleichzeitig murmelten einige Mitspieler im Hintergrund in der Weise des antiken Chors, Sprichwörter, Redensarten. Nachdem die erste Szene zum Stillstand gekommen war, begann ein anderes Paar, das schon im Raum lag, sie auf dem Rücken und er auf dem Bauch, zu agieren. Er machte Liegestützen, dann sich aufsetzend fragte (Klein-Jason): „Was ist Trennung? Ich will keine Trennung. Was ist das?" (siehe Text) Beide sahen zum imaginären Himmel und sprachen einige Fetzen aus dem Text. Der Chor murmelte, jetzt leiser werdend, seine Phrasen.

Insgesamt war es eine sehr expressiv eindrucksvolle Darstellung. Man verfolgte die Intention, aus dieser kleinen Szene verschiedene Annäherungen an das *Trennungsmotiv* zu realisieren, wobei auf die Handlung im engeren Sinne ganz verzichtet wurde. Interessant an der Arbeit ist die Tatsache, daß versucht wurde, sich also dem Gefühl „Was ist Trennung?" – und dies steht in der Tat im Mittelpunkt des Textes – vor allem auf der körpersprachlichen Ebene zu nähern. Daraus lassen sich dann alle anderen Elemente ableiten.

Es können selbstverständlich auch *produktionsorientierte Verfahren* bei der Behandlung von Dramen im normalen Klassenverband eingebracht werden. Ein Beispiel soll hier nur ganz kurz angedeutet werden, das ich im Rahmen einer Zulassungsarbeit *(Petra Nothaft)* betreut habe (S. 66).

*Medeas Kinder*
Theaterstück für Menschen ab 8
von Per Lysander und Susanne Osten
nach Euripides
Übersetzung: Hildegard Bergfeld

Text:

KLEIN-JASON *(zu Klein-Medea)* Was ist Trennung? Ich will keine Trennung. Was ist das? Sag, was das ist! *(er zieht an dem Hula-Hup-Reifen, den Klein-Medea um den Hals hängen hat.)*

KLEIN-MEDEA: Siehst du nicht, daß ich spiele?! Ich weiß es nicht. Wir lassen uns nicht trennen. *(sie macht weiter und weicht ihm immer wieder aus.)*

KLEIN-JASON: Sag doch, was das ist!

KLEIN-MEDEA: Das ist nichts Schlimmes, Kleiner. Es braucht nicht schlimm zu sein. So wie spucken. Jetzt trenne ich mich von meiner Spucke ... komm ... wer am weitesten spucken kann. *(Klein-Medea spuckt und schwingt sich mit Tarzan-Schrei ins obere Bett. Klein-Jason macht es ihr nach, Klein-Medea hilft ihm dabei. Sie spucken ausgelassen in Richtung Erwachsenen-Ebene.)*

KLEIN-MEDEA: Klasse, Kleiner! Ist irre weit!

KLEIN-JASON: *(springt vom Bett herunter)* Trennen ist langweilig.

AMME: *(öffnet die Tür ihres Zimmers, ruft)* Wollt ihr nicht rausgehen und spielen? *(die Kinder antworten mit Kopfschütteln)*

KLEIN-MEDEA: Ph!

AMME: Na, dann nicht. *(Amme geht zurück in ihr Zimmer)*

KLEIN-JASON: Was ist Trennung?

KLEIN-MEDEA: Was Jason gerade macht, hin- und herlaufen. Jetzt bin ich Medea – und das ist Glaucke. Setz sie an die Tür und komm her! *(Klein-Jason setzt die Puppe in die Türöffnung und läuft zwischen der Puppe und Klein-Medeas ausgebreiteten Armen hin und her.)* Lauf zu Glaucke! Nein, komm her! Lauf zu Glaucke! Nein, komm her! Lauf zu Glaucke! Nein ...

KLEIN-JASON: Ich will dieses Trennungsspiel nicht spielen! *(bricht das Spiel ab und legt seinen Kopf in Klein-Medeas Schoß.)*

### Beispiel: Der Hauptmann von Köpenick von Carl Zuckmayer

Das Drama wurde in einer 8. Klasse in Erlangen erprobt und dazu folgende Unterrichtssequenz entworfen und durchgeführt:

1. Erspielen der beiden ersten Szenen, wobei es besonders darauf ankam, daß die Schüler versuchten, sich in die Grundstimmung des Stückes einzufühlen.

2. Inhaltliche Klärung der Szenen 1-5 (u. a. Erarbeiten der Vorgeschichte Voigts aus dem Text mit Erörterung der Schuldfrage); daran anknüpfend: historischer Hintergrund, insbesondere der Stellenwert des Militärs; der Ehrbegriff; Verhaltensvorschriften für Soldaten in der Öffentlichkeit.

3. „Eine Uniform erzählt aus ihrem Leben" und „Wilhelm Voigt erzählt seinem Freund Kalle aus seinem Leben" als alternative Themen für Schreibversuche der Schüler; im Zusammenhang der Stationen der Uniform: die Von-Schlettow-Tragödie. Nicht allen Schülern fiel die Identifikation mit der Uniform leicht, aber es entstanden dabei schon recht interessante Texte, z. B.:

   „[...] Nachdem diese Tortur endlich hinter mir lag, konnte ich mit dem Hauptmann von Schlettow nach Hause gehen. Das war ein Typ! Ordentlich, militärisch, ein ganz strenger Junge! Mannomann war der zimperlich! Aber dann kam der Hammer: hat er mich doch wieder zu dem ollen Schneider zurückgegeben. Nur weil er in einem für Offiziere verbotenen Lokal erwischt und seine Ehre los wurde, hat er seinen Dienst quittiert und ging niedergeschlagen auf ein geerbtes Gut. Da lag ich dann eine geraume Zeit, daß man sie gar nicht zählen kann – und wurde dann wieder auf einmal zerschnippelt. Der mich nun kaufte, war total davon besessen, Köpenicker Bürgermeister zu werden. "

4. Szene 9: Mit verschiedenen Perspektiven in Ich-Form sollte diese Szene umgearbeitet werden. Unterschiede zwischen epischen und dramatischen Texten.

   Die 9. Szene zeigt drei Personen in einer Situation, die menschlich stark berührt: Wilhelm und seine Schwester treffen sich wieder, nachdem sie sich seit ihrer Kindheit nicht mehr gesehen haben, Wilhelm und Herr Hoprecht lernen sich kennen. Viel Halb- und Unausgesprochenes spielt sich hier ab: Wilhelm fürchtet sich, von seiner Schwester und vor allem von ihrem Mann wegen seiner Vergangenheit abgelehnt zu werden. Was bewegt ihn, sie aufzusuchen? Die Schwester wird von dem Besuch überrascht und muß ihn erst verarbeiten. Mit welchen Gefühlen tritt sie Wilhelm entgegen? Schämt sie sich seiner? Ist sein Auftauchen ihr unangenehm? Freut sie sich? Ebenso ihr Mann: mißtraut er diesem Zuchthäusler? Möchte er ihn rausschmeißen? Wie geht er mit seinen Vorurteilen um? Auch zwischen den Ehepaaren spielt sich einiges ab: Was bedeutet es für Herrn Hoprecht, daß dieser fremde Mann Maries Bruder ist? Eine Schülerin beobachtete bei der inhaltlichen Besprechung dieser Szene sehr gut das veränderte Verhalten der Frau Hoprecht Wilhelm gegenüber, als ihr Mann anwesend ist. Ist sie in ihrem Urteil von ihrem Mann abhängig?

   Die Schüler produzierten die Texte, die eine erstaunliche Qualität aufwiesen, in Partnerarbeit und hatten sehr wohl den inneren Vorgängen die Hauptaufmerksamkeit geschenkt. Ein Beispiel dazu:

   „[...] Da stand ein Mann, welcher dem Aussehen nach nicht zur besseren Gesellschaft gehörte. Ich fragte, was er wolle, da erkannte ich erst, daß es mein Bruder Wilhelm war ... Wie heruntergekommen sieht der denn aus, dachte ich mir, aber ich freute mich trotzdem, ihn wiederzusehen. Er tat mir irgendwie leid, so wie er dastand, die Haare nicht gekämmt und sein dreckiger Anzug, eine Flasche Schnaps in der Jackentasche. Bestimmt hatte er viel durchmachen müssen. " (Frau Hoprecht)

   Man könnte selbstverständlich im Sinne des literarischen Rollenspiels diese Situationen als innere Monologe gestalten lassen.

5. Mißstände der Bürokratie aus dem Text erarbeiten; Beschwerdebrief des „Vorwärts" -Lesers an den Bürgermeister von Rixdorf über die Zustände auf dem Amt; alternativ dazu:

6. Brief Marie Hoprechts an das Justizministerium mit Vorschlägen zur Resozialisierung Voigts; alternativ dazu:

7. Stegreifspiel: Die Obermüller-Kinder werden von ihren Kameraden in der Schule über die nächtliche Aufregung daheim befragt.

8. In Anknüpfung an die Szene 14 Entwurf eines eigenen Schlusses, die verschiedenen Ausarbeitungen wurden dann auch szenisch umgesetzt.

In fünf von den Schülern verfaßten Szenen ist Wilhelm aufgrund neuer Straftaten wieder im Gefängnis gelandet, in einem Fall, weil er bei einem neuen vergeblichen Besuch auf einem Amt aus Verzweiflung den Oberwachtmeister erwürgte. Eine Variante war auch, daß Wilhelm – obwohl ungedient – eingezogen wird und im Krieg umkommt. Die Berliner Umgangssprache wurde im folgenden Text gut nachempfunden:

| Marie: | Wer sind Sie? |
|---|---|
| *Kalle:* | Ick bin de Kalle, een Freund von Willem. |
| *Marie:* | Und, wat wollense? |
| *Kalle:* | Willem hat mich beauftragt, falls er stirbt, daß ick kommen und bestimmt ein paar Tage Unterschlupf finden kann. |
| Marie: | Wieso, is mein Bruder gestorben? |
| *Kalle:* | Wir lagen vor Verdun in den Schützengräben und warteten auf das Angriffssignal. Die Engländer deckten uns mit Granaten zu. Um vier Uhr früh erhielten wir das Signal zum Angriff. Willem und ich stürmten auf die gegnerischen Schützengräben zu, als ihn eine Tellermine zerrissen hat. |
| *Marie:* | Ist das wirklich wahr? In welcher Batterie waren Sie denn? |
| *Kalle:* | 4. Batterie, 7. Regiment, 3. Abteilung, 6. Sturm. |
| *Marie:* | Wann war denn det janze? |
| *Kalle:* | Dat war am 17.6.1917 um vier Uhr morjens. |
| *Marie:* | Habense den irjendein Andenken an ihn? |
| *Kalle:* | Die Erkennungsmarke und das Barett. |
| *Marie:* | Seit wann war er denn beim Militär? |
| *Kalle:* | Seit 1916. |
| *Marie:* | Freiwillig oder mußte er in den Krieg ziehen? |
| *Kalle:* | Da er im Gefängnis war, mußte er in den Krieg ziehen. |
| *Marie:* | Jetzt tretense ein! Ick mach wat zu essen. O Gottogott ist das furchtbar! |
| *Kalle:* | Danke, aber beruhigense sich erst mal . . . |

9. Das Extrablatt berichtet über die Rathausbesetzung durch einen unbekannten falschen Hauptmann, interviewt die beteiligten Personen; die Schüler gestalten eine Zeitung.

10. Theaterplakat/ Umschlagentwurf.

Handlungs-, produktionsorientierter Literaturunterricht

PANTOMIME    STEGREIFSPIEL

## SCHULSPIEL – SCHULTHEATER

INTERAKTIONS- UND SELBSTERFAHRUNGSSPIELE

LITERARISCHES ROLLENSPIEL

KONFLIKTROLLENSPIEL

Handlungs- und produktionsorientierter Literaturunterricht

# 3 Neuere Spielformen

Im folgenden sind Spiele zusammengefaßt, die häufig zwar schon früher existierten oder ihren Ursprung in alten verwandten Formen haben, die aber in den letzten zwei bis drei Jahrzehnten entscheidend weiterentwickelt worden sind, denen in der didaktischen Diskussion eine erhebliche Bedeutung zukommt und die zum Teil Eingang in den Deutschunterricht gefunden haben. Der Begriff *„neuere Spielformen"* hat, wie so oft im Umgang mit dem Begriff Spiel, eine weitgehend heuristische Funktion. Denn häufig genug wird, wie schon angedeutet, von traditionellen Ansätzen ausgegangen (wie z. B. beim *Psychodrama*, das aus dem *Stegreifspiel* abgeleitet wurde). Dennoch ist die Akzentuierung in einem neuen Zusammenhang zu sehen.

## 3.1 Das sprachdidaktische Rollenspiel (Konfliktrollenspiel)

Der Rollenspielbegriff wird ganz unterschiedlich verwendet. *„Eine Rolle spielen"* kann man in allen möglichen Situationen und Zusammenhängen, wie z. B. im Theater als Personifikation einer Rolle.

*Jürgen Fritz* ordnet das *Rollenspiel* dem Symbolspiel zu (siehe Schema S. 70). *„Im Symbolspiel verwandelt das Kind Gegenstände (oder sich selbst) in etwas anderes. Es schafft sich aus Bausteinen, aus Puppen, Figuren, aber auch mit Hilfe von Verkleiden und Schminken eine Spielwelt, in der es sich handelnd zurecht findet und die es anderen präsentiert."* (Fritz, J., o. J., S. 13) Die Hochform des Symbolspiels sei das *Darstellungsspiel mit Personen*. Für diese Spielform werde meist der Sammelbegriff *„Rollenspiel"* gewählt. Zu diesem Bereich zählt *Fritz* auch *Simulations- und Planspiele, Abenteuer-, Konflikt- und Kriegsspiele*. Alles, was im Leben des Menschen vorkomme, könne Anlaß für ein *Rollenspiel* sein. Werde das *symbolische Spiel von Menschen* für ein Publikum inszeniert, spreche man von *Theater*. Dazu zählt er *Kabarett, Pantomime und Märchen, das Hörspiel und eine Videoaufzeichnung*, die vorgeführt werde.

Wir können festhalten, daß die *Semantik des Wortes* einen sehr *weiten Rollenspielbegriff* erlaubt. Es gibt aber auch Entwicklungen, die auf eine spezielle Verwendung und Eingrenzung abzielen, wie z. B. das *sprachdidaktische Rollenspiel, das Psychodrama, das literarische Rollenspiel. (Vgl. auch das Heft 1/1991, unterrichten und erziehen, Regensburg: Wolff; Thema: Das Rollenspiel im Unterricht; darin meine „Grundlegung", S. 7–13)* Wenn ich im folgenden vom *Rollenspiel* spreche, so ist damit das *sprachdidaktische (Konflikt-)Rollenspiel* gemeint. Der Kürze wegen werde ich nicht immer die volle Ausformulierung des Begriffs verwenden.

## Spieltypen + Spielmaterialien

# SYMBOLSPIEL

| BAUSPIEL | Bausteine, Fröbelsteine, Baukästen, Lego |

DARSTELLUNGSSPIEL
- Fingerspiel,
- Figurenspiel,
- Schattenspiel,
- Pantomime,
- Theater (Figurentheater, Puppentheater, Kaspertheater, Marionettentheater, Kabarett),
- Schminken, Verkleiden,
- Rollenspiel (Abenteuerspiel, Konfliktspiel, Simulationsspiel, Planspiel, Hörspiel, Postspiel),
- Zirkusspiel, Clownerie,
- Märchenspiel,
- Kriegsspiel

Spielfiguren, Playmobil,
Puppen, Teddies, Teddybären,
Handpuppen, Marionetten, Kasperpuppen, Stabpuppen, Flachfiguren,
Eisenbahnen, Fahrzeugmodelle, mechanisches Spielzeug, Metallspielzeug, Schaukelpferde,
Schattenspielfiguren,
Kaufmannsladen,
Schminke, Verkleidung, Kostüme, Beleuchtung, Bühnenbild,
Waffen, Panzer, Kriegsspielzeug.

*(Schema von J. Fritz, unveröffentlicht)*

**Definitionsmöglichkeiten des sprachdidaktischen Rollenspiels**

*Barbara Kochan* will mit dem *Rollenspiel,* vor allem wenn man die ersten Veröffentlichungen durchsieht, besonders gesellschaftliche und kompensatorische Wirkungen erzielen.

„Ziel des Rollenspiels in einem emanzipatorischen Sprachunterricht kann es weder sein, die Schüler in gesellschaftlich anerkannten sprachlichen Verhaltensmustern zu trainieren, noch, ihnen ein Übungsfeld zum Rollenlernen anzubieten. Es muß vielmehr darum gehen, den Schülern Erfahrungen im Bereich der menschlichen Kommunikation zu ermöglichen und diese Erfahrungen gesellschaftlich reflektieren zu lassen, um gegebenenfalls Strategien der Veränderung zu entwickeln." *(Kochan, 1974, S. 157)*

*Barbara Kochan* hat für „*alles Spielen*" im Deutschunterricht den Begriff „*Szenisches Spielen*" gewählt, obwohl dieser Begriff häufig für das, was man unter „*Theater spielen*" versteht, verwendet wird. *„Die Bezeichnung 'Szenisches Spielen' verhält sich als Terminus neutral gegenüber der Vielfalt von Begriffen und Konzepten wie Laienspiel, Schulspiel, Kindertheater, Lehrstück, Soziodrama, Rollenspiel, darstellendes Spiel usw." (1976, S. 10).*

*Klaus Behr* definiert das *„Rollenspiel"* als *„eine in den letzten Jahren der breiteren pädagogischen Öffentlichkeit bekannt gewordene – allerdings nicht einheitlich definierte und gehandhabte – Methode, auf spielerische Weise, genauer: durch szenische Darstellung konflikthaltiger Situationen, Probleme und Problem-Lösungen und durch deren Reflexion sprachliche und soziale Lernprozesse in sinnlich konkreter Aktion zu intensivieren." (Behr, K., in: Nündel, E., 1979, S. 371; vgl. dazu Kochan, B., in: Stocker, K., 1976, S. 391 ff.)* Für die unterrichtliche Praxis sind Definitionsbemühungen zwar wichtig, für Spielverläufe allerdings sekundär. Man hat sich in der didaktischen Diskussion weitgehend doch auf jenen oben genannten Rollenbegriff geeinigt. Abweichungen sind dann auch meist eher in nichtwissenschaftlichen „Spielbüchern" zu finden, wie z. B. bei *Michael Kramer „Das praktische Rollenspielbuch" (1981)*, in dem von der Pantomime bis zum Theaterspielen alles angeboten wird. Hier wird *„Rolle"* noch im ursprünglichen aufs Theater bezogenen Sinne verwendet.

*„Rolle"* wird aber in diesem Zusammenhang als *soziale Rolle* verstanden (vgl. *Dreitzel, H. P., 1972; Bellebaum, A., 1972). „Eine soziale Rolle ist in einem Feld sozialer Beziehungen mit anderen Positionen verbunden, so daß die dazu gehörigen sozialen Rollen sich wechselseitig aufeinander beziehen. Jede soziale Rolle ist Ausdruck einer oder mehrerer sozialer Beziehungen zu anderen Positionsinhabern; die Erwartungen beziehen sich auf das Verhalten des anderen und umgekehrt." (Dreitzel, S. 96; vgl. auch Warm, U., 1981, S. 86 ff.)*

Wir können festhalten, daß ein *sprachdidaktisches (Konflikt-) Rollenspiel*

1. *Wirklichkeit simuliert;*

2. *verschiedene soziale Rollen thematisiert;* vgl. dazu *Behr u. a.* (1975), die „*Situa-*

*tionsrollen"* wie Erzähler, Zuhörer, Arbeitspartner, Mitspieler usw., *„Positionsrollen"* wie Schulrat, Klassenlehrer, Sekretärin, Schüler usw., und *„Statusrollen"* wie Alter, Geschlecht, Rasse, Schichtzugehörigkeit unterscheiden (S. 185). Danach ist es selbstverständlich, daß der einzelne eine Vielzahl von Rollenpositionen in sich vereinigt, die nicht immer widerspruchsfrei in einer Person zum Ausgleich gebracht werden können;

3. einen *lösbaren oder auch unlösbaren Konflikt enthält.*

**Begründungsmöglichkeiten des Rollenspiels**

*Freudenreich* hat in ihrem Aufsatz *„Rollenspiel und soziales Lernen"* (1983) aus verschiedenen psychologischen Richtungen Begründungszusammenhänge vorgetragen:

– *den interaktionistischen Erklärungsansatz*

Wichtige Symbole seien Sprache, Gesten, Gebärden, Kunst, Sitte, Gewohnheiten, Normen und Gesetze. Für den symbolischen Interaktionismus sei das Werden der Person in der Gesellschaft das Thema.

– *den kommunikationstheoretischen Ansatz – sprachdidaktisches Rollenspiel*

Hier wird in etwa das Konzept *Barbara Kochans* vorgestellt. (Siehe S. 74 f.)

– *den verhaltenstherapeutisch orientierten Ansatz – Rollenspiel als Verhaltensmodifikation*

*„Die Zunahme verhaltensauffälliger Schüler in der Klasse fordert auch die Entwicklung gezielter Maßnahmen zur Bearbeitung von Störungen."* (Freudenreich, D., S. 222) Dieser Ansatz wird im Deutschunterricht nur eine untergeordnete Funktion übernehmen können. Verhaltensveränderungen können meist nur langfristig individuell (kontrolliert) erreicht werden, so daß der Deutschunterricht überfordert würde, wenn er sich nun generell auch noch die gezielte Therapie verhaltensgestörter Jugendlicher aufbürden ließe.

– *den humanistischen Ansatz*

Nach *Freudenreich* sind dabei Konzepte, wie die von *Abraham Maslow, Charlotte Bühler* und *Carl Rogers* zu verstehen. Der Mensch sei von seiner Natur her aktiv, er wolle lernen und nur er selbst könne die Richtigkeit seines Lernens und Verhaltens bewerten. *„Nicht nur sein Wissen, seine Fähigkeiten und Kenntnisse sind für die Selbstverwirklichung wichtig, ebenso bedeutungsvoll sind Gefühle, Empfindungen, ein umfassendes Bewußtsein von sich selbst."* (S. 223) Das Spiel habe die Funktion, verschüttete und unentwickelte Kräfte zu wecken, zunächst in der Simulation Vertrauen und Sicherheit zu erwerben, um auch angstbestimmte Lebenssituationen annehmen zu können. Es komme hier nicht auf mögliche Lösungen, sondern auf die Veränderung von Einstellungen an. Und wichtig sei es, daß der Spielleiter sich „gewährend" verhält, „stützend", aber nicht beratend und lenkend, was ganz dem methodischen Vorgehen von *Rogers* entspricht.

Grundsätzlich gibt es viele Gemeinsamkeiten zwischen der Humanistischen Psychologie und der Deutschdidaktik:

1. Das Menschenbild mit seiner Betonung der *prinzipiellen individuellen Wahlfreiheit* ist in etwa kongruent mit der Forderung der Demokratien nach einem *mündigen Staatsbürger* (als eines der obersten Lernziele).

2. Die Forderung nach der Entwicklung der Fähigkeiten des einzelnen Menschen (vor allem auch des kreativen Potentials) als *sich verwirklichende und voll handlungsfähige Person* wird in der Deutschdidaktik ebenfalls als Zielvorstellung vertreten.

3. Auch in der Deutschdidaktik sind wir darauf angewiesen, holistisch (ganzheitlich) zu verfahren. Dazu gehören auch die phänomenologischen Methoden, das heißt u. a. der Einbezug des Forschers / Lehrers als Subjekt des Handelns, die Wertneutralität des Forschens ist aufzugeben und die Integrität des Schülers zu wahren (in seiner psycho-physischen Konstitution).

4. Die Humanistische Psychologie will in der Regel zwischenmenschliche neurotische Störungen beseitigen und im nicht-neurotischen Bereich die *kommunikativen Kompetenzen* fördern. Dazu wird ein reichhaltiges Instrumentarium zur Verfügung gestellt, z. B.:

– *die Gesprächsregeln der Themenzentrierten Interaktion = TZI (R. Cohn)*
– *gestaltpädagogische oder gesprächspsychotherapeutische Aspekte* (z. B. nach *Schwäbisch / Siems*, 1976)

In viele Kommunikationstrainings hat der sog. *„kontrollierte Dialog"* Eingang gefunden, der aus dem partnerzentrierten Gespräch der Gesprächspsychotherapie abgeleitet wurde. (Siehe S. 106 f.)

Dazu kommt, daß die meisten Richtungen der *Humanistischen Psychologie*, vielfältige spielerische Ansätze in ihre Konzepte integriert haben, z. B. die *Gestaltpädagogik, die TZI*.

– *der psychodramatischen Ansatz*

*„Im Rollenspiel nehmen Schüler, die gekommen sind, zu lernen, teil, während sich zum Psychodrama Menschen melden, die von Störungen und Blockierungen bedrängt sind."* (Freudenreich, D., 1983, S. 224) Im *Psychodrama* werde die individuelle Geschichte der jeweils handelnden Person zum Thema des Bemühens, für das Spielleiter und Gruppe Zeit und Energie zur Verfügung stellen (siehe auch S. 90 ff.).

Auch dieser Ansatz wird im Deutschunterricht nicht die entscheidende Funktion übernehmen können, selbst wenn wir die Prämisse anerkennen, daß in Schulklassen *„Neid, Konkurrenzangst, Leistungsangst, Verbindlichkeit oder Sachanforderungen immer noch großen Einfluß"* (Freudenreich, D., 1983, S. 225) haben und *„Sicherheit und Nähe"* verhindern. Wegen der großen Bedeutung für

die Entwicklung und Durchsetzung des *Konfliktrollenspiels* wird das *Psycho-
und Behaviordrama* noch dargestellt werden (siehe S. 87 ff.).

*B. Kochan* unterscheidet nur drei Varianten, die in das eben beschriebene Konzept fest integriert werden können: *„Sprachdidaktisches Rollenspiel", das „interaktionistische Rollenspiel"* und das *„parteiliche Rollenspiel"* (1976), wobei
dieses letzte den zu Beginn ihrer Publikationen zum Rollenspiel noch so be-
deutsamen kompensatorischen Ansatz enthält: *„Vielmehr sollte sie, die Schule,
sich herausgefordert fühlen, sich als Institution zu beweisen, die ihren Beitrag
dazu leistet, auch den Arbeiterkindern zur Verbesserung ihrer Lage zu verhel-
fen." (1976, S. 15)* Nur, das *Rollenspiel* wird dazu wohl kaum oder nur in recht
bescheidenem Maße in der Lage sein.

**Der Deutschunterricht und das Rollenspiel**

Das *sprachdidaktische Rollenspiel* hat als Methode in verschiedene Lehrpläne
Eingang gefunden; meist wird im Bereich *„mündlicher Sprachgebrauch"* darauf
nicht explizit verwiesen, aber implizit lassen sich viele dieser Lernziele mit Hilfe
des *Rollenspiels* besser erreichen. Allerdings muß man auch feststellen, daß es
kein *„Wundermittel ist, das die sozialen Konflikte schon allein dadurch löst, daß
es in den Klassen eingesetzt wird."* Die Simulation von Wirklichkeit sei wohl ein
*„sehr vielschichtiger, schwer zu durchschauender und zu lenkender Prozeß"
(Freudenreich, 1983, S. 213).*

In den 70er Jahren forderte *Robinsohn, S. B. (1972)*, daß der Schüler auf gegenwärtige und zukünftige Lebenssituationen vorbereitet werden müsse. Dazu ist
eine *kommunikative Kompetenz* notwendig, ohne daß hier in diesem Zusammenhang der Begriff näher diskutiert werden kann. Man sprach von der sog.
*„kommunikativen Wende"* (vgl. dazu verschiedene Beiträge in: *Behr u. a., 1972
und 1975; Stocker, 1976; Schober, 1977; Schuster, 1978; Nündel, 1979*). So konnte
*Krejci* als allgemeines Lernziel des Deutschunterrichts formulieren: *„Gegenstand der Fachdidaktik Deutsch sind prinzipiell alle Lehr- und Lernprozesse
(einschließlich ihrer Bedingungsfaktoren und Auswirkungen), in deren Verlauf
die Fähigkeit vermittelt bzw. erworben wird, sich an Kommunikation mittels
deutscher Sprache produktiv und rezeptiv bestmöglich zu beteiligen." (Krejci,
M., 1975, S. 84)*

Dabei bedeutet eine Erweiterung der kommunikativen Kompetenz gleichzeitig
auch *soziales Lernen, pragmatische Aspekte* der Sprachverwendung können
vorrangig geübt werden.

Auf der einen Seite sind die Erwartungen in bezug auf das *Rollenspiel* (vgl. *Kochan u. a.*), wie sie noch zu Beginn der 70er Jahre als realistisch erschienen sind,
nicht einlösbar gewesen; gesellschaftsverändernde Wirkungen werden wohl
kaum davon ausgehen können. Sie wären auch nicht meßbar! Auf der anderen
Seite sind Möglichkeiten dieser Spielform in der Praxis durchgeführt worden,
die deren Vielseitigkeit aufzeigten.

Ausscheiden werden in der Regel Funktionen, die die praktische Psychologie besonders schätzt, nämlich die konsequent *kontrollierbare Wirkung* des Rollenspiels auf die *Einzelpersönlichkeit* (unter den Kriterien von *Validität, Reliabilität und Objektivität*), wobei die Betonung auf dem Begriff „Kontrollierbarkeit" liegt. Daß dennoch oft Verhaltensveränderungen erzielt werden, die außerhalb des empirisch-statistisch Belegbaren zu suchen sind, muß sicherlich nicht ausdrücklich betont werden.

### Möglichkeiten des Einsatzes des Rollenspiels

Die ursprüngliche Intention, durch das *Rollenspiel* das Normverhalten der Mittelschicht (vor allem in der Anfangszeit der 50er Jahre in den USA) zu stabilisieren, weist schon B. Kochan (1976) entschieden zurück. „*Die affirmativen Momente (theoretischer Bezug auf die traditionelle Rollentheorie, praktische Anleitung zu manipulativem Lehrerverhalten) lassen sich jedoch aus dem Konzept ausblenden, um die Konturen des Spielprinzips ideologisch möglichst unvoreingenommen wahrzunehmen: Wir haben es dann mit einem Lernverfahren zu tun, in dem ein problemhaltiger Ernstfall so realistisch wie für den Lernprozeß nötig simuliert wird.*" (S. 14)

Nach *Bünting, K.-D. / Kochan, D.-C. (1973)* werden zwei Typen von Rollenspiel unterschieden: a) das *offene Rollenspiel* und b) das *geschlossene Rollenspiel*.

Im *offenen Rollenspiel* gehen die Schüler von einer zwar vorher festgelegten Situation aus, die sie aber spontan, unreflektiert in bezug auf ihr soziales und sprachliches Verhalten ausfüllen. Dem entspricht der aus dem Amerikanischen stammende Begriff des *role-taking*; Schüler gestalten eine Rolle nicht zielgerichtet, sondern so, wie sie diese aus der Erfahrung kennen.

Wir konnten bei unseren Rollenspielen beobachten, wie die Schüler sich geradezu hineinsteigerten. *Freudenreich* spricht in diesem Zusammenhang vom „*imitatorischen Akt*": „*Der Reiz der Methode ist auch aus der Lust an der Nachahmung zu verstehen.*" (S. 216) Jeder, der selbst schon Rollenspiele „geübt" hat, wird bestätigen können, daß zwar auf der einen Seite eine Rolle übernommen und ausgefüllt wird, im Sinne der *Simulation*, daß aber Gefühle, die dabei erlebt werden, oft so real für den einzelnen sein können, daß seelische Erschütterungen zu beobachten sind (z. B. in einer 10. Klasse, Spiel: Ein autoritärer Vater verbietet seiner Tochter, in die Disco zu gehen. Der Schüler-Vater bringt die Tochter fast so weit, daß sie in Tränen ausbricht.). Diese Wirkung hat dazu beigetragen, daß das Rollenspiel sich in der psychotherapeutischen Praxis so durchsetzen konnte und die verhaltensverändernde Wirkung immer wieder bestätigt wird. Allerdings handelt es sich hier um eine Einzel- oder Kleingruppentherapie. *Freudenreich* stellt fest: „*Ihre Gefühle sind Realität, oft sind die aufsteigenden Gefühle echter und wirklicher, weil sie nicht durch gesellschaftlich geforderte Fassaden verdeckt sind. Wirklich ist auch die Gruppe, sie hilft zu spielen und wirklich sind Vertrauen und Mißtrauen in den anderen Menschen, in das Spiel, in*

*die eigene Person und in die Auseinandersetzung mit den Themen." (S. 219)* Wir
konnten beobachten, daß im Gegensatz dazu das schulische Geschehen, obwohl
es doch üblicherweise als real eingestuft wird, nicht so ernst genommen wurde,
wie das Agieren im Rollenspiel.

Wenn gezielt eine Rolle / ein Verhalten oder der Ausgang des Konflikts festgelegt
wird, dann sprechen wir vom *geschlossenen Rollenspiel*, auch im Sinne des *role-
making*. Das Rollenspiel kann nun im Deutschunterricht mit ganz unterschiedlichen Zielvorstellungen eingesetzt werden:

– *zur Repräsentation eines Konflikts*

Solche Konflikte können sein:

– Die Tochter will am Sonntag Jeans anziehen, der Vater verbietet es ihr.

– Ein fast erwachsener Sohn will mit der Freundin in den Urlaub fahren, die
Mutter der Freundin ist strikt dagegen.

– Die Ehefrau setzt sich mit ihrem Mann auseinander, weil er ihrer Meinung
nach zu wenig im Haushalt hilft. (Variante: Kinder und Jugendliche helfen nicht
ausreichend.)

– Ein Vater verbietet dem Sohn den Umgang mit Klassenkameraden, deren Eltern Gastarbeiter sind.

– Ein Klassenkamerad soll zum Rauchen überredet werden.

*Situation:* Ein psychisch starker Nichtraucher soll von einer Clique von vier Rau-
chern dazu überredet werden (8. Klasse, Hauptschule, Fürth).

### Rollenspiel zum Rauchen

| | |
|---|---|
| *Raucher:* | Also, mir derfst a aane gem. |
| *Nichtraucher:* | Ja Tommy, jetzt werds aber scho a weng arg, ich als einziger Nicht-raucher. Raucht ihr denn alle? |
| *Raucher:* | Rauchst halt mit, was willst denn? |
| *Nichtraucher:* | Nein ... |
| *Nichtraucher:* | Angeberisch seid ihr ja. |
| *Raucher:* | Was heißt hier angeberisch, he. He, man ist halt viel härter, wenn man raucht. Aber echt. Wenn du durch die Stadt gehst und hast so a Zigarettn in der Hand, eh, des ist doch des totale feeling oder? ... |
| *Nichtraucher:* | Wie alt seid denn ihr überhaupt alle, zwaa oder wie? |
| *Raucher:* | Es ist doch völlig wurscht, wie alt daß mer is. Hauptsach mer qualmt. Man kann doch scho mit zehn des Rauchen anfangen. |
| *Nichtraucher:* | Na, mit sechs. |
| *Raucher:* | Au, na siegst. Wieso hasts jetzt noch net? |
| *Nichtraucher:* | Was habt denn ihr davon, wenn ihr raucht? |

*Raucher:*  Was hast denn du davon, wenn du net rauchst? Du gehst zum „Stamm" jeden Abend, also rauchst innerlich sowieso mit. Da kommts doch sowieso net drauf an, ob du rauchst oder net.

*Nichtraucher:*  Wie alt willst denn mal werden. Sechzig?

*Raucher:*  Was manst denn, wie dich do die Weiber anschauen, wenn du net qualmst? He, null Chancen.

*Nichtraucher:*  Immer noch besser wie so a rauchschwarze Lunge da.

*Raucher:*  Die siegst ja net, oder? Wer sagt denn überhaupt, daß man net sechzig werden kann, wenn mer raucht, oder? Es gibt welche, die sind achtzig worn und haben immer noch graucht und sind noch net gstorbn.

*Nichtraucher:*  Ja, Raucherbeine weg, nä.

*Raucher:*  Na, die laafen noch ganz gut. Wie alt bist denn do mit sechzig, da brauchst a nix mehr machen. . . . Jetzt fang an mit Kartenspieln. – Sterben tun wir sowieso mal, es is ja wurscht wann.

*Nichtraucher:*  Aber ich leb länger wie ihr alle.

*Raucher:*  Na und, dafür host mehr Sorgn als wir alle. Mußt die Probleme schaffen und so, des lascht doch an.

*Nichtraucher:*  Ich kann des nimmer hom, echt net.

*Raucher:*  Eh, ist doch nix dabei, oder? Rauchst halt a weng. Und wie ist's, hast es wenigstens schon mal probiert? Du brauchst ja ka so starke Zigarettn rauchn. Du waßt überhaupt net, wie's is. Du hast keine Ahnung, aber sagn, Rauchen ist schlecht. Man sagt immer, Rauchen ist schlecht, aber ausprobiert hast es noch net amol.

*Nichtraucher:*  Na. Was hab ich denn davon, wenn ich mir jetzt so an blauen oder schwarzen Qualm da reinzieh? Nix hab ich davon. Also gut, spieln mer jetzt Karten. –

*Raucher:*  Nix da, mit eim Nichtraucher spieln wir net Karten. Wir sind jetzt die ganze Zeit Freunde gewesen, jetzt habt ihr mit dem Streiten angfangen. Er soll's halt amol probieren. Er soll's probieren.

*Nichtraucher:*  Wenn ich aber net will, was dann?

*Raucher:*  Dann spielst net mit Karten. Des is doch a Gschmarr, du kannst nie mit deine Argumente herkommen, weil du nie waßt, wie's is. Genau. Du mußt es wenigstens mal probieren, dann kannst mitreden. Aber so kannst überhaupt nix machen. An halben Zug? A ganze Zigarettn?

*Nichtraucher:*  Bis jetzt warn mer gute Freunde, ja, aber jetzt seid ihr so komisch worn mit dena Zigarettn .

| | |
|---|---|
| *Raucher:* | Ja und, ist doch nix dabei. Kriegst sogar die ersten von uns, brauchst der ja kaane kaufen. |
| *Nichtraucher:* | Ein Argument ist seine Freundin? Und was sagst du? Und du, Olli, was sagst du? Es ist wegen der Freundin. Schon wieder Freundin. Und du Andy? |
| *Raucher:* | Es ist doch super, in so einer Coole mit der Kippe in der Goschen ... läufst do umeinander / ne. ... statt so an Kaugummi ... überall wost hingehst, da findst Raucher, und wenn du dann als einziger Nichtraucher, die schauen dich alle schief an. Vor allem wennst alle fünf Minuten gehst aus der Disco raus und hustest, also echt ... Und jetzt hast a grod gsagt, es is a schlechte Luft, wannst rauchst, dann spürst es ja gar net. |
| *Nichtraucher:* | Trotzdem |
| *Raucher:* | Riechst es net. Du sagst trotzdem. Do hust die ganze Zeit rum, und so wennst rauchst, merkst es gor net. ... Wennst ab und zu mal eine qualmst. |
| *Nichtraucher:* | Was macht ihr, wenn ihr mal erwischt werd? |
| *Raucher:* | Erwischt. Was erwischt. Mer derf alles, mer derf sich bloß net erwischen lassen. Es ist vielleicht ein Unterschied, wenn ich diese Dioxindämpfe aus der Luft einatme oder das Nikotin der Zigarette. |
| *Nichtraucher:* | Besser Dioxin als Zigaretten. |
| *Raucher:* | Na, des mußt erst mal beweisen. Wos is besser, nix ist besser. Ich glaub' deine Argumente kannst vergessen. |
| *Raucher:* | He, gfällt dir des vielleicht, wenn mer da mit andere Gruppen fortgehn und alle kiffen mer da nei, daß es nimmer besser geht und die andern song, was habt ihr denn do für a Kind dabei. Und dieser Geschmack. Nach dem Essen eine Zigarette, oh! Das ist ein altes Sprichwort, ja. Nach dem Essen sollst du rauchen oder ... |
| *Nichtraucher:* | Wieviel Päckla rauchst denn du, Uli? |
| *Raucher:* | Ich? Zwei am Tag. ... Du brauchst ja net grad zwei rauchen, es reichen zwei Zigaretten oder eine sogar ... |
| *Nichtraucher:* | Ja aus einer werden zwei, aus zwei werden vier, aus vier werden acht. Das kennen wir schon, die Gschicht. |
| *Raucher:* | Na, ich hob gmant, du hast so an guten Willen oder? Probiers doch wenigstens amal. |
| *Nichtraucher:* | Na, echt net. |

| | |
|---|---|
| *Raucher:* | Wenns bloß gesundheitsschädigend ist, dann kannst doch wenigstens bloß paffen, damit du net so als klans Deppela hingstellt wirst. Als Kind. ... dem sei Alte über die Schulter schaut, als Großbaby. Wenn jetzt ich a Zigarettn im Mund hob und du net.... |
| *Nichtraucher:* | Dann stinkst aus'm Maul, mehr net. |
| *Raucher:* | Ach! Bei wem denn? Wenn wir halt unbedingt einmal wolln, daß du amal ziehst, eine wenigstens. Schau wir treffen uns dreimal in der Woche, wenn du jetzt jedesmal eine rauchst, schau mal den Uli an, der hat 7 x 2 sind 14 Päckla und du rauchst bloß drei am Tag. |
| *Nichtraucher:* | Aber was ist nach einer gewissen Zeit. |
| *Raucher:* | Ja, jedesmal, wenn wir uns treffen, ane. Des is doch net so gesundheitsschädigend wie der, wenn der zwei Päckla am Tag raucht. ... Wennst rauchst, werst viel mehr eingeschätzt, als wennst net rauchst. Oder maanst, wennst bloß a Zigarettn rauchst, host gleich a tiefe schwarze Lunge. O. K. ane, jedesmal wenn wir uns treffen. He, des ist doch überhaupt net schlimm. ... Werst merken, wenn du des machen tust, es ist überhaupt net schlimm. Jedesmal wenn wir uns treffen, rauchst ane. |
| *Nichtraucher:* | Ja is gut. |
| *Raucher:* | Ja, o. k. jedesmal wenn wir uns treffen, rauchst ane. Gib ihm mal ane. Also fangen mer des Kartenspieln an. Auf an fröhlichen Abend. |

Dieses Rollenspiel ist auch ein gutes Beispiel für die subtile bis brutal bedrängende Überzeugungstaktik in solchen Gruppenprozessen. Folgende Details wurden in der *Reflexionsphase* erarbeitet:

- *Bagatellisierung des Rauchens*
  Man raucht ja passiv sowieso mit; Dioxin und Umweltverschmutzung sind schlimmer, da kommt es auf ein bißchen Rauchen nicht an. Manche Raucher werden uralt.

- *Statussymbol und Gruppendruck*
  Man gehört dazu, ist erwachsen, kein Baby mehr. Identifikation mit der Konsumwelt. Die Clique will eine Konformität erzwingen, der sich der einzelne kaum entziehen kann. Es wird versprochen, „in" zu sein und akzeptiert zu werden. Die ersten Zigaretten werden umsonst sein. Möglichkeit, ein mäßiger Raucher zu werden.

- *Jugendjargon*
  Durch die Verwendung des eigenen Sprachcodes wird es dem einzelnen noch schwieriger, standzuhalten. Gegensatz zwischen dem Bedürfnis nach

Identifikation mit der Gruppe und dem, Herr der eigenen Entschlüsse zu bleiben.

Weiter wurde von Schülern geäußert, daß dies wohl oft die Grundsituation für den Einstieg in Drogen überhaupt darstelle. Insgesamt kann man wohl behaupten, daß in einer Diskussion viele Argumente nicht gefunden worden wären. Denn kognitiv sind Gründe fürs Rauchen nur schwer formulierbar. Daß Rauchen schädlich ist, weiß heutzutage jeder. Warum aber so viele doch dies tun, liegt auf einer anderen Ebene. Und durch das Rollenspiel wurde dieser Zusammenhang den Schülern doch sehr bewußt. So konnten sie dann auch in der *Erörterung* diese Erfahrung nutzen.

### Schülerin – Lehrerin – Rollenspiel: Der Verweis

*Situation: Rollentausch.* Einer Schülerin (10. Klasse Realschule, Erlangen), darge-stellt von der Deutschlehrerin, war ein Verweis gegeben worden; sie sollte versu-chen, daß dieser zurückgenommen wird. Die Lehrerin (in Wirklichkeit eine Schü-lerin), hatte den Auftrag, ihre Position zu behaupten.

| | |
|---|---|
| *Schülerin:* | . . . und deswegen gleich einen Verweis. Das find ich einfach nicht richtig. Da sind andere da, die schwätzen und stören, und ich bin nur zum Fenster gegangen und hab's Fenster zugemacht, und ich hab einen Verweis gekriegt. |
| *Lehrerin:* | Ja, aber ich finde, du hast dich schon vorher in der Klasse ziemlich laut verhalten, und es war wirklich nicht nötig, das Fenster zuzu-machen, es war nicht kalt. Das Fenster wurde vor zwei Minuten von einer anderen Schülerin geöffnet. |
| *Schülerin:* | Aber das ist doch trotzdem kein Grund. Also deswegen einen Ver-weis zu geben. Da müßten Sie aber doch allen einen Verweis ge-ben. Das wäre . . . |
| *Lehrerin:* | Ja, Klassenverweise sind ja jetzt leider ausgeschlossen. |
| *Schülerin:* | Ja, aber ich muß es dann büßen, ich muß es büßen, weil die ande-ren auch laut waren. |
| *Lehrerin:* | Na ja, aber du warst vorher schon laut, bist aufgestanden, hast das Fenster zugemacht. Und ich finde, das war total unnötig. Du hät-test es auch mir zum Beispiel sagen können. Ich hätte auch das Fenster zugemacht. |
| *Schülerin:* | Aber dann hätten Sie wieder gesagt, ich störe den Unterricht, wenn ich mit irgend so etwas daherkomme, wie Fenster zuma-chen, oder darf ich das machen oder darf ich jenes machen. Dann sagen Sie immer gleich „Das gehört nicht zur Sache. Jetzt setz dich hin und jetzt halt den Mund." Und dann bin ich einfach still aufgestanden, ich hab ja überhaupt nicht gestört, und jetzt wenn |

ich heimkomme, und es kommt ein Verweis, na ja, und mein Vater ist immer so streng, und dann darf ich nicht, na ja, der schlägt mich dann auch.

*Lehrerin:* Ja, wenn es soweit kommen sollte, könntest du mir ja deinen Vater mal zur Sprechstunde reinschicken, dann könnte ich auch mit ihm reden. Ich glaube nicht, daß es soweit kommt, daß er dich schlägt wegen so einem Verweis, das kann ich mir nicht ganz vorstellen.

*Schülerin:* Ja, aber wenn Sie ihm dann sagen, daß ich doch auch immer störe, und das stimmt ja nicht, nicht nur ich störe, es stören alle, alle sind laut, weil sie es nämlich nicht verstehen, sie verstehen es gar nicht, was Sie immer sagen.

*Lehrerin:* Ich möchte wissen, ob du beurteilen kannst, wie weit meine pädagogischen Fähigkeiten reichen, einen Unterricht zu gestalten.

*Schülerin:* Das will ich ja gar nicht kritisieren, aber ich sehe ja nur das Ergebnis, ich sehe nur, daß Sie es nicht können.

*Lehrerin:* Na, immerhin habe ich studiert, und es tut mir leid, wenn ihr so verbockt seid und es nicht lernen könnt. Es tut mir herzlich leid.

*Schülerin:* Das hat doch damit nichts zu tun, nicht nur ich, ich bin schlecht, das weiß ich schon, aber die anderen, die da sitzen, auch die guten, die verstehen es ja auch nicht.

*Lehrerin:* Na ja, also ich merke es ja an den Noten, daß sich da einige deutlich abheben von der Klasse, daß sie bessere Noten haben, und andere, die nun wiederum nicht aufpassen, den Unterricht stören und Fenster zumachen, eben doch ...

*Schülerin:* Aber Fenster zumachen ist doch wirklich kein Grund, einen Verweis zu kriegen, und da stört man auch noch nicht.

*Lehrerin:* Na ja, es kommen einige Sachen zusammen, nicht, also ich will keine persönliche Kritik gegen einen Schüler erheben, aber ich meine, es wurde auch öfters gestört, und ich meine, da warst du nicht ganz unbeteiligt.

*Schülerin:* Weil ich nicht verstanden habe und da habe ich meinen Nachbarn gefragt und dann habe ich immer gesagt, warum macht man jetzt die Kurve so und so und der hat dann versucht, mir das zu erklären.

*Lehrerin:* Ja, ich meine, da hättest du ja auch mich fragen können, dazu bin ich ja da. Ich bin ja immerhin als Lehrerin ausgebildet.

*Schülerin:* Ja, aber dann hätten Sie wieder gesagt, das gehört jetzt nicht zur Sache, setz dich!

*Lehrerin:* Nein, das glaub ich aber nicht. Ich meine, wenn das zum Thema gehört, die Fragen, dann würde ich versuchen, sie zu beantworten. Vor Schulaufgaben machen wir ja auch eine Fragestunde außerhalb des Themas, was eben drankommt, und die versuche ich zu beantworten.

*Schülerin:*  Aber Sie sprechen doch immer so schnell. Neulich hat doch erst einer gefragt, und Sie haben gesagt: „Wenn du das nicht verstehst, gehörst du überhaupt nicht auf diese Schule."

*Lehrerin:*  Na ich meine, wenn man soweit nicht dem Unterricht folgen kann und die einfachsten Sachen nicht begreifen tut, tut es mir herzlich leid.

*Schülerin:*  Kriege ich jetzt meinen Verweis trotzdem?

*Lehrerin:*  Ja, machen wir es so. Ich werd's mir noch einmal überlegen und falls es irgendwie Probleme damit geben sollte, schicke mir deinen Vater herein.

*Schülerin:*  Vielen, vielen Dank!! Und ich werde mich mächtig toll anstrengen.

Die beiden Protagonistinnen sind sich im allgemeinen relativ ebenbürtig, auch nach Auffassung der Schüler in der *Reflexionsphase*. Allerdings wurde auf der körpersprachlichen Seite unangemessenes Verhalten festgestellt. Die (Lehrer-) Schülerin war überaus selbstbewußt, auf der verbalen und nonverbalen Ebene doch recht agressiv (z. B. Unterstellung, den Unterricht nicht gut gestalten zu können). Die (Schüler-) Lehrerin wehrte sich allerdings auch geschickt mit Argumenten und gab den Widerstand erst dann auf, als ihre Gesprächspartnerin *von der Inhalts- auf die Beziehungsebene* wechselte. Mit einem demütigen Augenaufschlag und einem intensiv bittenden Tonfall konnte der Umschwung herbeigeführt werden. Der Rollentausch hat auch dazu beigetragen, die emotionalen und die argumentativen Schwierigkeiten der beiden Seiten besser zu verstehen.

Beim Vergleich der beiden *Rollenspiele* („*Rauchen*" – „*Verweis*") wird deutlich, daß man in der *peer group* der Raucher eine ganz andere Sprachebene antrifft wie im Gespräch zwischen Lehrerin und Schülerin, das fast hochsprachlichen Charakter hat. Das Transkript verwischt die Unterschiede, die im Tonbandmitschnitt extrem auffallen. Selbstverständlich ist es von Bedeutung, daß auf der einen Seite Hauptschüler (Fürth) und auf der anderen Seite Realschüler (Erlangen) mit einem ganz anderen soziokulturellen Hintergrund agieren.

– *Als Möglichkeit, Konflikte kennenzulernen, die lösbar, manchmal aber auch unlösbar sein können*

Nicht immer sind solche Konflikte lösbar, da der Sohn / die Tochter unter Umständen einen autoritären Vater, der etwas verbietet, nicht umstimmen, aber lernen kann, mit seinem Verhalten umzugehen. Im Vordergrund eines solchen

Spiels steht die gemeinsame Diskussion (die sog. Reflexionsphase), die sich nun auf einen konkreten Fall (wenn auch Spielfall) beziehen kann und nicht als eine „Als-ob-Diskussion" laufen muß.

– *Zur Veränderung von Rollenverhalten,*

allerdings nicht im Sinne eines gezielt kontrollierten therapeutischen Effekts. Auch in einem solchen Fall stand oft das gemeinsame Gespräch über ein bestimmtes Rollenverhalten im Vordergrund, wobei dann doch meist die erneute Realisation im Sinne des *„geschlossenen Rollenspiels"* versucht wurde.

Grundsätzlich kann es kein „falsches" Rollenspiel geben, da die Ausfüllung einer Rolle immer individuell, subjektiv sein wird.

– *Als Möglichkeit zur Auseinandersetzung mit Regeln und Normen im mündlichen Sprachgebrauch*

Kann man z. B. den Chef, die Großmutter, den Lehrer so ansprechen; ist die Intonation nicht zu salopp geraten!? usw.

– *Als Möglichkeit zur Beobachtung üblichen oder nicht-üblichen nonverbalen Verhaltens*

Die Beobachtung durch die Zuschauer ist ein wesentliches Moment des Rollenspiels, weil es in der Regel Identifikation, Protest und seltener Gleichgültigkeit auslöst. Dabei muß dieses Beobachten gelernt werden. Dazu sollte man den Schülern in Gruppen konkrete Aufgaben stellen. Lenkung der Aufmerksamkeit auf Mimik, Gestik, Körperhaltung usw. Die Beteiligung der Zuschauer ist deshalb so wichtig, da die Klasse eine Großgruppe ist und immer nur wenige spielen können, und die Diskussion durch das Einbringen der gezielten Beobachtungen erleichtert wird.

– *Als Möglichkeit, Gefühle äußern zu lernen*

Wir konnten feststellen, daß es den Schülern schon schwerfällt, Gefühle nur zu benennen.

– *Als Vorübung zum schriftlichen Arbeiten*

In einer 5. Klasse wurden die einzelnen Szenen einer konfliktträchtigen Bildergeschichte gespielt, so daß die Passagen der wörtlichen Rede nur noch „episch" verbunden werden mußten. Auch im Zusammenhang mit der *Erörterung* läßt es sich gut einsetzen, wenn in der Themafrage Konflikte enthalten sind (siehe das *Rollenspiel zum Rauchen*).

– *Als Form eines dramatischen Geschehens,*

das wir z. B. als Grundlage zur Umwandlung in ein Hörspiel benutzten. Der Dialog wird der Sprechsituation gemäß natürlich ausfallen. Eine dramatische Zuspitzung läßt sich im nachhinein leicht einfügen. Das *Originaltonhörspiel* benutzt z. B. auch Reportageelemente, um damit in der Art der Collage u. U. realitätsverfremdend Aussagen zu machen. Zur Erarbeitung eines Schulspiels wäre das Konfliktrollenspiel ebenfalls einsetzbar.

Wichtig ist in jedem Fall das Festhalten des Rollenspiels auf dem *Kassettenrekorder*, um je nach Bedarf darauf zurückgreifen zu können. Wir haben diese auch schon mit einem *Camcorder* aufgenommen, was vor allem den Vorteil hat, die nonverbalen Bereiche bei der Diskussion direkt einer Analyse unterziehen zu können.

Unsystematisch möchte ich hier noch einige *Konfliktsituationen* aufführen, die sich für die Schule eignen und die wir schon einmal durchgeführt haben:

● *Familiärer Bereich:*
– Ein Kind / Jugendlicher möchte das Taschengeld erhöht bekommen.
– Die Eltern möchten, daß das Zimmer ordentlich aufgeräumt wird.
– Die Eltern sind der Meinung, daß der Sohn / die Tochter zu wenig für die Schule arbeitet und wünschen, daß sich dies in Zukunft ändert.
– Der Sohn / die Tochter möchte sich etwas kaufen (z. B. ein Moped / Motorrad; eine Stereoanlage, Videorecorder; eine Urlaubsreise mit Freunden), die Eltern sind strikt dagegen.
– Die Eltern sind mit der Berufswahl des Sohnes / der Tochter absolut nicht einverstanden.
– Die Eltern sind mit mit dem Freund / der Freundin der Tochter / des Sohnes nicht einverstanden, weil sie einen schlechten Einfluß fürchten.
– Die Eltern sind entsetzt über „Haartracht" und Kleidung ihres Kindes.

● *Schulischer Bereich:*
– Streit mit dem Banknachbarn, weil dieser sich viel zu breit macht.
– Auseinandersetzung mit dem Lehrer, von dem sich ein Schüler ungerecht behandelt fühlt. Diese Ungerechtigkeiten können sich auf verschiedenen Ebenen abspielen (z. B. bei der Notengebung, zu wenig Beachtung im Unterricht).

● *Gesellschaftlich-öffentlicher Bereich:*
– Probleme am Arbeitsplatz: Unzumutbare Anforderungen des Arbeitgebers / Meisters, Überstunden zu machen (Jugendschutzgesetz), Brotzeiten zu holen (auf Kosten der Ausbildung).

Bei der Durchführung des Rollenspiels hat sich das von *Barbara Kochan* und *Renate Steinchen* entworfene Schema bewährt:

1. Motivationsphase: Spielanlaß, Rollenübertragung und Beobachtungsaufträge
2. Aktionsphase: Rollenspiel
3. Reflexionsphase: Befragung und Diskussion – Generalisation

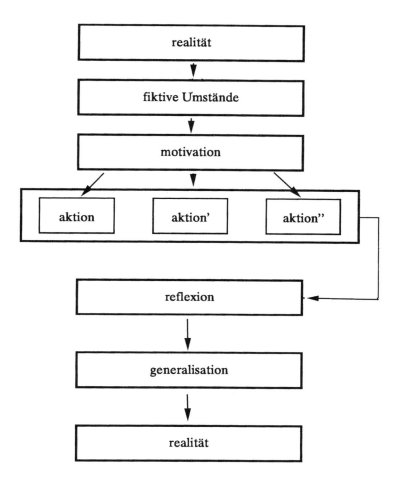

*(Bünting, K.-D. / Kochan, D. C., 1973, S. 173)*

In der *Reflexionsphase* sollten unbedingt die Spieler befragt werden, wie sie sich *in der Situation gefühlt* haben, ob es schwer gefallen ist, sich mit der Rolle zu identifizieren, ob der Handlungs- oder Argumentationsverlauf Probleme bereitet hat, z. B. bei einem geschlossenen Rollenspiel, bei dem ja bestimmte Szenarien vorgegeben werden.

Solche Handlungsvorgaben können so in Widerspruch zur eigenen Überzeugung geraten, daß diese einfach nicht verwirklicht werden können, ohne daß dabei eigene Anteile der Persönlichkeit zu sehr verraten würden. So hatte ich auf dem Stuttgarter Germanistentag 1985 in einem Arbeitskreis über *interaktionistische Spiel-*

*formen* zu referieren und mit einer Teilnehmerin ein geschlossenes, sehr provokatives Rollenspiel abgesprochen. Ihr Ehemann, den ich darstellen wollte, versucht, mit allen nur erdenklich unfairen Unterstellungen und Argumenten zu verhindern, daß sie nach Stuttgart fahren würde. Am Schluß sollte sie klein beigeben und die unterwürfige Ehefrau spielen. So sehr ich mich bemühte, wir kamen nicht zu dem vorher vereinbarten Schluß, so daß ich das Spiel abbrach und nachfragte, was in ihr vorgehe. Sie antwortete, sie könne sich nicht so sehr aufgeben, auch nicht im Spiel. Auch da zeigte sich wieder der *Ernstcharakter* des Rollenspiels.

Wichtig ist es, *die Zuschauer zu befragen, welche Gefühle sie* während des Rollenspiels bei sich selbst beobachtet haben. Sind sie mit dem Spielverlauf zufrieden? Gibt es *Alternativen*, die nun wieder in Aktion umgesetzt werden könnten? Welche Wirkungen sind von der körpersprachlichen Ebene ausgegangen (evtl. Rückgriff auf die Beobachtungsaufträge)?

Die Motivation hing sowohl bei den Versuchen in der Schule als auch in der Universität eng damit zusammen, inwieweit die Konflikte tatsächlich aus dem jeweilig unmittelbaren Erfahrungshorizont (direkt oder indirekt) der Spielgruppe stammten. Dabei ist es nicht notwendig, die Konflikte schon *selbst erlebt* zu haben.

In der Praxis zeigten sich oft auch Übergänge zum Stegreifspiel, in dem die Improvisation und Übertreibung oft wichtige Spielmomente darstellen.

Es muß also betont werden, daß beim *Rollenspiel*, trotz der von der Didaktik und den Bezugswissenschaften definitorischen Festlegung auf den *sozialen Konfliktbereich, fließende Grenzen hin zum Theatralisch-Dramatischen* beobachtbar sind. Ein „dramatischer" Familienkonflikt kann auch Ausgangspunkt für ein theatralisch fiktionales Geschehen sein. Umgekehrt gibt es Versuche, im Theaterbereich das Rollenspiel zu nutzen, wie z. B. bei *Augusto Boal* (vgl. S. 124 ff.) mit seinem „*Forum-Theater"* (Vgl. dazu auch das Stop-Verfahren S. 126).

### Erzieherische Funktion des Rollenspiels

Das Rollenspiel kann eine Vielzahl von pragmatischen Funktionen, die nicht nur den Deutschunterricht betreffen, erfüllen.

Nach *Krappmann (1972)* werden vier Grundfähigkeiten im Rollenspiel geübt, die auch im realen Leben benötigt werden:

- *Empathie* – die Fähigkeit, sich in die Psyche des Rollenpartners hineinzuversetzen, um dessen Erwartungen einschätzen zu können;
- *Rollendistanz* – die Fähigkeit, übernommene Rollen „distanziert", d. h. vor dem Hintergrund einer neuen Situation kritisch betrachten und evtl. revidieren zu können;
- *Ambiguitätstoleranz* – die Fähigkeit, die zwischen den Rollenpartnern divergierenden Erwartungen und Bedürfnisse (auch unterschiedlichen Norm- und Wertvorstellungen) ertragen zu können;

– *Kommunikative Kompetenz* – die Fähigkeit, die eigene Rolleninterpretation situationsgemäß darstellen zu können.

Im Unterricht wird man die Ausbildung dieser Fähigkeiten nicht immer gleichzeitig anstreben, sondern je nach Voraussetzungen und Klassensituation bestimmte Prioritäten setzen.

In der konkreten Erprobung zeigte sich, daß das *Rollenspiel* wohl die Erwartungen zu erfüllen vermag, auch wenn man es in der Großgruppe / Klasse einsetzt und man damit manche Funktion erst gar nicht anzusteuern in der Lage ist.

Es sollte aber eingeordnet werden in den traditionellen (z. B. *Pantomime, Stegreifspiel*) und *interaktionistischen* (z. B. *verbale und nonverbale Kommunikationsspiele) Spielbereich* (vgl. dazu *Gudjons, 1987; Frör, 1979; Schwäbisch / Siems, 1976 u. a.).* Nur wenn Spielen im Deutschunterricht bis in die Sekundarstufe II als wichtiges *systematisches Lerninstrument* begriffen wird, das nicht nur ab und zu zur Belohnung eingesetzt wird, dann werden die Schüler auch jene notwendige Übung erlangen und die Scheu, sich vor den anderen „*darzustellen*", verlieren. Da Kinder und Jugendliche heute durch die elektronischen Medien besonders gefährdet sind, das aktive Spielen zu verlernen, kommt der Schule, und insbesondere dem Deutschunterricht, damit eine besonders wichtige Aufgabe zu.

## 3.2 Das Psychodrama

Das *Psychodrama* ist von dem Wiener Psychiater *Jarov Moreno (Levi)* (1889-1974) entwickelt worden. Angeregt wurde *Moreno* durch das *kindliche Spiel* und durch das *Stegreiftheater,* aber auch durch das *expressionistische Theater,* die *Commedia dell'arte* und das *Altwiener Stegreiftheater. Moreno* beobachtete 1914 in Wien, wie Kinder auf dem Spielplatz im Rollenspiel ihre Konflikte, Ängste, Affekte ausagierten und bearbeiteten. Er spielte mit und ging auch in die Familien und Flüchtlingslager, um den Menschen durch *Rollenspiel,* wie er es bei den Kindern gesehen hatte, Hilfe zu geben. Nach *Petzold* (1985) wurde das *Psychodrama* als wissenschaftliche Methode von *Moreno* aber erst in den Vereinigten Staaten eingesetzt, wobei er selbst (*Moreno*) das Jahr 1931 nennt. Dieses Verfahren hat sehr stark zur Verbreitung der Rollenspieltechnik, mit der sie zum Teil gleichgesetzt wird, beigetragen. So kann man im *Lexikon der Psychologie (Arnold, W. / Eysenck, H. J. / Meili, R., Freiburg: Herder 1987)* folgende Beschreibung finden:

„**Psychodrama,** die dramatische Darstellung von persönlichen oder allgemeinen Konflikt- und Entscheidungssituationen zu diagnostischen, therapeutischen, pädagogischen und didaktischen Zwecken oder auch nur Einübung ungewohnter Verhaltensweisen. Kennzeichnend für das psychodramatische Geschehen ist die zeitlich begrenzte Übernahme gewisser Rollen, wobei den Rollenspielern innerhalb eines mehr oder weniger festgelegten Handlungsrahmens ein hohes Maß an Freiheit zu spontanen Entscheidungen und eigenschöpferischer Gestaltung zukommt." *(Bd. 3, Spalte 1725)*

Diese sehr allgemein gehaltene Definition könnte man genauso für das sprachdidaktische Rollenspiel verwenden. *Moreno* selbst formulierte bereits 1924 sein
Grundverständnis der *Psychodramatherapie*:

„Die Personen spielen sich wie einst aus Not in selbstbewußter Täuschung dasselbe Leben vor. Der
Ort des Konfliktes und seines Theaters ist gleich. Sein und Schein werden gleichnamig und gleichzeitig. Sie wollen das Sein nicht mehr überwinden, sie bringen es hervor. Sie wiederholen es. Sie sind
souverän; nicht nur als Scheinende, sondern auch über ihr eigenes Sein. Wie könnten sie es sonst
noch einmal gebären? Denn so viel tun sie. Das ganze Leben wird entfaltet, seine gegenseitigen Ver-
wicklungen, im zeitlichen Zusammenhang, kein Augenblick ist ausgelöscht [...] doch diese Aufrol-
lung des Lebens im Schein wirkt nicht wie ein Leidensgang, sondern bestätigt den Satz: jedes wahre
zweite Mal ist die Befreiung vom ersten." *(Moreno, J. L.: Das Stegreiftheater. Potsdam: Kiepenheuer (1924), 1970, S. 76f.)*

In diesem *„zweiten Mal"* wird nach *Moreno* in einem kreativ-schöpferischen Akt
im *Hier und Jetzt* die gesamte Lebenswirklichkeit neu geschaffen. Den Deutschlehrer dürfte es einigermaßen überraschen, wie auch in diesem Zusammenhang die
Idee des *Barocktheaters* und des modernen *Freien Theaters* aufgegriffen wird,
nämlich die Austauschbarkeit von *Leben (Wirklichkeit) und Theater*. Die Welt wird
als Riesenbühne aufgefaßt (vgl. dazu auch S. 92ff.). Auch die *antike Katharsis* der
Tragödie (Entlastungsaffekt) taucht hier wieder auf. *„Und so, wie wir das Spiel als
'Metapher des Lebens' auffassen können, dürfen wir das Drama, das Schau-'Spiel',
als eine Übertragung des Lebens ins Spiel ansehen." (Klosinski, G., in: Kreuzer, K.
J., 1984, Bd. 4, S. 135)*

**Exkurs: Das Dramatische und das „wirkliche Leben"**

In jedem Text manifestiert sich die *Subjektivität des Autors*. Denn er *als Person mit
seiner sozialen Phantasie, seiner Erfahrung, seiner Biographie ist der Fluchtpunkt
des Schreibprozesses.* Er kann aber in unterschiedlichem Ausmaß auf tatsächlich
Erlebtes zurückgreifen, ja er kann versuchen, ein *literarisch verwertbares Leben* zu
führen (z. B. *Günter Wallraff* mit seinen verdeckten Recherchen); vor allem in der
*feministischen Literatur* der 70er und 80er Jahre findet man viele *authentische Darstellungen.* Manche Theaterkommunen dieser Zeit versuchten, das auf der Bühne
Dargestellte im alltäglichen Leben weiterzuführen (vgl. dazu das Kapitel über die
*alternativen Theater*, S. 121 ff.). In jüngster Zeit gibt es Versuche, sich im Drama
dem *wirklichen* Leben durch *Schauspieler aus dem entsprechenden Milieu* anzunä-
hern. Der englische Regisseur *Jeromy Weller* hat dies in verschiedenen Produktio-
nen erprobt, so z. B. in einem Stück über das Knast-Leben, in dem er Strafgefange-
ne ihre eigenen Erfahrungen spielen läßt.

„In diesem Jahr hat *Jeromy Weller* im Knast das Stück 'Bad' mit jungen Strafgefangenen erarbeitet.
Ein Stück über ihr Leben im Gefängnis und darüber, wie sie dahin gekommen sind. Auch dies eine
Aufführung von aufreibender Spannung zwischen Wirklichkeit und Spiel – dem Theaterspiel, das die
jungen Männer erstaunlich gut beherrschen, und ihrem tagtäglichen Rollenspiel. [...] Gewiß ist das
Theater hier an der Grenze, aber es ist Theater von bedrängender Lebendigkeit." *(Thieringer, Th.:
Theater und das wirkliche Leben. In: Süddeutsche Zeitung, Nr. 205, 5.9.1991, S. 42)*

Und 1992 hat *Weller* in Berlin ein Stück über und mit Obdachlosen und Alkoholikern inszeniert „*Wir sind die Pest*". Nach dem „*Stern*" kam es bei den Proben schon mal zu Prügeleien, ein 28jähriger habe sich dabei die Rippen gebrochen. „*Axel lebt auf der Straße. Edel-Penner, sagt er, Obdachloser, sagt das Sozialamt. Er schläft auf einer feuchten Schaumstoffmatte im Dachgeschoß eines Abbruchhauses. Was er besitzt, paßt in eine Plastiktüte. Jetzt soll er sein beschissenes Leben im Theater vorspielen.*" *(Hauser, U.: Wir sind die Pest. In: Stern, 49, 1992, S. 229)*

Auch im Fernsehen, das schon immer authentisches Leben widerzuspiegeln vorgab, hat sich in jüngster Zeit, vor allem in den USA, ein Trend breitgemacht, Geschichten aus dem *tatsächlichen Leben* zu kaufen und zu verfilmen.

„Eine Geschichte wie die der 17jährigen Amy Fisher, in der Boulevardpresse 'Lang Island Lolita' getauft, kann sich keine der drei großen Fernsehketten entgehen lassen: Das bildhübsche Mädchen hatte zunächst sein Taschengeld im örtlichen Callgirl-Club der weiblichen Schulkinder aufgebessert, sich dann in einen zumindest vom Alter her reifen Mann verknallt und dessen Frau, die beiden im Weg war, mit einem Schuß in den Kopf niedergestreckt. Alle drei großen Fernsehanstalten machten 'Dokudramen' daraus, wie der Fachbegriff heißt: NBC verbreitet eine Version, die auf Amys Geschichte basiert, CBS bezahlte über eine Produktionsgesellschaft für die 'Opfer', und ABC beschaffte sich neue Zeugenaussagen und Gerichtsdokumente." *(Fränkischer Tag, 1.12.1992, S. 6)*

Diese Beispiele zeigen eindrucksvoll, wie sehr immer wieder versucht wurde, das vermeintlich *wirkliche Leben* auf die Bühne zu bringen, was selbstverständlich zum Scheitern verurteilt ist, da jede Umsetzung ins Dramatische (und sicher schon als Text) gestalterische Elemente einschließt. Und wenn der Regisseur *Joseph Vilsmaier* („*Herbstmilch*") zu seinem Film „*Stalingrad*" bemerkt, „*Ich will die Realität zeigen, die ganze Realität*", beweist dieser Anspruch eine geradezu unglaubliche Naivität. Zu Recht bemerkt *Andreas Kilb* in der *ZEIT (Nr. 4, 1993, S. 46): „Aber eine Authentizität, die mit drei Tonnen Dynamit produziert wird, ist lächerlich.*" Das bereits seit *Aristoteles* diskutierte Problem des Spannungsverhältnisses zwischen *Mimesis* und *Poiesis*, wird hier in einer Weise behandelt, als hätte es darüber nie eine Diskussion gegeben. In unserer Zeit, in der *die Welt* für die meisten Menschen *aus zweiter Hand*, über die Medien „erlebt" wird, mag beim Zuschauer die Vorstellung, daß sich das Dargestellte in ähnlicher Weise tatsächlich zugetragen habe, einen zusätzlichen Nervenkitzel darstellen.

Die grundsätzliche Fähigkeit des Menschen zu *einem symbolischen Handeln* stiftet diese Verwirrung, da oft auch in normalen Leben gleichsam Theater gespielt wird. Der Umkehrschluß ist nämlich ebenso zulässig, daß menschliche Phantasie zwar nicht die reale Welt abbilden kann, aber dennoch in der Lage ist, eine andere, nicht weniger bedeutsame, „*künstliche*" *Realität* zu schaffen. Das *Psychodrama* macht sich dieses komplexe Verhältnis von Fiktion und Realität für therapeutische Prozesse zunutze.

*Hilarion Petzold*, der die *integrative Dramatherapie* mit entwickelt hat (siehe S. 92f.), schreibt in seinem Buch „*THEATER oder DAS SPIEL DES LEBENS*" (1982) folgendes:

„Theater ist eine Sache von allen. Wir alle haben immer schon gespielt, bevor wir vergessen haben, daß wir spielen. Wir alle waren immer schon Akteure, ehe uns die Stumpfheit der Komparsen umfing. Wir alle waren Autoren, ehe wir unsere Stücke von anderen schreiben ließen. Wir waren Regisseure, ehe wir uns den Drahtziehern überließen und mit dem Dasein der Marionetten vorliebnahmen. Wir alle spielen immer noch unser Stück jeden Tag in diesem Theater, obwohl wir nicht mehr wissen, daß wir es spielen, obwohl es nur noch selten unser Stück ist, das wir spielen. Wir haben unsere Bühnen überall aufgeschlagen: in den Büros, in den Werkhallen, in den Kaufläden, in den Wohnzimmern, in den Bordells, in den Theatern.

Was ist das Theater? Sind es die Zuschauer, die sich in den Pausen ihre Garderobe vorführen? Sind es die Schauspieler, die in den Schminkräumen hastig die Kostüme wechseln? [...] Jenes Theater, des Shakespeare, des Büchner, des Brecht, des Ionesco ist Theater im Theater, eine Szene unter Szenen. Vielleicht besonders dicht, vielleicht besonders bedeutsam, vielleicht besonders großartig, vielleicht besonders ergreifend oder einfach nur Spaß, ein Possen in diesem Theater." *(S. 3/4)*

## Merkmale des Psychodramas

Das *Psychodrama* im engeren Sinne weist aber dennoch zum *sprachdidaktischen (Konflikt-) Rollenspiel* einige wichtige Unterschiede auf.

Nach *Petzold* (1985) wird das Psychodrama in verschiedenen Verwendungszusammenhängen eingesetzt:

a) *Psychodramaeinzeltherapie*

Dies werde bei schwer gestörten Patienten eingesetzt, die nicht an einer Gruppe teilnehmen könnten.

b) *Person- bzw. protagonistenzentrierte Gruppentherapie*

> „Es handelt sich hier um eine 'Einzeltherapie in der Gruppe', ähnlich der klassischen Gestalttherapie. Der Therapeut arbeitet mit einem Protagonisten und verwendet die Gruppe funktional, z. B. indem sie in Massenszenen mitspielt und die Assistenten für das Spiel stellt. Im 'sharing' ist die Gruppe wieder beteiligt. Die Gruppengröße kann 15 Teilnehmer und mehr betragen." (Petzold, 1985, S. 75)

c) *Gruppengerichtetes Vorgehen*

Auch bei diesem Modus werde mit einem Protagonisten gearbeitet, jedoch mit dem Ziel, die gesamte Gruppe zu involvieren, was besonders bei homogenen Gruppen mit ähnlicher Problematik (z. B. Suchtkranken) gut gelinge.

d) *Gruppenzentriertes Vorgehen*

Hier stehe die Gruppe im Zentrum der Arbeit. Probleme aus der Sozio- und Gruppendynamik, soziometrische Konstellation, Interaktionskonflikte, Übertragungen würden mit Hilfe von psychodramatischen Methoden und Techniken angegangen. *Klosinski* (In: *Kreuzer, K. J., 1984, S. 149 ff.*) möchte diese Form vor allem bei Kindern und Jugendlichen einsetzen. *„Die Gruppen sollten relativ homogen in der Zusammensetzung hinsichtlich Entwicklungsalter und Intelligenzniveau sein, d. h. krasse Unterschiede sind möglichst zu vermeiden."*

e) *Themenzentriertes Vorgehen*

Dieser Modus werde besonders mit pädagogischer Zielsetzung verwendet.

*„Themen, die für die Gruppe relevant sind, werden inszeniert und so über das rationale Verstehen hinaus dem Erleben zugänglich. Die Gruppengröße kann 15 Teilnehmer und mehr betragen. Die Übergänge zum Soziodrama sind fließend."* (Petzold, H., 1985, S. 75/76)

Besonders typisch für das Psychodrama sind die Varianten a, b, c, bei denen mit einem Protagonisten gearbeitet wird. Der Protagonist läßt seinen *persönlichen Konflikt* einfließen. Im schulischen Bereich könnte das z. B. sein:

– *Ein Mädchen wird von ihrer Mutter (Vater) geschlagen.*

– *Ein Schüler ist wegen Diebstahls des öfteren aufgefallen.*

– *Ein Schüler fällt durch aggressives Verhalten auf.*

Wollte man den ersten Konflikt des geschlagenen Mädchens bearbeiten, dann wäre sie die *Protagonistin* und Mitschüler müßten als *Assistenten* agieren, z. B. die Mutter, den Vater, evtl. Geschwister und Großeltern (vielleicht auch andere nicht-verwandte Personen) darstellen. Die Protagonistin bestimmt die Spiel-Situation und die Art und Weise, wie gehandelt wird. Der Trainer (Lehrer) hat die Aufgabe, helfend einzugreifen, zu strukturieren. Das Pendeln zwischen Spiel- und Reflexionsphasen erfolgt hier auf „offener" Bühne. Deutlich wird bei dieser Art des Spiels, daß es sich um ganz reale Konflikte der einzelnen Person handelt. Im eben diskutierten Fall würden die Beziehungsstrukturen der Familie X völlig offengelegt, wenn auch aus der subjektiven Perspektive der Schülerin. Hier wird die Grenze des schulischen Bereichs offenkundig. Der schmale Grat hin zur Therapie wird überschritten. Abzulehnen ist wohl auch, die Intimsphäre vor der ganzen Klasse offenzulegen, die ja nicht nur über ein Wochenende zusammenbleibt.

Allerdings könnte ich mir vorstellen, daß das *aggressive Verhalten* eines Schülers als Spielanlaß dienen könnte, da es sich um einen Konflikt im schulischen Milieu handelt, der durchaus generalisierbare Tendenzen aufweist. Damit aber würde der Übergang zu den *gruppen- und themenzentrierten Vorgehen*, die eine Verwandtschaft mit dem *sprachdidaktischen Rollenspiel* aufweisen, vollzogen.

**Methoden und Verfahren**

Verwendet werden *Rollenwechsel und -tausch, Doppeln (Alter ego), Spiegeln,* „*Leerer Stuhl*" (Anwendung auch in der Gestalttherapie und in der Transaktionsanalyse). Der Protagonist stellt sich vor, daß auf dem „*leeren Stuhl*" eine wichtige Bezugsperson sitzt, mit der er ein Gespräch beginnt; selbstverständlich können „verschiedene Personen" auf dem Stuhl imaginär Platz nehmen, so auch der Protagonist selbst, der aber nun in die Rolle des Vaters, der Mutter oder einer anderen Bezugsperson schlüpft.

Beim *Doppeln* unterscheidet z. B. Petzold (1985): das *einfühlende*, das *telische* (Ich und Alter ego bilden eine totale, sich ergänzende Einheit), das *direktive, das persuasive, das suggestive, das deutende, das vikarielle* (stellvertretende), kon-

*frontierende, provokative, paradoxale, stützende Alter ego; die multiple Doppel-gängertechnik, multiples Doppeln in der Gruppe.* (S. 178–197) Es mag dahingestellt bleiben, ob eine derart breite Differenzierung sinnvoll ist, können doch oft nur sehr geringe Unterschiede ausgemacht werden.

Die Techniken und Phasen (Initialphase mit Warming-up-Übungen, Aktionsphase, Integrationsphase = in etwa die Reflexionsphase) zeigen wieder sehr stark die Verwandtschaft mit dem pädagogischen Rollenspiel.

„Das psychodramatische Spiel bietet die Möglichkeiten, Dinge aufzulösen. Es 'zerlegt' die Welt in die Gegebenheiten, aus denen sie verwirklicht wurde, und tastet die Möglichkeiten ab, aus denen eine ganz andere, neue Welt und Sichtweise verwirklicht werden kann. Psychodrama als therapeutische 'Kunst', als 'Kunst-Spiel' wird den Patienten ermuntern, sich in dieses Spiel einzulassen." *(Klosinski, S. 150)*

## Das Behaviordrama

Ich habe über das Psychodrama deshalb relativ ausführlich referiert, obwohl es für den schulischen Raum nur bedingt geeignet ist, weil viele Tendenzen der Spielpädagogik hier ihre Ursprünge oder zumindest erste Anstöße erhielten. So ist das Rollenspiel in den USA schon in den 40er Jahren in der amerikanischen Sozialtechnologie eingesetzt worden. Von da aus wurde es in den pädagogischen Bereich übernommen. Aber erst als es Eingang in die Psychotherapie als verhaltensmodifizierendes Rollenspiel in den 60er und 70er Jahren gefunden hatte, gelang der allgemeine Durchbruch; und unter den Psychotherapeuten erfreute sich diese Methode schließlich immer größerer Wertschätzung.

„In Hierarchien von Situationsspielen wird systematisch desensibilisiert, oder es werden in sukzessiver Approximation komplexe Verhaltensweisen aufgebaut, indem erwünschtes Spielverhalten unmittelbar nach der Ausführung belohnt wird. Komplexes Verhalten wird auch über Imitationslernen, wiederum unter systematischem Einsatz von Verstärkern, erworben. Neben vielfältigen therapeutischen Möglichkeiten, die durch die verhaltenstherapeutische Verwendung psychodramatischer Techniken gegeben sind, ist das Behaviourdrama ein ausgezeichnetes Instrument der Verhaltensdiagnostik, zeigt doch der Patient im Spiel für die Verhaltensanalyse relevantes 'overt behaviour'." *(Petzold, 1985)*

Da die behavioristische Richtung als der naturwissenschaftlich orientierte harte Kern der Psychologie gilt, war die Akzeptanz entscheidend für den Durchbruch der Rollenspieltechniken, auch in der Folge im pädagogisch-präventiven Bereich.

### Die integrative Dramatherapie (nach *Hilarion Petzold*, 1982)

Nur ganz kurz möchte ich auf die *integrative Dramatherapie* nach *Hilarion Petzold* eingehen, der das *klassische Psychodrama (Moreno)*, das therapeutische Theater und die Gestalttherapie *(F. Perls)* zu verbinden sucht. Folgende Elemente sind für ihn bedeutsam:

1. *Die Bühne oder Metaszene*

„Die Bühne, auf der wir spielen, auf der alle Szenen ablaufen, ist die Lebenswelt. Ihr gehören wir zu, auf ihr sind alle Spieler in einem Spiel verbunden, sind Mit-Spieler. Sie ist Matrix und Ausdruck totaler Ko-Existenz. Alles ist aufeinander bezogen nichts ist unverbunden, und diese Intentionalität wirkt in einem grundsätzlichen, ursprünglichen Sinn: Das Drama auf der Bühne dieser Welt ist sinnvoll." *(1982, S. 78)*

Die Geburt ist nach *Petzold* die erste „*spezifizierte*" Szene, in die das Kind trete, im Kreißsaal, im Wöchnerinnenzimmer. Dann folgten Szene auf Szene: „*das Leben – eine Geschichte von Szenen.*" *(S. 79)*

2. *Szene*

Die *Szene* sei eine raumzeitliche Konfiguration, das Zusammenspiel von Kontext und Kontinuum. Sie spiegele sich im *Hier und Jetzt*, aber sie habe auch immer Geschichte und Zukunft. „*Szene folgt auf Szene. So entsteht ein Stück, ein Skript, eine Geschichte von Szenen. Szenen sind jeweils erlebte Kontexte, in denen Phänomene (=Konfigurationen) und Strukturen konvergieren.*" *(S. 79)*

3. *Skript – oder Sozialisation als Geschichte von Szenen*

*Petzold* hat den Begriff des *Skripts* von der *Transaktionsanalyse* übernommen. „*Das Erleben in Szenen und die Erfahrungen mit Szenen bestimmen mein Handeln in jeder neuen Szene, die ich betrete. Vergangene Szenen werden aktualisiert, fließen 'unbewußt' oder 'mitbewußt' in mein Spiel ein. Hier und Jetzt.*" *(S. 80)*

Die weiteren Elemente seiner Theorie möchte ich nur andeuten:

*Die Evokation:* darunter wird die Ganzheit einer Szene verstanden; jedes Detail stehe in Verbindung zu den anderen Elementen.

Die *vitale Evidenz* bedeutet „*das Zusammenwirken von rationaler Einsicht, emotionaler Erfahrung und leibhaftigem Erleben.*" *(S. 85)*

Die *Alternativerfahrung* ist zum einen in der Fähigkeit der inneren Distanzierung von überholten und dysfunktionalen Handlungmustern der Vergangenheit und zum anderen in der Generalisierung alternativer Erfahrungen zu sehen.

Unter *Therapie als Metapraxis* ist zu verstehen, daß das Spiel einer Szene nicht isoliert dastehe, sondern vor dem Hintergrund der zuschauenden Gruppenmitglieder und des Therapeuten geschehe. „*Sie sind Zuschauer, sie lassen sich berühren, sie nehmen teil, werden Mitspieler und Mithandelnde.*" *(S. 86)*

*Der Prozeß der Transformation und Überschreitung* ist als Verwandlung von Vorhandenem in anderes, Neues zu verstehen. „*Das Paradoxon menschlicher Entwicklung und das der Psychotherapie als Instrument zur Förderung menschlicher Entwicklung besteht darin, daß Veränderung geschehen soll unter Wahrung der Identität.*" *(S. 88)*

## 3.3  Das Planspiel

Nach *Bonk-Luetkens (1983)* lassen sich im wesentlichen *„drei Quellen für das päd-agogische Planspiel ausmachen; das Kriegsspiel, das Rollenspiel und die Compu-tersimulation." (S. 270)*

- *Planspiel als strategisches Spiel*
  Die konfliktorientierte Simulation komplexer Systeme diene nach *Bonk-Luet-kens* der Durchsetzungs- und Entscheidungsfähigkeit der Akteure in dem jewei-ligen System (Stichwort: strategische Handlungskompetenz).

- *Planspiel als Rollenspiel*
  Die eher offene Simulation personaler Beziehungen diene vor allem dem Ver-ständnis sozialer Interaktionsprozesse und der ihnen zugrunde liegenden Moti-vation (Stichwort: soziale Handlungskompetenz).

- *Planspiel als Übungsspiel*
  Die formalisierte Simulation der Realität nimmt bestimmte Ereignisketten vor-weg und diene damit der Beherrschung dieser Realität durch Anpassung (Stich-wort: technische Handlungskompetenz). *(S. 271)*

Wenn man sich von der Semantik des Wortes *„Planspiel"* diesem Typ nähert, so ge-rät man schnell in ähnliche Definitionsschwierigkeiten wie bei fast allen Spielfor-men. Dabei scheint das Wort *„planen"* sich ganz besonders auf das Phänomen der *Simulation* zu beziehen. So wird das *Planspiel* häufig gegenüber dem *Konfliktrol-lenspiel* als die komplexere Variante angesehen. Nach *B. Kochan* (In: *Stocker, K., 1976*) bezieht es sich auf Konflikte zwischen Gruppen und Institutionen. Anderer-seits hat dieses Verfahren manches gemeinsam mit dem *projektorientierten* Vorge-hen, so daß aus dem So-Tun-als-Ob sehr leicht ein Ausgreifen in die Lebensrealität möglich wird.

Dies wird deutlich, wenn man die Themen liest, die *Jürgen Fritz* vorschlägt: *„Ein Schüler soll aus der Schule entfernt werden"; „ein Lehrer wird vom Dienst suspen-diert"; „Rauchen in der Schule"; „Probleme in einem Jugendzentrum"; „eine Wohnsiedlung soll abgerissen werden"; „Rechte von Lehrlingen werden verletzt" (S. 222)*.

Aus dem Thema *„Rauchen in der Schule"* und seiner Konfliktstruktur ergeben sich die verschiedenen am *Planspiel* beteiligten Parteien und Interessengruppen, z. B. Schülermitverwaltung, Schulleitung, Elternbeirat, Lehrerkollegium, Schülerinita-tivgruppe *Raucherecke*.

Da sich das *Planspiel* nicht nur auf Selbsterfahrenes, sondern auf eine *gesellschaft-lich-institutionelle Wirklichkeit* bezieht, ist es notwendig, Informationen verschie-denster Art (bis hin zur Einladung oder Befragung von Experten) einzuholen und von den einzelnen Gruppen muß entschieden werden, in welcher Form diese dem Plenum zugänglich gemacht werden. Es wird im Gesamtrahmen überdeutlich, daß der *Begriff der Simulation* problematisch ist (wie übrigens auch im Zusammenhang mit dem *sprachdidaktischen Rollenspiel*). Planen lassen sich sicherlich die einzelnen Schritte des Vorgehens, aber es wäre absurd, die Realität auszusperren, wenn sie „mühelos" integriert bzw. hereingeholt werden kann. Allerdings existiert in unserer Zeit selbstverständlich das *absolute Simulationsspiel*, nämlich das vor dem *Computer*. So hat der Psychologe *Dietrich Dörner* Szenarien im Computer entwikkelt, die das Leben in einer mittleren Stadt (Lohhausen) oder in einem unterentwickelten Land (Tanaland) in Afrika simulieren.

„Tanaland existiert nicht wirklich. Wir haben das Land erfunden, es existiert im Computer, der die Landesnatur sowie Populationen von Menschen und Tieren und ihre Zusammenhänge 'simuliert'. Wir gaben 12 Versuchspersonen die Aufgabe, für das Wohlergehen der in Tanaland lebenden Bewohner und für das Wohlergehen der gesamten Region zu sorgen. Den Versuchspersonen gaben wir diktatorische Vollmachten: Sie konnten alle möglichen Eingriffe machen, die relativ widerspruchslos durchgeführt wurden. Sie konnten Jagdmaßnahmen anordnen, die Düngung der Felder und Obstplantagen verbessern, sie konnten Bewässerungssysteme anlegen, Staudämme bauen, sie konnten die ganze Region elektrifizieren und durch den Ankauf von Traktoren mechanisieren, sie konnten Maßnahmen zur Geburtenkontrolle einführen, die medizinische Versorgung verbessern und vieles andere mehr. Insgesamt hatten die Versuchspersonen sechsmal die Gelegenheit, zu von ihnen freigewählten Zeitpunkten Informationen zu sammeln, Maßnahmen zu planen und Entscheidungen zu treffen." *(Dörner, D., 1989, S. 22/23).*

Bürgermeister und Entwicklungshelfer können also agieren, bekommen aber die Folgen ihres Tuns vorgeführt. Die meisten Menschen, so *Dörner*, kommen mit der *Komplexität, der Vernetzung des Denkens*, die notwendig wäre, nicht klar, reagieren panikartig, falsch, mit katastrophalen Folgen. Und unsere Politiker sind eben, nach *Dörner*, meist nicht oder noch nicht in der Lage, höchst komplexe Situationen zu überblicken und alle Nebenwirkungen zu kalkulieren.

„Wenn man schwer lösbare Probleme einfach fallen läßt oder sie durch 'Delegation' scheinbar löst; wenn man sich allzu bereitwillig durch neue Informationen von dem gerade behandelten Problem ablenken läßt; wenn man die Probleme löst, die man lösen kann, statt diejenigen, die man lösen soll; wenn man die Reflexion eigenen Verhaltens und damit die Konfrontation mit der eigenen Unzulänglichkeit scheut, so liegt es nahe, den gemeinsamen Nenner für all diese Verhaltens- und Denkformen in der Tendenz zu suchen, der eigenen Ohnmacht und Hilflosigkeit in einer schwierigen Situation nicht ansichtig zu werden, sich in Bestimmtheit und Sicherheit zu flüchten." *(S. 46)*

Das *Computersimulationsspiel* wird für die schulische Arbeit, jedenfalls zum augenblicklichen Zeitpunkt, weniger bedeutsam sein.

Das *Planspiel* ist in den 70er Jahren (gleichzeitig mit dem Konfliktrollenspiel) aus den USA in den Unterricht eingedrungen. Vor allem in den Fächern Geographie, Geschichte, Wirtschaftslehre, Sozialkunde (und Politik) und Umwelterziehung wurde es propagiert, und zahlreiche Publikationen und Erfahrungsberichte zeugen von der Aktivität in diesem Bereich. Allerdings existieren bei weitem nicht so viele systematisch dokumentierte Versuche in der Bundesrepublik Deutschland wie in den USA.

Im folgenden Beispiel aus einer Tageszeitung wird deutlich, wie Geschichte im *Planspiel* lebendig werden kann; aber auch die Nähe zum Projekt ist gegeben. Und ist das Tun der Schüler Simulation oder Realität? Das Feuer müssen sie tatsächlich aus dem Stein schlagen.

---

**LEBEN IN DER STEINZEIT NACHERLEBT**

Aus Holz und Laub Hütten bauen, Felswände mit urzeitlichen Tieren bemalen oder im Steinbruch Werkzeuge wie Axt und Messer zu fertigen, welchen Schüler gefiele diese Art von Unterricht nicht besser als die bloße Theorie im Klassenzimmer?

Geschichte sollte, so die Zielvorgabe, mit Kopf, Herz und Hand nacherlebt werden. Das ließen sich die Schützlinge nicht zweimal sagen, und so störten sie sich auch nicht daran, daß der Unterricht in steinzeitlicher Umgebung mehrmals von Regenschauern begleitet wurde. So konnten die Schüler mit allen Sinnen nacherleben, wie die Steinzeitmenschen Werkzeuge und Waffen herstellten, mühselig Feuer machten und vieles mehr.

*(Fränkischer Tag, 16.7.1992, leicht gekürzt, Bericht der Giechburgschule Scheßlitz)*

---

Bei *Planspielen* in anderen Fächern werden sich Arbeitsweisen ergeben, die spezifisch zum Deutschunterricht gehören: *Erstellung von Interviews (Befragungen, statistische Auswertung), Sichten von Literatur und Materialien, Entwerfen und Schreiben von Briefen (zur Information, mit Bitten u. a.), von Flugblättern;* auch der Bereich der *mündlichen Kommunikation* wird ganz besonders gefördert. In der Klasse werden *Kurzreferate, Statements, Plenums- und Podiumsdiskussionen* notwendig (dazu Verfassen von Protokollen).

*Ingo Scheller* und *Rolf Schumacher* schlagen in ihrem Buch „*Das szenische Spiel als Lernform in der Hauptschule*" *(1987)* Themen vor, wie z. B.:

– *Geschlechtsspezifisches Verhalten;*

– *Jugendcliquen;*

– *Wohnen, Leben, Arbeiten im historischen Vergleich;*

– *Behinderte;*

– *Lebensbedingungen von Indios in Mittelamerika.*

Wenn man die Spielvorschläge betrachtet, kann festgestellt werden, daß deren Komplexität durchaus planspielartigen Charakter hat. Gleichzeitig können solche umfangreicheren Vorhaben über mehrere Stunden (Sequenzen) dem Projektgedanken zugeordnet werden.

Beispiele:

---

*Thema*: Lebensbedingungen von Indios auf dem Land
*Spielform*: Einfühlung, Standbilder, Konfrontationsspiel
*Zeit*: Doppelstunde
*Ziele*:

Die Schüler sollen die Lebensbedingungen von Indios in Mittelamerika kennenlernen. Dabei sollen sie

– sich in Rollen von Indios einfühlen und diese spielen
– sich in 'Familien' Hütten bauen und diese einrichten
– Abhängigkeitsverhältnisse erfahren, diskutieren und praktisch einschätzen
– ihre Informationsdefizite über Mittelamerika erkennen und formulieren.

*Materialien / Requisiten*: Text:»Die Lebensbedingungen der Landbevölkerung in Mittelamerika«, Dias, (In der vorherigen Stunde wurden die Schüler aufgefordert, einen Teil der Requisiten mitzubringen.) 1 Holz- oder Tonplatte, Metallteller und -becher, einige Krüge, 3 Latten, Papierrollen, 1 Tonne Spielzeug (Puppen, Autos usw.), alte zerlumpte Kleidungsstücke jeglicher Art.

---

*Thema*: Arbeit in den Bergen und Arbeitssuche auf der Plantage
*Spielform*: Mitspiel, Konfrontationsspiel
*Zeit*: Doppelstunde
*Ziele*:

Die Schüler sollen im Spiel erfahren, was und wie die Indios in den Bergen arbeiten und mit welchen Schwierigkeiten sie zu tun haben, wenn sie Arbeit auf den Plantagen suchen. Dabei sollen sie

– in ihren Familien die Arbeit verteilen und überlegen, warum die Männer zur Saisonarbeit auf die Plantagen müssen
– die Arbeit auf den Feldern und das Waschen am Fluß ausüben
– auf der Plantage nach Arbeit suchen und erkennen, daß sie dabei der Willkür der Verwalter ausgesetzt sind.

*Materialien / Requisiten*: Indio-Kleidung, Tesakrepp, blaue Mülltüten, Stöcke, Wäsche, Eimer, Schild »Arbeitskräfte für Ernte gesucht«, Hut, Ledergürtel.

---

*Thema*: Umleitung des Wassers
*Spielform*: Pantomime, Konfrontationsspiel, Rollengespräch
*Zeit*: Doppelstunde
*Ziele*:

Die Schüler sollen die existentielle Bedrohung der Indios – in diesem Fall die Wasserknappheit – als ökonomisch und politisch begründet begreifen. Dabei sollen sie

– pantomimisch den Graben stauen
– ihr Vorgehen in der Konfrontation mit dem Aufseher begründen
– erfahren, daß ihre Lage so gut wie aussichtslos ist
– nach Auswegen aus der Situation suchen.

*Materialien / Requisiten*: verschiedene alte Kleidungsstücke (Indio-Kleidung), blaue Müllsäcke, Stöcke (Hacken), ein brauner, großer Hut mit Kinnriemen, Stiefel, eine Lederpeitsche.

---

*(Scheller, J. 1987, S. 93 ff.)*

Zu den Elementen des Planspiels zählen ebenfalls Rollenspiele zwischen Gruppen und in Gruppen: *„Bedingt durch die Ausgangslage müssen die Spieler Rollen übernehmen, sie durch ihre Person ausfüllen, sich mit ihnen identifizieren, sich in Beziehung zu anderen Rollen setzen. Das Planspiel ist damit auch eine Methode zur Rollenerforschung."* (Fritz, 1981, S. 223)

Unter diesen Aspekten ist natürlich jedes *Planspiel* gleichzeitig Deutschunterricht. Selbstverständlich können auch *Planspiele*, die enger an diesem Fach orientiert sind, durchgeführt werden, z. B.:

- *Eine neue Zeitung / Zeitschrift / Illustrierte wird gegründet.*
- *Ein Experimentiertheater soll in der Schule entwickelt werden.*
- *Mitschüler sollen Leser werden.*
- *Eine Schülerzeitung wird gegründet.*

Wenn wir das zuletzt genannte Beispiel heranziehen und versuchen, die einzelnen Planungsschritte festzuhalten, sieht dies etwa folgendermaßen aus:

- *Auskünfte bei der Schulleitung einholen, wie die Genehmigung erteilt wird.*
- *Wie wird eine solche Zeitung finanziert? Welchen Anteil soll die Werbung einnehmen?*
- *Wie soll das Profil der Zeitung aussehen?*
- *Wer soll mitarbeiten? Mit welchen Methoden kann man über den Redaktionsstab hinaus Schüler beteiligen?*
- *Befragung der Schüler, wie sie sich eine Schülerzeitung vorstellen.*
- *Erstellen einer Probenummer.*

Als wir in einer 8. Klasse dieses *Planspiel* erarbeiteten, ergab sich wie selbstverständlich der Wunsch, eine solche Zeitung – zumindest den Prototyp – herzustellen. Der Schule wird häufig vorgeworfen, unfähig zu sein, *„zwischen Unterricht und Leben"* zu vermitteln, *„da sie immer weniger Gelegenheit und Anreiz für verantwortungsvolle, produktive Tätigkeit bietet. Eine Möglichkeit, diesem Wirklichkeitsverlust abzuhelfen, wird in dem Einsatz von Unterrichtsspielen gesehen, in denen die gesellschaftliche Umwelt simuliert wird."* (Bonk-Luetkens, S. 271) Das *Planspiel* als Vorbereitung auf den *„Ernstfall"* habe eine lange militärische Tradition und könne sich daher auch für den *„Ernstfall Leben"* eignen. Doch wie bereits ausgeführt, wird im schulischen Alltag häufig der Wunsch auftauchen, aus dem reinen Simulationsspiel in den *„Ernstfall"* überzugehen.

## 3.4 Selbsterfahrungs- und Interaktionsspiele

Diese Spielformen haben ähnlich dem Rollenspiel in den 70er Jahren Verbreitung gefunden und sind meist nur von jenen Lehrern im Unterricht verwendet worden, die sie in der Aus- oder Fortbildung (selten genug) kennengelernt haben. Die *Encounter-(Selbsterfahrungs-)Bewegung* hat viel zur Popularität der Spielformen beigetragen. Es stellt sich jedoch die Frage, ob man hierbei noch vom Spiel sprechen kann. Überlegungen zu diesem Thema findet man bei *Gudjons (1977, in der 1. Auflage)*; er beruft sich auf *Portele G.*, dessen *„Überlegungen zur Verwendung von Spielen" (In: GD, H 3, 1975, S. 205–214)* in sechs Dimensionen angeführt werden, die ich hier zusammenfassend zitieren möchte:

1. Spiele helfen zur intrinsischen Motivation, indem sie als Tätigkeiten selbst positiven Aufforderungscharakter haben.

2. Spiele unterstützen die Fähigkeit zur „Steuerung", d. h. sie setzen (innerhalb bestimmter Regeln) die Selbststeuerung des Verhaltens und das Entscheiden frei, sie fördern damit auch die Bereitschaft, nicht im alten Trott zu verharren, sondern sich auf Neues, Unbekanntes einzulassen.

3. Regelhaftigkeit: Eigens konstruierte „Spielregeln" können zwar als Sonderfälle die Wirklichkeit verzerren, aber sie ermöglichen auch das experimentierende „Aus-der-Rolle-Fallen" und damit gerade als Kontrastregeln zum Alltag wesentliche neue Erfahrungen.

4. Der „Als-Ob" -Charakter des Spiels ermöglicht eine reflektierende Trennung von Ich und Rolle, die Spielhandlung kann als „Sache" betrachtet werden und führt zum Abbau der Angst vor „ernsten" Konsequenzen.

5. Konkrete Aktion belebt die Selbsttätigkeit. Das Lernmaterial, das selbst produziert und gestaltet wird, ist die eigene Erfahrung, das eigene Erleben; nicht das Belehren steht im Mittelpunkt, nicht das Abstrakte vermittelt den Zugang zur Wirklichkeit, sondern die direkte Erfahrung.

6. Aktives Interagieren macht den Reiz vieler Spiele aus. Man rezipiert nicht passiv irgendeine Information, sondern setzt sich mit anderen auseinander und entwickelt damit zugleich Kohäsion. *(S. 28)*

Nach *Gudjons (1987)* haben Interaktionsspiele *„in der Regel keinen Gewinner und keinen Verlierer, sie haben Nicht-Nullsummen-Charakter, alle Teilnehmer können Erfahrungen machen. Sie führen auch dazu, daß mehr miteinander und voneinander gelernt wird, weil die Lernherausforderung sich aus der Interaktionssituation selbst heraus ergibt und zwischen aktiven und eher passiven Teilnehmern ein Ausgleich stattfinden kann im gemeinsamen Spiel." (S. 28/29)*

Die Schwierigkeit, das Spiel zu definieren, liegt im Begriff selbst, so daß sich in diesem Verwendungszusammenhang eine gewisse Unschärfe feststellen läßt. Wir finden nämlich als Bezeichnungen ebenfalls *Verfahren, Übung, Experiment und Technik.* Dennoch sind die obengenannten Kriterien entscheidend für den Spielcharakter derartiger Aktionsformen.

Grundsätzlich kann man festhalten, daß die meisten *Spielformen als interaktionistisch* zu bezeichnen sind, da sich zwischen den Akteuren (und zum Teil auch in bezug auf Zuhörer und Zuschauer) gruppendynamische Prozesse ereignen. Die interaktionistischen Spiele im engeren Sinne thematisieren explizit *Kommunikation* und machen Interaktion sinnlich, konkret erfahrbar. Dennoch ist der Begriff nicht sehr glücklich gewählt.

Die Schulklasse ist ebenfalls ein *Interaktionssystem*. Schulische Interaktionsprozesse unterliegen *„trotz aller spezifischen Bedingungen der Schule als einer Institution mit Eigencharakter (Pflichtteilnahme, Stofforientierung, Leistungskontrolle, andere Rolle des Lehrers als des Trainers, Determination durch Bürokratie und Außenbedingungen, Zeitdruck, schulische Rituale, große Gruppen / Klassen, u. U. ungünstige räumliche und materielle Bedingungen u. a. m.) doch auch den generellen Regelmäßigkeiten und Bedingungen von Interaktionsprozessen."* (S. 27) Der Lehrer könne sich nun nach *Gudjons* so verhalten, daß er Interaktionsprozesse einer naturwüchsigen latenten Entwicklung überlasse, ohne sich näher um sie zu kümmern. Er könne sie zum andern aber auch als ein zielorientiertes Lernfeld für seine Schüler und für sich begreifen. Tue er letzteres habe er zwei Möglichkeiten: *„Entweder er versucht die Interaktionsprozesse so zu beeinflussen und zu steuern, daß sie seinen auf Stoffvermittlung gerichteten Interessen funktional entgegenkommen, oder er gesteht ihnen als Lernfeld ein (gewisses) Eigenrecht zu und nutzt die Chance, sie zu einem Unterrichts- und Erfahrungsgegenstand für emotionales und soziales Lernen zu machen."* (Gudjons, S. 27)

Da *„Kommunikation als Prinzip"* des Deutschunterrichts begriffen wird und entsprechende Forderungen in den Curricula aller Bundesländer verankert sind, muß vom Lehrer auch eine umfassende Kompetenz erwartet werden.

*TZI* (= themenzentrierte Interaktion) nach *Ruth Cohn*, Gestaltpädagogik (Fritz Perls) und differenziertes Systemwissen von Kommunikationsmodellen (wie die Axiome von Watzlawick oder die Transaktionsanalyse von Eric Berne) können den Rahmen für einen solchen Unterricht bilden. Jürgen Fritz (1975, S. 114ff.) hat deutlich gemacht, wie interaktionspädagogische Prinzipien durchaus im Unterricht eine gewisse Funktion haben können: Das Prinzip des Hier und Jetzt (Gestaltpädagogik) als Ausgangspunkt für wirkliche Probleme und Erlebnisse des Schülers, Feedback in vorsichtiger und helfender Form, unfreezing erstarrter und routinierter Beziehungsformen, offene Kommunikation zu einer Atmosphäre des Vertrauens und des gegenseitigen Akzeptierens, Respektieren der Gefühle anderer, Selbstbestimmung und Demokratisierung von Lern-und Arbeitsprozessen, ansatzweise Reflexion von Ursachen und Bedingungen von Interaktionsprozessen.*

Bevor ich theoretisch weiter aushole, möchte ich des besseren Verständnisses wegen zunächst von konkreten Erfahrungen berichten, die gleichzeitig als Anregungen zu verstehen sind, selbst solche Formen zu probieren.

## Interaktionistische Spielformen – konkret

Seit 1976 habe ich regelmäßig in der Lehrerfort-und -weiterbildung mit Studenten und Schülern im Praktikum gearbeitet. Man kann dabei unterschiedlich vorgehen, einen Übungsblock von mehreren Tagen (wie häufig in der Lehrerfortbildung) ansetzen oder das Programm in den alltäglichen Stundenablauf bzw. in den üblichen Deutschunterricht einpassen. Der Vorteil eines kompakten Blockes liegt darin, daß der Lernfortschritt kontinuierlicher gestaltet werden kann. Ich habe meist zwei Tage (Freitagabend bis Sonntagmittag) als Minimum geplant, ideal allerdings sind vier Tage (von Montagnachmittag bis Freitagmittag), so daß zur Entfaltung der Gruppenatmosphäre mehr Zeit vorhanden ist. Ich habe mit Schülern der Kollegstufe (und auch mit Studenten), die es als sehr angenehm empfanden, aus der Schul- bzw. Universitätsroutine herausgenommen worden zu sein, solche Wochenenden durchgeführt.

Für die Verwendung im Schulalltag kann man anführen, daß es wichtig ist, hier etwas zu bewegen, die „Tauglichkeit" für den normalen Deutschunterricht nachzuweisen.

Damit sich der Leser – und vielleicht auch derjenige, der die Interaktionsspiele ausprobieren möchte – unter den Übungen, Spielen und Experimenten etwas vorstellen kann, werde ich sie erläutern und beschreiben, ähnlich, wie ich es auch bei der praktischen Arbeit in den Gruppen tue. Die folgenden Übungen habe ich als Teilnehmer solcher Veranstaltungen (siehe auch weiter unten das Odenwald-Institut und die Akademie Remscheid) kennengelernt und darüber hinaus in entsprechenden Veröffentlichungen entdeckt. Jeder Lehrer und Trainer wird die Erfahrung machen, daß er sich voll mit jedem Spiel / jeder Übung identifizieren muß, um es/sie überzeugend vermitteln zu können; jedes Spiel / jede Übung entfaltet in jeder Gruppe eine spezifische Dynamik. Häufig sind Gruppen auch in der Lage, Spiele zu variieren oder neue zu erfinden.

Die folgende Auswahl der Spiele / Übungen habe ich mit Schülern, Studenten und Lehrern durchgeführt; sie sind zum Teil von mir selbst und den Gruppen entwickelt worden und häufig der Grundidee nach folgenden Publikationen entnommen:

*Brüggebors, G., 1989; Fluegelmann, A. / Tembeck, I., 1980; Fluegelmann, A., 1982; Fritz, J.,1981; Gudjons, H., 1987; LeFevre, D., 1985; Orlick, T., 1982/1985, 2. Bde; Schwäbisch, L. / Siems, M., 1989; Wormser, R., 1976; Vopel, K. W., 1980 und 1981; Zalfen, W., 1988. Weitere Literatur zu Interaktionsspielen siehe das Literaturverzeichnis!*

In diesem Zusammenhang möchte ich auf das mir persönlich bekannte *Odenwald-Institut für personale Pädagogik* (69483 Waldmichelbach, Trommstr. 25) hinweisen, das für diese Themenbereiche vielfältige Angebote macht. Die *Akademie Remscheid* (42857 Remscheid, Küppelstein 34) ist besonders wegen ihrer spielpädagogischen Veranstaltungen (Musik, Tanz, Rhythmik, Jugendarbeit, soziales Lernen u. a.) zu erwähnen. Daneben gibt es unterschiedliche regionale Möglichkeiten auf Universitätsebene (z. B. Zusatzstudiengang: Spiel- und Theaterarbeit der katholischen Universität Eichstätt), der Lehrerfort- und -weiterbildung und von *Institutionen der Humanistischen Psychologie*

(z. B. die*Themenzentrierte Interaktion* → WILL; Werkstatt / Institut für lebendiges Lernen; Zentralsekretariat, Zinnhagweg 8, CH-4144 Arlesheim, Schweiz; Deutsche Gesellschaft für Transaktionsanalyse, Sommerbergweg7, 84508 Burgkirchen/Alz).

Die folgende Einteilung in Wochentage soll nur zeitliches Raster sein, das die Dynamik des Vorgehens mit einbezieht; ruhigere Übungen wechseln mit etwas bewegteren, oder nonverbale mit verbalen. Allmählich wird auch der Schwierigkeitsgrad (der verschieden ist, je nach Zusammensetzung der Gruppe) gesteigert, allerdings immer wieder von Warming-up-Übungen unterbrochen. Das zeitliche Raster kann auch durch Schulstunden, Abende an verschiedenen Wochentagen oder ein Wochenende ersetzt werden.

*Montag*

**– Mein rechter Stuhl ist leer ...**

*„Mein rechter Stuhl ist leer, da wünsch' ich mir den Stephan her!" Es muß also ein Stuhl mehr im Kreis aufgestellt sein, als Personen teilnehmen. Man soll sich damit die Namen der Mitspielenden einprägen. Variante: Die Teilnehmer sitzen im Kreis, alle Stühle sind besetzt. Einer steht in der Mitte und wirft jemandem eine Ball zu. Dieser muß sagen: „Mein rechter / linker Nachbar heißt ......." Nach einer gewissen Zeit wird der Ball in die Luft geworfen, und alle müssen ihren Platz wechseln, so daß die Namen vermischt werden. Einer bleibt übrig, der von der Mitte aus wieder den Ball wirft. Wer die Namen nicht kennt, der muß statt dessen in die Mitte.*

**– Hoppla, hier komm ich ... (sich pantomimisch vorstellen)**

*Die Gruppe stellt sich im Kreis auf (bei größeren Gruppen bitte teilen!), und Aufgabe ist es, sich selbst pantomimisch vorzustellen und dabei dreimal den eigenen Vornamen zu rufen. Die Gruppe ahmt danach diese Pantomime nach und spricht dabei ebenfalls diesen Namen dreimal. Je nach Temperament werden ganz kurze Darstellungen bis hin zu pantomimischen Geschichten gewählt. Und die Art und Weise, wie sich jemand präsentiert, sagt sehr viel über die Person aus.*

**– Gordischer Knoten**

*Alle stellen sich im Kreis auf und fassen sich an den Händen. Dann beginnt der Leiter in die Gruppe „hineinzugehen", sich zu drehen, die anderen mitzubewegen, bis sozusagen „nichts mehr geht". Abschließend bewegen sich alle wieder zurück in den Ausgangskreis. Wichtig ist es dabei, vor allem in Schulklassen, zu betonen, daß es sich bei dieser Übung um keine sportliche Betätigung handele. Denn immer wieder haben wir bei solchen und ähnlichen Spielen erlebt, wie brutal agiert wurde. Es soll ja meist auch die Kooperationsfähigkeit entwickelt werden. Gleichzeitig wird ein spielerischer Körperkontakt hergestellt und die Atmosphäre aufgelockert. So erlebte ich schon häufig auf Lehrerfortbildungsveranstaltungen nach den ersten Spielen eine außerordentlich veränderte Stimmungslage, Mißtrauen und Konkurrenzdenken werden so schon im Ansatz etwas relativiert.*

**– Blinde Schlange (nur der Kopf sieht)**

*Die Teilnehmer stellen sich hintereinander auf und legen die Hände auf die Schultern der Vorderleute. Alle schließen die Augen, und der Erste in der Reihe ist der einzige Sehende (meist der Leiter / Lehrer) und beginnt langsam zu gehen. Wichtig ist, daß absolute Ruhe herrscht, damit sich jeder auf das Geschehen konzentrieren kann. Der sehende „Kopf" hat die Verantwortung, daß das Tempo nicht zu groß wird; denn die Zentrifugalkräfte werden zum „Schwanzende" hin immer größer. Eher ist anzuraten, langsame Bewegungen zu initiieren, damit niemand den Kontakt zu seinem Vordermann bzw. seiner -frau verliert. Zusätzliche Hindernisse einzubauen, ist eigentlich nicht notwendig. Der Vordere hat jeweils die Verantwortung für den unmittelbar hinter ihm Gehenden, sollte ihm u. U. auch einmal ein nonverbales Zeichen geben, z. B. Verstärkung des Händedrucks signalisiert „Du gehst zu schnell". Sinn der Übung ist auf der einen Seite die blinde Wahrnehmung der Umgebung und auf der anderen Seite die Kooperationsbereitschaft. Wir haben festgestellt, daß diese einfache Übung besonders Klassen schwerfällt, die im übrigen Unterricht auch kaum aufeinander Rücksicht nehmen.*

**– Partnerinterview (mit Gegenseitigem-sich-Vorstellen)**

*In der Anfangsphase ist diese Übung sehr wichtig. Nach dem Zufallsprinzip sollen sich jeweils zwei Partner zu einem Gespräch zusammenfinden. Jeweils 5-10 Minuten darf jeder dem anderen Fragen stellen über seine Person, die Lebensumstände, Hobbys, Einstellungen, Haltungen, und was jedem sonst noch wis-*

senswert erscheint. *Danach begibt man sich wieder in den Großkreis, und der jeweilige Partner berichtet den anderen, was er von dem Interview behalten hat. Dies ist eine gute Übung, um zuhören zu lernen. Selbstverständlich sollten sich die Paare noch nicht so gut kennen. In der Klasse können auch andere Gesprächsthemen vereinbart werden. Aber selbst da, wo die Schüler glaubten, schon recht gut Bescheid zu wissen, waren die Teilnehmer meist doch sehr überrascht, daß sie oft nur einen sehr oberflächlichen Eindruck von ihrem Partner gehabt hatten.*

**– Blind einen Kreis bilden**

*Man verteilt sich im Raum, geht mit geschlossenen Augen etwa eine Minute lang umher und konzentriert sich. Ohne daß ein bestimmtes Zeichen gegeben wird, versucht die Gruppe, ohne zu sprechen, einen einzigen Kreis zu bilden. Wenn die Geräusche der Suchbewegung aufhören und Stille eingetreten ist, werden die Augen geöffnet. Ich habe noch nie erlebt, daß eine Gruppe zwei Kreise gebildet hätte. Auch zu dieser Übung ist Kooperationsbereitschaft notwendig, und die Teilnehmer waren meist stolz, daß sie es geschafft hatten.*

**– Sich spiegeln (ohne Berührung; mit Berührung, geschlossenen Augen und Musik)**

*Die Teilnehmer bilden Paare und suchen sich einen Ort im Raum, an dem sie genügend Platz haben. Die Spielpartner stehen sich im Abstand von etwa einem Meter gegenüber und schauen sich in die Augen. Der eine Partner beginnt die Übung, indem er anfängt, sich langsam zu bewegen, vor allem seine Hände und Arme. Der andere versucht, spiegelbildlich die Bewegungen mitzumachen. Es ist wichtig, daß sich die Partner in die Augen schauen, denn nur so ist der Bewegungsablauf nachvollziehbar. Sobald man auf eine andere Körperstelle blickt, geht die Harmonie verloren. Nach einer gewissen Zeit wird gewechselt. Ziel der Übung ist es, die Bewegungen des anderen wahrzunehmen und mit dem eigenen Körper auszudrücken. Je harmonischer und intensiver die Übung ausgeführt wird, desto undeutlicher werden die Rollen des Führenden und des Spiegelbildes. Außerdem ist es wichtig, daß die Bewegungen wirklich langsam ausgeführt werden, denn sonst kann man als Spiegelbild nicht mehr folgen.*

*Variante: Die Bewegungen werden zu Klängen von einer geeigneten Musik, die nicht zu schnell, mit etwas Tempowechsel, durchsetzt sein sollte, durchgeführt. Die Fingerspitzen bzw. die Handflächen berühren sich dabei leicht, die Augen sind geschlossen. Jedes Paar versucht, sich möglichst harmonisch in den Rhythmus der Musik mit den eigenen Bewegungen einzufühlen und diesem sich anzupassen. Diese Variante wird von den Jugendlichen meist als sehr angenehm empfunden.*

**– Jurtenkreis**

*Der Titel der Übung ist nach einem Zelttyp der Beduinen benannt. Die Teilnehmer stellen sich im Kreis auf, fassen sich an den Händen, und jeder zweite* tritt einen Schritt vor, so daß sich ein Zickzackmuster ergibt. Der innere Kreis neigt sich langsam nach vorne und der äußere im gleichen Tempo nach hinten, so daß sich die Zugkräfte die Waage halten. Die Arme, die diese Zugkräfte aushalten müssen, sollten relativ eng am Körper gehalten werden, da sonst die Hebelwirkung ungünstig wird. Die Gruppe verharrt einige Zeit in dieser Stellung. Dann erfolgt ein Wechsel der Positionen. Auch diese Übung fördert die Kooperationsbereitschaft, da ohne gemeinsame Anstrengung das Gleichgewicht nicht herzustellen ist. Man muß darauf achten, daß nicht gerade der leichteste und der schwerste Teilnehmer zusammenkommen.

## – Schlußmeditation im Kreis (Musik)

Gerade auf die Schlußmeditation am Ende eines Tages oder Abschnitts lege ich großen Wert. Alle stellen sich im Kreis auf, haken sich unter und lassen den Tag oder die Stunden noch einmal geistig Revue passieren. Dabei läuft leise im Hintergrund Musik.(Ich verwende hierbei immer eine Aufnahme von Marc Knopfler, die damit einen Wiedererkennungseffekt und Identifikationsmomente für die Gruppe erzeugen soll.)

Dienstag

## – Autowaschanlage

Hierbei handelt es sich um ein Warming-up-Spiel, das aber auch andere Aspekte mit einschließt (stammt aus den New Games). Die Gruppe teilt sich in zwei gleich große Untergruppen und kniet sich einander gegenüber auf den Boden, in der Mitte eine Gasse freilassend. Ein Teilnehmer vom Anfang der Gasse sagt, welcher Autotyp er sein möchte (vom kleinen Panda bis zum dicken Mercedes) und kriecht dann entsprechend seinem Typ schneller oder langsamer durch die Gasse, die eine Autowaschstraße symbolisiert. Je nach Auto wird der Kriechende von den anderen entsprechend „gewaschen". Die Wahl des Autotyps ist für jeden meist schon sehr charakteristisch.

## – Gufi-Spiel

Ein Teilnehmer ist zu Anfang der Gufi (meist mache ich diesen selbst, um das Spiel besser steuern zu können). Ziel ist es, daß am Ende alle zu Gufis geworden sind. Die Teilnehmer gehen mit geschlossenen Augen durch den Raum, und wenn sie auf einen Mitspieler stoßen, geben sie diesem die Hand und sagen „Gufi", lösen sich wieder und gehen weiter. Begegnet nun einer dem Gufi, so antwortet dieser nicht, und man weiß, daß man selbst ein Gufi geworden ist, die Augen öffnen darf und die Hand der Gufi-Schlange nimmt. Das Spiel ist dann beendet, wenn alle diese „Menschenkette" gefunden haben, wobei sich jeweils der einzelne durch die Menschenkette zu den jeweils zwei freien Händen „durchtasten" muß.

In einer Klasse erlebte ich einmal folgende Situation. Ein Mädchen war als Blinde allein übrig geblieben und stand vor der Menschenkette, die sich nicht mehr bewegte und ganz still geworden war. Es wagte nicht, sich zu den beiden freien

*Händen vorzutasten. Sie löste das Problem, indem sie mit ihren Füßen gegen die Füße ihrer Mitschüler stieß und sich so auf diese Weise orientierte.*

– **Allein in einer großen Stadt: sich aus dem Weg gehen – sich begrüßen – sich erkennen**

*Die Übung verläuft nonverbal und gliedert sich in drei Teile. Es wird nach Möglichkeit etwas abgedunkelt, und die Teilnehmer erkunden den Raum mit geschlossenen Augen.*

*1. Teil: Man sollte sich bemühen, den Menschen möglichst aus dem Weg zu gehen, d. h. wenn ich auf jemand stoße, mich sofort von diesen abzuwenden. Auf ein Zeichen des Leiters folgt der*

*2. Teil: Nun sollte man die Teilnehmer, die man trifft, nonverbal begrüßen (z. B. durch Händeschütteln).*

*3. Teil: In dieser Phase sollte man durch Ertasten denjenigen zu erkennen versuchen, dem man begegnet, und ihm seinen Namen ins Ohr flüstern.*

*Bei dieser Übung kann der eigene Körper wahrgenommen werden. Bei Teil 1 macht man sich meistens sehr klein, bewegt sich sehr vorsichtig und bedächtig und meidet Geräuschkulissen. Bei Teil 2 wird man wieder größer, bewegt sich schneller und freier, geht auf die Geräusche zu. Bei Teil 3 zeigt sich dann, wie bewußt man die Körpermerkmale der anderen Teilnehmer wahrgenommen hat. Es ist also eine Art Spannung dabei, ob ich meine Gegenüber erkenne und ob ich erkannt werde. Sicherlich sind auch gruppendynamische Effekte beobachtbar, wenn man wünscht, jemanden Bestimmten zu begegnen.*

– **Zufrieden bin ich mit meinen folgenden Eigenschaften ...**

*Diese verbale Übung fällt vielen nicht leicht, da wir in der Regel gewohnt sind, unser Augenmerk auf unsere negativen Eigenschaften zu legen. Viele flüchten sich in Humor oder Ironie. Man sollte sich hier in Kleingruppen begeben.*

– **Rollenspiel**

*Ich habe in diesem Zusammenhang auch immer ein Konfliktrollenspiel geübt. Wichtig ist dabei, Konfliktbereiche zu wählen, mit denen sich die Teilnehmer identifizieren können. Ich gehe hier nicht näher darauf ein, siehe S. 69 ff.*

– **Kontrollierter Dialog, partnerzentriertes Gespräch**

*Oft wird im Rollenspiel festgestellt, daß viele Schwierigkeiten in der Beziehung darin liegen, daß man sich als unfähig erweist, optimal miteinander zu kommunizieren. Da kann das partnerzentrierte Gespräch hilfreich sein, das übernommen wurde aus der Gesprächspsychotherapie nach Carl Rogers.*

So soll der Therapeut dem Klienten gegenüber im Gespräch folgende Eigenschaften zeigen:

– *Positive Wertschätzung und emotionale Wärme;*
– *einfühlendes Verständnis und*
– *Echtheit.*

*Schwäbisch / Siems (1974)* haben die Grundsätze des *partnerzentrierten Gesprächs nach der Gesprächspsychotherapie* in ihr Konzept aufgenommen:

*Stufe I: – Das verständnisvolle Zuhören*

*Stufe II: – Das Paraphrasieren*

Dies bedeutet, daß die Aussage des Partners mit eigenen Worten wiederholt und dabei im Detail variiert wird. Dieses Feedback ermöglicht eine Präzisierung und ein genaueres Erfassen des Problems bzw. Konflikts.

*Stufe III: – Das Verbalisieren emotionaler Erlebnisinhalte*
*„Anders als beim Paraphrasieren wiederholen wir hier nicht den ganzen Inhalt der Aussage des Gesprächspartners, sondern hauptsächlich die Gefühle, die hinter der Aussage stehen." (Schwäbisch/Siems, S. 113)*

Das wird aber nur dann geschehen, wenn das Gespräch in einer positiven Atmosphäre erfolgt, in welcher sich der Partner akzeptiert fühlt. Denn nur dann wird er auch bereit sein, die Gefühle anzuerkennen.

Grundsätzlich ist festzustellen, daß wir uns nur allzu gern und schnell aufdrängen, die eigenen Erfahrungen und Ratschläge anzuführen, und uns damit selbst in den Mittelpunkt rücken. Bei *Rogers* sind solche *„guten Ratschläge"* möglichst nicht zu erteilen, damit die Suche nach Lösungen und Alternativen eine persönlich verantwortete Angelegenheit des einzelnen bleibt.

Nach einer Demonstration mit mir selbst (als Modell) habe ich bei unserer Übung immer Dreiergruppen gebildet, so daß ein Gruppenmitglied die beiden Gesprächspartner beobachten und damit in der Reflexionsphase eine andere Perspektive darstellen könnte. Alle Beteiligten sollten die verschiedenen Gesprächspositionen einnehmen. Inhalt der Kommunikation sollte ein möglichst persönliches Problem sein.

## – Augenübung

*Die Teilnehmer bilden einen Außen- und einen Innenkreis, jeweils zwei Teilnehmer sitzen sich gegenüber. Etwa eine Minute lang betrachten die Übenden das Gesicht, die Augen ihres Partners. Nach etwa einer Minute wechselt der Außenkreis seine Position im Uhrzeigersinn um einen Teilnehmer. Wichtig ist hierbei, daß jedes Paar einen ihm gemäßen Abstand sucht. Am Ende soll jeder Teilnehmer alle Gesichter betrachtet haben, allerdings nur, wenn die Gruppe nicht zu groß ist. Unsicherheit macht sich häufig durch Lachen bemerkbar, was sehr störend sein kann. Deshalb sollte den Teilnehmern klar gemacht werden, daß es selbstverständlich ungewöhnlich ist, jemanden so lange ins Gesicht zu schauen, ohne einmal den Blick abzuwenden. Um die Atmosphäre nicht zum Kippen zu bringen, sollte einem Paar, das es ohne lautes Lachen nicht schafft, die Möglichkeit eröffnet werden, wenigstens kurzfristig den Augenkontakt zu lösen.*

## – Händeübung

*Das Händespiel kann man in derselben Organisationsform durchführen wie die oben erläuterte Augenübung, allerdings werden dazu die Augen geschlossen.*

*Ich nehme stattdessen gerne eine andere Variante:*

*Der Hälfte der Teilnehmer werden die Augen verbunden, und sie werden in eine Reihe „gesetzt". Ein Sehender wählt sich einen Partner und „spielt" etwa 2 Minuten mit dessen Händen. Während der Übung haben beide die Augen geschlossen.*

## – Riechübung

*Der olfaktorische Kanal gehört evolutionär mit zu der ursprünglichen Sinnesausstattung des Menschen. Redensarten geben vielfältige Auskunft über diese urtümlichen Zusammenhänge, z. B. „jemanden nicht riechen können"; „jemand stinkt mir", „etwas stinkt bis zum Himmel"; „sich erst einmal gegenseitig beschnuppern" usw.*

*Eine einfache Übung kann wieder sensibel machen für diese Fähigkeiten. Man teilt die Gruppe in Untergruppen bis zu höchstens 10 Personen. Einem Teilnehmer werden die Augen verbunden, und er wird auf einen Stuhl gesetzt. Ihm wird nun eine Person aus der Gruppe zugeführt, und er darf diesen in der Halsgegend beschnuppern; ein Helfer kann evtl. lange Haare zurückhalten, damit diese als Erkennungszeichen ausfallen. Danach wird die Augenbinde abgenommen, und der Kandidat darf die Gruppe „durchschnuppern", um denjenigen herauszufinden, dessen Geruch er aufgenommen hat. Es ist ganz erstaunlich, daß bisher alle diese Aufgabe zu lösen vermochten. Allerdings fordere ich meist am Tag zuvor die Gruppe auf, an diesem Tag kein auffälliges Parfum oder Deodorant zu benutzen. Die Gruppen waren des öfteren auch sehr erfinderisch in der Erschwerung der Aufgaben. So wurden die Pullover vertauscht, oder ein Kandidat aus der anderen Gruppe geholt, um zu verunsichern. Doch auch solche Irritationen wurden fast immer aufgelöst.*

## – Tanz der Sehenden mit den Blinden

*Der Hälfte der Gruppe werden die Augen verbunden, diese warten vor der Türe, bis sie von den Sehenden in den Raum geholt werden, und zu einer nicht allzu schnellen Musik werden Tanzbewegungen durchgeführt. Die Partner wechseln, man bildet Kreise in unterschiedlichen Größen. Wichtig ist, daß die „Blinden" ein sicheres Gefühl haben. Deshalb sollte alle Hektik vermieden werden. Danach wird gewechselt. Die Geführten haben meist überhaupt kein Orientierungsbewußtsein mehr. Um so mehr müssen die Sehenden nonverbal ein hohes Maß an Kooperationsbereitschaft aufbringen.*

## – Phantasiereise (nach Boal)

*Diese Form darf nicht mit der gestaltpädagogischen Phantasiereise verwechselt werden! Die Boalsche Phantasiereise ist eine reine Warming-up-Übung, die die Muskeln lockern soll. Man stellt sich vor, die ganze Gruppe wären Zugvögel und treten die Reise in den Süden an. Der Spielleiter könnte folgende Anweisungen geben: „Wir fliegen – wobei die Arme entsprechend bewegt werden und die Teilnehmer durch den Raum laufen – gegen Süden, sehen die Alpen unter uns, überqueren das Mittelmeer und landen in der Wüste Sahara.*

*Der Sand ist sehr heiß, so daß wir ganz schnell darüber trippeln. Wir fliegen weiter, und es kommt die Nacht, wir lassen uns auf einem Telefondraht nieder, gehen in die Hocke, und warten bis der Morgen kommt. Dann dehnen und recken wir uns. usw."* Man kann viele Situationen erfinden, in denen unterschiedliche Bewegungsformen notwendig sind. Am Ende kehrt man in den Raum, in dem man sich befindet, wieder zurück.

## – Einbrechen in den Kreis

*Man bildet Kleinkreise zu etwa 10 Personen, die einander ganz eng unterhaken. Einer wird ausgeschlossen, und dieser muß nun versuchen, in den Kreis hineinzukommen. Wie er das macht, bleibt dem einzelnen überlassen. Allerdings sollte man darauf hinweisen, daß es unterschiedliche Möglichkeiten des „Einbrechens" gibt, z.B die des nonverbalen Sich-Einschmeichelns. Besonders Schüler wählten oft die Methode des brutalen, gewaltsamen Eindringens. Wichtig ist hier die Reflexionsphase. Wie fühlt man sich als „Außenseiter"? Warum hat man seinen Versuch gerade bei dieser Person gestartet? Manche gruppendynamischen Aspekte lassen sich dabei beobachten.*

*Mittwoch*

## – Spirale

*Alle fassen sich an den Händen, so daß eine lange Schlange entsteht. Der erste in der Reihe zieht die anderen hinter sich her, bleibt dann stehen und rollt in einer Art Spirale die ganze Gruppe um sich auf, bis alle still stehen. Dann sucht man einen gemeinsamen Ton und wird dabei langsam lauter. Der Kopf der Spirale sucht sich nun einen Weg nach außen und zieht die Schlange hinterher.*

## – Schoßsitzen (Paar und Gruppe)

*Dies ist eine Übung aus den New Games, sie setzt eine gewisse Unbefangenheit in bezug auf Körperberührung voraus. Selbstverständlich muß man auch kooperationsbereit sein. Als Paarübung: Man steht aufrecht einander gegenüber, schiebt jeweils das rechte Bein zwischen die Beine des Partners, wobei man sich an den Hüften mit beiden Armen umfaßt, der Oberkörper sollte während der ganzen Übung möglichst aufrecht bleiben. Langsam läßt man sich auf dem jeweils rechten Bein des Partners nieder, wobei man bequem sitzen sollte. Als Gruppenübung: Die Gruppe stellt sich im Kreis auf, und zwar so, daß man hintereinander, recht eng, steht; mit den Armen umfaßt man den Vordermann. Auf ein Zeichen läßt man sich langsam auf die Beine bzw. Oberschenkel des/ der Hintermannes/-frau nieder. Nachdem es ein Kreis ist, hat jeder jemand auf dem Schoß sitzen, und gleichzeitig sitzt man auch auf einem Schoß.*

## – Sitzsoziogramm

*Man stellt so viele Stühle in einer Reihe auf, wie man Teilnehmer hat. Aufgabe der Gruppe ist dann, sich einen Platz, der nach der Selbsteinschätzung einem in der Gruppe zukommt, zu suchen. Die Hierarchie der Stühle wurde vorher festgelegt, wo ist „oben und unten"? Für mich war es sehr interessant zu beobachten, daß die Spitzenplätze, sowohl die unteren wie oberen meist unbesetzt blieben. Eher wurden noch die unteren Ränge, die mittleren dagegen meist sogar mehrfach belegt. Dieses Phänomen hängt natürlich damit zusammen, daß jeder einzelne sich wohl ungern selbst in solch exponierte Stellungen begibt. Aus dieser Erfahrung ergibt sich meist eine sehr lebhafte Diskussion über die Selbst- und Fremdeinschätzung. Diese Fremdeinschätzung kann man als Sitzsoziogramm anschließen. Selbstverständlich gibt es auch noch andere Formen: Man fordert die Teilnehmer auf, sich einen Platz im Raum zu suchen, der einem sympathisch und bequem ist. Wenn alle einige Zeit ausgeharrt haben, kann man zur Auswertung kommen. Warum habe ich mich gerade dahin gesetzt oder gelegt, was bedeutet mir die Nachbarschaft eines bestimmten Teilnehmers, habe ich seine Nähe bewußt gesucht?*

– **Tier- und Pflanzenmetaphern füreinander suchen**

*Es werden wieder Kleingruppen gebildet (7-10), deren Aufgabe es ist, für jeden Teilnehmer ein charakteristisches Tier und eine passende Pflanze (oder einen Baum) zu bestimmen; jeder einzelne muß aber mit der Wahl einverstanden sein. So erfährt man sehr viel über sich selbst, muß sich aber auch Gedanken über andere machen.*

– **Stille Post (einmal anders)**

*Die Gruppe steht im Kreis, einer beginnt eine „Post" an einen anderen zu verschicken, z. B. einen Eilbrief, eine Drucksache, eine Werbesendung, einen Liebesbrief, einen Einschreibebrief usw. Der „Absender" muß sich eine pantomimische Umsetzung ausdenken, die bis zum Empfänger weitergegeben wird. Es ist ein Warming-up-Spiel, das zwanglosen Körperkontakt ermöglicht und häufig zum Lachen reizt.*

– **„Gruppe legen" (Fischgrätenmuster, Musik)**

*Im Gruppenraum werden Decken auf den Boden gebreitet (bei Teppichboden überflüssig) und meditative Musik gespielt. Die Teilnehmer bewegen sich mit geschlossenen Augen im Raum und suchen sich einen bequemen Platz, an dem sie sich niederlassen und entspannen. Nach einer gewissen Zeit holt der Übungsleiter die Teilnehmer nacheinander in die Mitte des Raumes, der nicht besetzt sein darf. Sie werden so gebettet, daß sie mit ihrem Kopf auf dem Bauch des Vordermannes liegen, also zickzackförmig (im Fischgrätenmuster). Hier bleiben alle so lange liegen, bis der Übungsleiter sie leise auffordert, langsam „aufzuwachen". Diese Übung setzt in der Regel sehr viele und intensive Emotionen frei. Bedingt durch die Musik und den gefühlvollen Körperkontakt können sich die Teilnehmer vollkommen entspannen und die*

*Verkrampfung des Körpers lösen. „Die Übung hat mich sehr beeindruckt. Es war wunderschön, so in anderen drin zu sein, gar nicht zu wissen, wer das ist, einfach das Herzklopfen eines anderen Menschen zu spüren oder den Atem oder die Hände und eintauchen zu können", beschreibt eine Teilnehmerin.*

– **Fragen stellen im Kreis**

*Diese Übung kann man sowohl im großen Kreis als auch in Kleingruppen durchführen. Ein Teilnehmer stellt an einen anderen eine Frage, die die Biographie, aber auch Einstellungen und Haltungen zur Lebensführung betreffen kann. Der Antwortende stellt die nächste Frage. Allerdings sollte der einzelne auch das Recht haben, die Auskunft zu verweigern, wenn zu sehr der Intimbereich berührt wird.*

– **Vertrauenskreis (Pendeln im Kreis)**

*Bei der Anleitung zu den Übungen sollte man grundsätzlich keine Bezeichnung verwenden, die den Teilnehmer allein durch den Begriff unter Druck setzt, Empfindungen in eine bestimmte Richtung produzieren zu müssen. So sollte man den Begriff „Vertrauen" in diesem Zusammenhang nicht verwenden.*

*Man teilt in Kleingruppen auf (zu etwa 8 Personen), stellt sich eng im Kreise auf. Ein Teilnehmer begibt sich in die Mitte, schließt die Augen und läßt sich*

*im Kreise pendeln. Wichtig dabei ist, daß der „Pendler" Hüfte und Kniegelen-*
*ke möglichst steif hält, da ansonsten keine richtige Pendelbewegung zustande*
*kommt. Die Umstehenden haben die Aufgabe, dem „Pendler" ein Gefühl der*
*Sicherheit und Fürsorge zu geben, so daß er keine Angst hat, fallengelassen zu*
*werden. Damit die auf den Übungsvorgang nötige Konzentration möglich ist,*
*sollte die Gruppe schweigend agieren, vor allem nicht lachen. Man muß ein-*
*dringlich darauf hinweisen, daß die Bewegungen behutsam erfolgen müssen.*
*Die Übung ist auch keine Frage des Gewichts; bei etwas schwereren Teilneh-*
*mern sollte die Gruppe die Pendelbewegungen weniger ausladend gestalten.*
*Dies ist möglich, wenn man etwas enger zusammenrückt.*

## – Gruppenbalance mit Fall

*Auch diese Übung gehört in den Umkreis der Kooperations- und Vertrauens-*
*übungen. Eine Gruppe von etwa 8 Personen steht im Kreis und hakt sich unter,*
*faßt sich einander hinter dem Rücken an den Handgelenken. Hinter jedem*
*Teilnehmer im Kreis steht eine weitere Person, der „Fänger". Nun sucht die*
*Gruppe, indem man langsam, gemeinsam die Füße nach innen verschiebt, ei-*
*ne Balance, so daß der Schwerpunkt auf den Armen und Händen zu liegen*
*kommt. Nachdem man eine gewisse Zeit so verharrt ist, läßt man auf ein Si-*
*gnal die Handgelenke los, so daß man nach hinten fällt. Der „Fänger", der sei-*
*ne Arme bereits in der entsprechenden Höhe ausgebreitet hat, fängt nun den*
*Fallenden auf.*

## – Fall vom Tisch

*Zu dieser Übung gehört neben dem Vertrauen zur Gruppe auch eine gehörige*
*Portion Mut. Ich muß gestehen, daß diese mir auch heute noch sehr schwer*
*fällt, obwohl ich sie schon sehr oft praktiziert habe. Ein Teilnehmer läuft mit*
*geschlossenen Augen auf einem Tisch, der von den anderen umstellt ist, die*
*mit Armsignalen darauf achten, daß dieser nicht gefährdet wird. Dann wird er*
*zur Tischkante geführt, und zwar rückwärts. Inzwischen stellen sich hinter*
*dem Kandidaten zwei Reihen von „Fängern" auf (auf jeder Seite etwa fünf).*
*Die Arme werden reißverschlußartig ineinander geschoben, ohne sich an den*
*Händen zu fassen. Dadurch bleibt man elastischer beim Auffangvorgang (Uh-*
*ren und Brillen möglichst abnehmen). Auf ein Berührungszeichen läßt sich*
*der Kandidat, der unbedingt in Knien und Hüfte steif bleiben muß (wegen der*
*besseren Verteilung des Körpergewichts) nach hinten fallen und wird von der*
*Gruppe aufgefangen. Vorsicht: Kopf und Oberkörper etwas nach hinten beu-*
*gen. Viele stoßen beim Fallen einen Schrei aus, da es für die meisten ein fremd-*
*artiges Gefühl ist. Manche erlebten psychische Sensationen, etwa das Gefühl,*
*durch Zeit und Raum gefallen zu sein. Andere berichteten auch, sich an die ei-*
*gene Geburt erinnert zu haben. Ein Verweigerer meinte zu seiner Haltung:*
*„Die Übung habe ich nicht gemacht. Ich habe zwar gesagt, daß ich es deswe-*

*gen nicht gemacht habe, weil ich diesen drei oder vier Mädchen nicht zuge-
traut habe, meine 75 kg aufzufangen, aber ich weiß nicht, ob ich es mir mit starken Männern getraut hätte." Und er fuhr nach kurzer Pause fort: „Mein Gott,
ich habe mir nicht allzu viele Gedanken darüber gemacht, aber vielleicht liegt
es auch an der Situation, daß ich Einzelkind bin, daß ich vielleicht von daher
auf mich selbst gestellt war und mich nie in irgendwelche Hände habe fallen
lassen." Im übrigen ist die Übung keine Sache des Körpergewichts, da dieses,
bei sachgerechter Durchführung, sehr gut verteilt wird. Wir haben schon Studenten mit über zwei Zentnern Körpergewicht aufgefangen. Aber es versteht
sich von selbst, daß das Prinzip der Freiwilligkeit niemals mißachtet werden
sollte.*

**– Getragen werden durch den Raum**

*Dies ist eine sehr einfache Übung. Man nimmt eine Person (bei geschlossenen
Augen), der auf dem Tisch steht auf viele ausgestreckte Hände und trägt ihn
durch den Raum. Allerdings muß man dazu sagen, daß bei größeren Gruppen
man doch relativ schnell ermüdet. Aber das Gefühl, einmal auf Händen getragen zu werden, ist für viele ein einmaliges Erlebnis. Dazu gibt es auch noch eine Variante: Jeweils vier bis fünf Teilnehmer knien sich nebeneinander und
robben auf Händen und Knien durch den Raum, wobei jeder einmal auf den
Rücken der Kriechenden durch den Raum getragen wird. Dieses schwanken-
de menschliche Bett wird meist als sehr angenehm empfunden.*

**– Blitzlicht**

*In der Gruppe kann ein Blitzlicht (vgl. dazu Schwäbisch / Siems, 1974, S. 242)
durchgeführt werden, am Ende oder am Beginn einer neuen Übungsreihe, um
die Stimmung in der Gruppe zu erfahren. Ein Blitzlicht kann aber auch von einem Gruppenmitglied beantragt werden, wenn es sich bei einer Übung un-
wohl oder überfordert fühlt, allerdings auch, wenn es evtl. besonders positive
Gefühle hat.*

*Wie bei einem Photoblitzlicht wird mit diesem Verfahren die momentane Si-
tuation beleuchtet. Die Teilnehmer geben reihum kurze Statements zu ihrer
augenblicklichen Befindlichkeit ab, wobei keine Stellungnahmen und Diskussionen erlaubt sind. Man bekommt deshalb einen sehr guten Einblick in die
Stimmungslage der Gruppe, weil fast alle sich äußern (auch hier Prinzip der
Freiwilligkeit). Wenn es sich als notwendig herausstellt, kann sich selbstverständlich eine Aussprache anschließen. Einige Lehrer haben mir berichtet,
daß sie dieses Verfahren als Bestandteil in ihren „normalen" Unterricht aufgenommen und damit gute Erfahrungen gemacht haben.*

Donnerstag

**– Rücken an Rücken sitzen und gemeinsam aufstehen**

*Jeweils ein Paar sitzt Rücken an Rücken, versucht den Druck zu verstärken und sich langsam zu erheben.*

**– „Sei mein Liegestuhl . . ." (Rückenschaukel)**

*Wiederum eine Paarübung: Einer legt sich entspannt auf den Boden, mit dem Gesicht nach unten, das bequem auf die Arme gelegt wird. Der Partner legt sich auf den „menschlichen Liegestuhl", und zwar so, daß das Gesäß etwa in den Kniekehlen zu liegen kommt. Diese Haltung wird in der Regel als sehr bequem empfunden. Nun kann der unten Liegende langsam seinen Partner zu wiegen, zu schaukeln beginnen. Dann werden die Rollen gewechselt.*

**– Gegen die Gruppe laufen**

*Diese Übung gehört in den Umkreis der Vertrauensübungen. Einem Teilnehmer werden die Augen verbunden, und er wird in einiger Entfernung (je nach Größe des Raumes) der Gruppe gegenüber aufgestellt. Jemand hilft ihm dabei, genau in Richtung Gruppe loszulaufen, und zwar ohne abzubremsen. Die Gruppe hat die Aufgabe, den Teilnehmer mit den Händen und Armen aufzufangen. Die Erfahrung zeigt, daß nur ganz wenige es fertig bringen, wirklich zu rennen, ohne am Schluß zu zögern. Wer diese Übung einmal selbst probiert hat, weiß, daß einem die „Strecke" unendlich weit erscheint und daß große innere, geradezu reflexartige Widerstände zu überwinden sind, ohne abzubremsen „gegen die Gruppe zu laufen".*

**– Wort- und Satzpantomimen (Redewendungen wörtlich)**

*Eine sehr leicht und beliebig einsetzbare Übung: Der metaphorische Gehalt von Redensarten, Redewendungen, Sprichwörtern wird hier ausgenutzt. Gleichzeitig ist die kreative Phantasie der Teilnehmer gefordert. Die metaphorischen Redeweisen sollen von einem Paar jeweils wörtlich durchgeführt werden. Z. B.:*
*Jemanden an der Nase herumführen;*
*auf die leichte Schulter nehmen;*
*mit jemandem Pferde stehlen;*
*jemandem die Zähne zeigen*
*Augenwischerei betreiben;*
*den Finger auf die wunde Stelle legen;*
*jemanden hereinlegen.*
*Außer für gruppendynamische Zwecke läßt sich diese Übung auch in der Sprachkunde einsetzen.*

**– Dom aus Händen**

*Die Teilnehmer bilden je nach Gruppengröße mehrere enge Kreise (zu je 6-8*

*Teilnehmern). Sie legen die Hände im Kreismittelpunkt aufeinander und schließen die Augen. Zuerst bewegen sich die Hände langsam nach oben, bis es nicht mehr weitergeht und ohne den Kontakt der Hände miteinander zu lockern. Danach führt die Bewegung nach unten, bis man sich mit den Händen kurz über dem Boden befindet. Auch da bleiben die Hände beisammen. Die Auf- und Abbewegung wird einige Male wiederholt. Ziel ist es, einen gemeinsamen Rhythmus zu finden, der weder zu schnell noch zu langsam ist und kein Gruppenmitglied überfordert.*

### – **Erstarren und Erlösen**

*So wie im Leben der einzelne manchmal erstarrt und wieder von jemandem „erlöst" wird, wird auch diese Übung gestaltet. Die Teilnehmer gehen durch den Raum, manche „erstarren" in irgendeiner Pose und schließen die Augen, wobei schon eine gewisse Körperspannung spürbar sein sollte; sie kauern oder knien am Boden, bleiben stehen, verschränken die Arme, setzen sich in irgendeinen Winkel des Raumes usw. Diejenigen, die noch umhergehen, haben die Aufgabe, einzelne „erstarrte" Teilnehmer zu „erlösen"; wie der einzelne „erlöst" wird, bleibt jeweils dem einzelnen Paar überlassen. Nur sollte sich der „Erstarrte" nicht zu schnell „erlösen" lassen und sollte eine gewisse Zeit dazu haben, in seiner starren Pose zu verharren, bevor er erlöst wird.*

### – **Blindenspaziergang**

*Die Teilnehmer bilden zwei gleich große Gruppen von „Blinden" und „Blindenführern". Der einen Hälfte werden die Augen mit einem Tuch verbunden, und die Sehenden suchen sich jeweils einen Teilnehmer, mit dem sie die Übung machen wollen. Aufgabe der Blindenführer ist es, den Blinden zunächst ein Gefühl der Fürsorge und Sicherheit zu geben und ihnen möglichst viele und einprägsame Tast-, Geruchs- und Geschmackssinnesreize (evtl. auch Höreindrücke) zu vermitteln. Die Übung sollte streng nonverbal durchgeführt werden. Der Geführte soll erraten, wer ihn führt, was aber nur am Rande von Bedeutung ist. Je anregender die unmittelbare Umgebung ist, desto intensiver werden die Erlebnisse ausfallen. Nach etwa 20 Minuten kehren alle in den Gruppenraum zurück, und die Rollen werden getauscht. Es ist sehr interessant, daß viele berichten, wie oberflächlich der Raum sehend wahrgenommen worden ist. Ein Student: „Interessant war z. B., sich blind die Hände zu waschen, sie mit Schnee abzureiben, im Schnee herumzulaufen, die Orientierung zu verlieren, mal langsam, mal schnell zu gehen. Sehr aufregend empfand ich die Begegnung mit anderen Blinden, deren Gesicht, Haare, Haut zu ertasten." Daran schließen sich in der Regel sehr lange Gespräche an. Die Fernseh- und Autogeneration ist ja meist gewöhnt, möglichst alle Eindrücke über den visuellen und akustischen Kanal aufzunehmen.*

*Freitag*

## – Statuentheater

*Im Zusammenhang des Boal-Theaters habe ich das Statuentheater bereits be-
schrieben. (Vgl. dazu S. 125)*

## – Pantomimisches Ratespiel

*Man teilt in Kleingruppen zu etwa 8 Personen ein. Jede Gruppe wählt ein Wort
mit vier oder fünf Buchstaben, z. B. Hund, das aber die anderen Gruppen
nicht kennen dürfen. Für jeden Buchstaben des gewählten Wortes arbeitet die
Kleingruppe eine Pantomime aus, für „Hund" z. B. H = Hochzeit, U = unge-
zogene Kinder, N = Nachtbar, D = Damenwäscheboutique. Die Zuschauer
haben die Aufgabe, die Einzelpantomimen zu erraten und am Ende das ge-
wählte „Wort" zusammenzusetzen. Je vertrauter die Gruppe miteinander um-
geht, desto variantenreicher und umfangreicher werden die Pantomimen
„ausgespielt". Man sollte den Gruppen klar machen, daß es nicht nur um den
Erkennungseffekt geht, sondern auch darum, eine möglichst komplexe Szene
vorzustellen, was auch mit der Wahl der Pantomimenwörter zusammenhängt.
Die „Hochzeit" erlaubt eine Fülle von Spielszenen. Bei einem Wort „heiter"
bräuchte sich die Gruppe nur hinzustellen und „heiter" zu lächeln.*

## – Großes Schlußfeedback

*Feedback-Übungen können unterschiedlich gestaltet werden, was damit zu-
sammenhängt, wieviel Zeit zur Verfügung steht. In jeden Fall sind sie ziemlich
zeitraubend. Jeder Teilnehmer soll die Möglichkeit haben, jeweils 4 Personen
zu benennen, von denen er gerne hören würde, wie er/sie auf diese gewirkt
hat. Wichtig ist, daß man den Teilnehmern (eigentlich schon während des ganzen Verlaufs) klar macht, daß sie ihr Feedback als subjektiv-persönlich kenn-
zeichnen, „auf mich hast du so und so gewirkt, ich empfand dich als . . ." usw.
und nicht „du bist so und so . . . ". Verallgemeinerungen sollten möglichst vermieden werden. Während des Feedbacks darf der „Besprochene" keine Kommentare geben. Erst wenn alle Stellung genommen haben, kann er ein kurzes
Statement abgeben. Ich habe häufig beobachtet, wie aufgeregt Teilnehmer ihrem Feedback entgegenfieberten. In einem Fall habe ich schon erlebt, daß danach ein Teilnehmer zu weinen begann. Er war 33 Jahre alt geworden, ohne
daß ihm bis zu diesem Zeitpunkt jemand gesagt hätte, daß er/sie ihn als angenehm, freundlich, hilfsbereit usw. empfunden hätte.*

*Man kann das Feedback ebenfalls schriftlich organisieren (spart etwas Zeit);
jeder Teilnehmer legt für sich ein Blatt an, auf das die anderen ihr Feedback
eintragen und umknicken, damit jeder einzelne unbeeinflußt schreibt. Ich habe allerdings auch beim schriftlichen Feedback immer eine persönliche Aussprache zwischen den Teilnehmern organisiert.*

## – Verabschiedung

*Der Verabschiedung sollte immer genügend Zeit eingeräumt werden und sie nicht auf den Zeitpunkt hinausschieben, auf welchem alle Teilnehmer schon auf dem Sprung zum Zug oder Auto sind. Das Abschiednehmen ist meist noch eine Art Rückmeldung, wie man den anderen empfunden hat. Man kann in dieser Phase zu Beginn ein Blitzlicht über den gesamten Verlauf einholen (evtl. mit Diskussion). Was hat einen besonders starken Eindruck hinterlassen, was hat Schwierigkeiten bereitet, womit kam der eine oder der andere überhaupt nicht zurecht?*

Dieses Viertageprogramm (wobei ich in diesem Ablauf nur eine Auswahl getroffen habe; das Repertoire muß natürlich sehr viel umfangreicher sein) kann mit einer Erwachsenengruppe selbstverständlich entsprechend gekürzt werden. Ein Spiel kann auch unterschiedlich lang dauern, je nachdem, wie eine Gruppe darauf reagiert. Es ist für den Leiter außerordentlich wichtig, jegliche Hektik zu vermeiden. Eher sollte er weniger Übungen anbieten, denen genügend Zeit zur Entfaltung gelassen wird.

---

### Auszug aus einem Spieltagebuch:

Die Tatsache, daß wir im Kreis saßen, ohne künstliche Barrieren zwischen uns, empfand ich als positiv für das Gruppenklima. Es ermöglichte den direkten Blickkontakt mit den anderen Teilnehmern und trug dadurch zu einem ersten - zumindest visuellen – Kennenlernen bei. Das Spiel „Mein rechter Platz ist leer, da wünsch' ich mir XY her" bot die Gelegenheit, sich die Namen der KommilitonInnen auf unterhaltsame Weise einzuprägen und schuf ebenfalls bereits eine persönlichere Atmosphäre als in den meisten Seminaren.

In dieser Sitzung wurde durch Kontakt- und Kennenlernspiele fortgesetzt, was in der ersten Woche begonnen worden war. So bildeten wir beispielsweise einen Kreis, verknoteten uns ineinander und lösten den Knoten anschließend wieder auf. Nicht nur der körperliche Kontakt, der dadurch hergestellt wurde, sondern auch die Tatsache, daß wir zusammen lachten, brachte uns einander näher.

Zwar nicht so lustig, aber noch intensiver, was die persönliche Nähe und Kommunikation betrifft, war die Übung, in der sich je zwei Partner gegenüberstanden und den Händen des anderen mit den eigenen folgten, ohne sie jedoch zu berühren. Dabei sollte die gesamte Zeit direkter Blickkontakt gehalten werden, was ich gerade in Anbetracht der Tatsache, daß man sich noch keine drei Stunden kannte, als schwierig empfand. Das Bewegungsspiel der Hände schien bei den meisten gut abgelaufen zu sein, intuitiv wechselte man sich von Zeit zu Zeit stillschweigend mit Führen und Folgen ab.

Für mich war diese Übung faszinierend, da sie mir einmal mehr zu Bewußtsein brachte, wie anonym unsere Gesellschaft ist, wie wenig wirkliche Nähe im alltäglichen Umgang miteinander gegeben ist. Wenn es sich nicht um die engsten Bekannten oder Freunde handelt, fühlen wir uns bereits von einem intensiven Blickkontakt eigenartig berührt, empfinden ihn unter Umständen als Eindringen in die Intimsphäre. Selten zuvor ist mir dies so klar geworden, wie durch dieses Spiel, welches ich daher als sehr positive Erfahrung in Erinnerung behalten werde.

Nach dem non-verbalen Teil folgte der verbale: auch hier bildeten wir Paare. Diesmal war das Ziel, den Partner derart zu befragen, daß man ihn anschließend den anderen Seminarteilnehmern vorstellen konnte. Die Kurzvorstellungen mündeten in ein Gespräch, welches einen interessanten Abschluß der Sitzung bildete.

*(Katja Knobloch, Studentin)*

Das vorliegende Programm hat im zeitlichen Ablauf unterschiedliche Akzente. Zu Beginn werden vor allem Übungen zum Sich-Kennenlernen eingesetzt, die selbstverständlich dann etwas anders gestaltet werden können, wenn sich die Klasse bereits kennt.

Dennoch sollte die Phase des Sich-näher-Kennenlernens nie übersprungen werden, da dabei schon die Basis für das akzeptierende, vertrauensvolle Gruppenklima gelegt wird. Viele dieser einfachen Spiele sind sog. *Warming-up-Übungen*, die das Ziel haben, die Atmosphäre zu lockern, gemeinsam etwas zu tun oder eine Aufgabe zu lösen, ja und auch gemeinsam zu lachen. Diese Art von Spielen sollte immer wieder eingeschoben werden, da es außerordentlich anstrengend sein kann, sich wach und intensiv der eigenen Erfahrung und dem Gruppengeschehen zu stellen. Im schulischen Alltag können sie auch manchmal Selbstzweck sein und unterrichtshygienische Bedeutung haben.

Nach *Gudjons* werden folgende Bereiche miteinbezogen:
– *Vorstellen, kennenlernen*
– *Wahrnehmung, Beobachtung, Kommunikation*
– *Sich selbst kennenlernen*
– *Vertrauen, Offenheit, Echtheit*
– *Feedback*
– *Metakommunikation*
– *Rollen, Normen*
– *Kooperation*
– *Entscheidungen, Konflikte*
– *Kreativität, Spontaneität, Phantasie.*

Die Übungen und Spiele stammen aus verschiedenen Bezugsbereichen:
– der *Encounter-(Selbsterfahrungs-)Bewegung*
   (z. B. *Carl Rogers, Tausch / Tausch*),
– der *Sensitivity-Bewegung*
   (*Wormser, R., 1976*)
– den *New Games* (seit 1972 in den USA; vgl. S. 119 ff.)
– den *alternativen Theaterformen*
   (wie z. B. dem *Boal-Theater* oder *Living Theatre*; vgl. S. 122)
– den *verschiedenen Richtungen der Humanistischen Psychologie.*

Nicht alle Bereiche wird man bearbeiten können, allein *Gudjons* schlägt in seinem Buch etwa 180 Spiele und Übungen vor! Ich habe vor allem Wert darauf gelegt, auf die Bereiche *Kommunikation, Vertrauen, Offenheit, Echtheit, Feedback, Rollen und Normen* näher einzugehen. Allerdings sind manche Übungen mehreren Gebieten zuzuordnen. In den Blockveranstaltungen habe ich ganz besonders den Vertrauensbereich ausgestaltet, der mit den Höhepunkten etwa in der Mitte des zeitlichen Ablaufs angestrebt wurde.

*Vertrauensspiele* sind Übungen, die sehr reizvoll sind, oft etwas Überwindung kosten und die Teilnehmer der ganzen Gruppe näherbringen. Es bedeutet ein Erfolgserlebnis, seine eigene Hemmschwelle zu überwinden und sich anderen anzuvertrauen. Fehlendes Vertrauen hemmt die Zusammenarbeit in der Gruppe und hindert den einzelnen daran, Eigenaktivität zu entwickeln.

Häufig wird von den Gegnern dieser Spielformen gerade das *„Sich-Einbringen-Müssen"* als Argument angeführt, weshalb sie eher nicht in der Schule verwendet werden sollten. Man wird immer sehr behutsam mit ihnen umgehen und in der jeweiligen Situation sorgfältig abwägen müssen, ob sie eingesetzt werden sollten. Der Soziologe *Ziehe* hat (1985) für solche *„Lernaufgaben"* den Begriff *Sozialität* geprägt, der mir in unserem Verwendungzusammenhang sehr geeignet erscheint. Unterricht könnte nach *Ziehe* gelingen, *„wenn Schüler wie Lehrer in den Situationen eine* **Sozialität** *erfahren könnten. 'Sozialität' ist für mich die eigentümliche Erfahrung einer begrenzten, gleichwohl* **intensiven Gemeinsamkeit unter (im Prinzip) Fremden.** *Sozialität ist also der Gegenbegriff der Verbehördung und Verapparatung der Schule, aber auch ein Gegenbegriff zu ihrer Familialisierung und Veralltäglichung."* *(S. 28)*

Diese Bewertung könnte es verhindern, daß falsche Erwartungen oder auch Hoffnungen die Lernprozesse stören. Es geht primär nicht darum, die Familie zu ersetzen oder einen Freundeskreis zu gewinnen, sondern darum, *Erfahrungen im interaktionistischen Bereich* zu sammeln.

*Ziehe* verwendet noch einen zweiten Begriff, den der *ästhetischen Intensität*. Er versteht darunter ein *Moment der atmosphärischen Verdichtung*, was nicht zu verwechseln sei mit dem sozialpsychologischen *Begriff der Nähe*. Solche *Verdichtungsphasen sollten Spielprozesse* im Unterricht immer darstellen.

## 3.5 Exkurs: Die New Games

**New games – eine unkonventionelle Spielbewegung aus USA**

# Partner, nicht Gegner sein

**Beim ersten mittelfränkischen Festival vergaßen alle Teilnehmer ihre Vorbehalte und Ängste –**
**Alle Aspekte des Zusammenlebens sollten spielerisch erfahren werden**

Worauf er sich da eingelassen hatte, wußte kaum einer der Teilnehmer. Die meisten hatten per Mundpropaganda vom ersten großen New-Games-Spielefest in Nürnberg gehört und waren aus Neugier gekommen, wo sie zunächst unsicher herumstanden. Dann war es vorbei mit der Scheu: 50 mehr oder minder erwachsene Menschen, die sich bisher fremd gewesen waren, krochen, hüpften und flatterten zischend, gackernd und piepsend durch den Raum, verkeilten sich prustend in einem gigantischen Menschenknäuel oder führten paarweise die irrsten Verrenkungen vor, gesteuert durch die Aura der ausgestreckten Hände.

Auch nach drei Stunden Aktion hätte keiner auf den Punkt bringen können, was die New Games eigentlich sind. Aber die entspannten Gesichter und die strahlenden Augen zeigten, daß alle die wichtigste New-Games-Lektion erfahren hatten: Gewinner ist nicht der, der den anderen aussticht, sondern jeder, der Freude und Spaß hat.

New Games oder neue Spiele kommen (natürlich) aus den USA. Günther Hartl [...] erklärt diese Bewegung aus ihrer Geschichte heraus. „New Games waren ursprünglich eine Antwort auf Vietnamkrieg und Gewalt. Die Umwelt erzeugt in jedem von uns Aggression. Die können wir in Form von körperlicher und psychischer Gewalt gegen Mitmenschen ausleben – oder sie gemeinsam spielerisch umsetzen."

In den Jahren darauf entwickelte sich eine regelrechte New-Games-Bewegung mit immer neuen Spielen, in denen die Aggressionsabfuhr nur noch eines von vielen Themen war. Wahrnehmung, Ruhe, Bewegung, Ausdruck, Kommunikation, Kooperation lauteten dann auch die weiteren Themen beim gestrigen großen Spielefest. Alle Aspekte des Zusammenlebens sollten spielerisch erfahren werden.

Die Spiele selbst sind längst nicht so abstrakt wie die Theorie, die dahintersteckt. Menschen berühren sich, jagen einander nach, nehmen sich in allen Details wahr, stellen sich zur Schau – und das alles ganz ohne Peinlichkeit und Streß. Zumindest für die Dauer des Spiels scheinen die Ängste und Vorbehalte, die unser Alltagsverhalten reglementieren, wie weggewischt – und das macht wohl den großen Erfolg der New Games aus. Bis zu 10 000 Menschen haben sich in den USA schon zu solchen Spielefesten zusammengefunden. [...]

*(Nürnberger Nachrichten 8.2.1988)*

Entstanden sind die *New Games* also Ende der 60er / Anfang der 70er Jahre, und der obige Zeitungsartikel beschreibt ganz gut, was man allgemein darunter versteht; Ziele werden genannt: „*Wahrnehmung, Ruhe, Bewegung, Ausdruck, Kommunikation, Kooperation.*" *Orlick*, einer der Klassiker der *New Games*, drückt das so aus:

„Der Hauptunterschied ist, daß im kooperativen Spiel alle miteinander kooperieren ... alle gewinnen ... und niemand verliert. Kinder spielen miteinander statt gegeneinander. Diese Spiele beseitigen die Furcht vor dem Versagen und das Gefühl des Versagens. Sie bestätigen auch erneut das Vertrauen des Kindes in sich selbst als akzeptabler und wertvoller Mensch. In den meisten (neuen und alten) Spielen bleibt diese Bestätigung dem Zufall überlassen oder wird nur einem einzigen Spieler zuteil. Bei kooperativen Spielen ist sie in den Spielen selbst angelegt." *(Orlick, T., 1988, S. 11)*

Und *Andrew Fluegelmann* schreibt in seinem zweiten Band der „*Neuen Spiele"* *(1982)*:

„Als die New Games Foundation 1976 in dem New Games Book die erste Sammlung neuer Spiele vorstellte, forderte sie dazu auf: 'Spielt sie, verändert sie und habt euren Spaß daran.' Aber niemand von uns ahnte, wie viele Leute uns beim Wort nehmen würden. Band 2 ist das Ergebnis von 5 Jahren Spiel und Experimentieren von mehr als einer Million Menschen, die sich für die neuen Spiele begeistert haben." *(S. 9)*

Die Intention dabei ist ganz deutlich, daß nicht das Siegen als Erster das Entscheidende ist, sondern der Spaß, etwas gemeinsam zu machen. Dabei erwartet man sich als Nebeneffekt eine Frieden stiftende Funktion. Dies beweisen auch die Spielfestivals in Krisengebieten, in Bürgerkriegsregionen.

„Israel stellte mich vor die fantastische Herausforderung: Juden und Araber zusammenzubringen. Erst nach meiner Ankunft stellte ich fest, daß es noch etwas Schwereres gab, nämlich Juden dazu zu bewegen, mit Juden zu spielen. Der unterschiedliche kulturelle Hintergrund (sie sind von der ganzen Welt nach Israel gekommen) machte es schwer, den Konkurrenzkampf zwischen den verschiedenen Gruppen zu überwinden; dagegen waren die Unterschiede zwischen den dortigen Arabern und den palästinensischen Juden nicht so groß." *(Dale Le Fevre, 1985, S. 13)*

*Le Fevre* spielte mit Protestanten und Katholiken in Nordirland. Bei Betrachtung der Literatur zu den *Neuen Spielen* fällt im allgemeinen ein Theoriedefizit auf. Man begnügt sich mit recht vagen Andeutungen, meist mit einigen wenigen Seiten Einleitung. Nirgends findet man eine schlüssige Theorie, wie die Spiele über die unmittelbare Situation hinaus jene aggressionsabbauende bzw. pazifistische Wirkung erreichen sollen. Ich schätze die Bücher über die New Games dennoch sehr, da sie meist eine gute Sammlung von gut *erprobten Spielen* enthalten, oft mit *Foto- und Demonstrationsmaterial*. Ich habe viele meiner Interaktions- und Kommunikationsspiele aus diesen Publikationen entnommen. Deutschdidaktische Zielsetzungen sind natürlich nicht explizit formuliert. Das sprachlich-reflexive Element spielt kaum eine Rolle, obwohl bei den Interaktionen sicher gesprochen, aber wenig bzw. kein Wert auf die sprachlichen Reflexionsphasen gelegt wird. Wenn man die *New Games* – und der Fundus der Spiele und Übungen ist wirklich beeindruckend – in unseren Kontext einordnet, wird man vor allem darauf achten müssen, *Verbalisierungsprozesse* gleichberechtigt neben den eigentlichen Spielprozessen zu betonen.

Im übrigen hat die *Sportdidaktik* insofern bereits reagiert, als sie die Spielformen in den Unterricht einbezogen hat. Solange aber noch immer vor allem der Weltrekord bei den olympischen Spielen zählt, wird der Sportlehrer wohl nur eine bescheidene Wirkung bei seinen Schülern erzielen können.

## 3.6 Das alternative und Freie Theater

*„Jetzt krähten und kreischten, grunzten und rülpsten, schluchzten und jauchzten sie wieder. Jetzt schlugen sie wieder Purzelbäume, Räder und wilde Saltos."* (Sautter, C., DIE ZEIT, Nr. 40, 30.9. 1983) Nach *Sautter* könnten sich diese Theatergruppen stolz „frei" nennen: *„Sie haben statt dessen die 'Freiheit' gewählt, jeden Abend um ihr Leben spielen zu müssen."* Die Gruppen schreiben ihre Texte meist selbst und können dadurch viel schneller auf tagespolitische oder auf ortsspezifische Probleme reagieren als die staatlichen und halbstaatlichen Schauspielhäuser. Nach *Sautter* gibt es 160 freie Theatergruppen, die ausschließlich von ihrem Spiel leben müssen, weitere 450 spielen nur ab und zu, und die „Schauspieler" haben noch andere Berufe. Genau läßt sich die Anzahl nicht ermitteln. In den späten 80er und in den 90er Jahren ist sie eher rückläufig. *„Die Freien sind interessant, weil sie theatralische Formen entwickelt und alte neu belebt haben (und die inzwischen von den Startheaterregisseuren kräftig geplündert wurden). Sie sind interessant, weil*

*sie mit wenigen Mitteln, ohne riesigen Theaterapparat, die Bedürfnisse vieler Menschen nach Theater stärker geprägt haben als die Stadttheater." (Sautter, C., 1983)*

Die Ende der 60er Jahre entstandenen *Freien Theater* erinnern bewußt an das *Stegreiftheater* der *Commedia dell'arte*, freilich ohne auf die Typen zurückgegriffen zu haben.

Es konnten sich daneben auch einige Theatergruppen durchsetzen, die die Diskussion um die Funktion und Aufgabe neu belebten, die einerseits heftige Ablehnung, aber auch begeisterte Zustimmung auslösten.

Einige ausgewählte seien hier kurz charakterisiert:

– Das **Living Theatre** (Gründer: *Julian Beck 1968*)

Die Grenzen zwischen Kunst und Leben werden fließend. Das „*Theater*", das „*Spiel*" setzt sich im Leben fort. Man trug Kostüme auch im Alltag, schockierte die Umwelt durch abweichendes Verhalten, lebte häufig in Kommunen zusammen. Der Zuschauer wurde aktiv am Theatergeschehen beteiligt, sollte von Zwängen befreit, zu seiner Natürlichkeit geführt werden, wobei die sexuelle Enthemmung eine wichtige Rolle spielte.

Das „*Theatre du Soleil*", Paris zu Beginn der 70er Jahre, sei als Beispiel eines Freien Theaters angeführt, das ich während der Zeit, als wir in Paris lebten, selbst kennenlernte (ebenso auch das *Kommunikationstheater*, siehe weiter unten): Gespielt wurde in einer Fabrikhalle in Vincennes simultan auf verschiedenen Bühnen inmitten der Zuschauer, und zwar u. a. die *Ereignisse der Revolution von 1789* (von *Ariane Mnouchkine*). Die Zuschauer konnten sich an dem Sturm auf die Bastille beteiligen und mit Bällen auf den König zielen. Die Schauspieler nahmen jeweils den Kostümwechsel inmitten der Zuschauer vor.

Zum *Living Theatre* möchte ich noch *Marianne Kesting* (in: *Hinck, W., 1973*) zitieren:

„Die Truppe selbst stellt sich als eine Kommune dar, die im alltäglichen Leben beispielhaft vorlebt, was sie auch auf dem Theater spielt: Opposition gegen die Reglements und den Lebensstil der industriellen Gesellschaft, Verzicht auf Besitz und Gewalt, Unabhängigkeit von Institutionen. Ja es geht sogar so weit, daß alle Mitglieder des Ensembles dieses Gemeinschaftsleben als wichtiger empfinden denn das Theater und die Inszenierung, die nur noch als öffentliches Demonstrationsforum dieses Zusammenlebens aufgefaßt wird." *(S. 220)*

– Eine andere Form des *Living-Theatres* ist das **Kommunikationstheater.**

Als Beispiel eines solchen Typs ist ein Stück zu sehen wie „*Et moi qui dirais tout*" von *Rita Renoir und Jean-Pierre George (1973/74 im Théâtre de Plaisance in Paris)*. Nur das Rahmenthema ist fest umrissen, nämlich das *paradoxe Verhältnis des Bürgertums zu Sexualität und Erotik*; die Eingangsszenen sollen das Publikum einführen, während im weiteren Verlauf die „*Zuschauer*" durch die Vermittlung, d. h. Befragung der Schauspieler ihr eigenes Stück realisieren, wobei zunächst der Kommunikationsprozeß zweiseitig zwischen Schauspielerin und den einzelnen Besuchern erfolgt, im weiteren Verlauf aber auch *Dialoge zwischen den Zuschauern* zustandekommen. Die Aufforderung zum Agieren auf der Bühne stellt ein weiteres provokatives Element dar. Das „Spiel" wird vom Publikum selbst getragen, wobei gruppendynamische Prozesse erfolgen.

Solche Prozesse sind erkennbar z. B. in aggressiven Äußerungen anderen Besuchern und Schauspielern gegenüber, bis hin zum spontanen Verlassen der Aufführung, in heftigen psychischen Erschütterungen (Weinen, Zorn, Begeisterung u. a.).

Die kommunikative Grundstruktur Publikum – (Spiel) Schauspieler wird tragendes Element der Aufführung, deren Organisationsprinzip. Das Gelingen ist allerdings abhängig von der Persönlichkeit des Schauspielers bzw. der Schauspielerin, die Mittelpunkt und Organisator dieser Kommunikationsprozesse (vgl. auch das *Boal-Theater*) wird, und zum zweiten von einem Publikum, das zur aktiven Kommunikation bereit ist. Bei diesen Aufführungen war häufig zu beobachten, wie sich das Publikum zunächst völlig an die übliche Rollenverteilung halten wollte: da Zuschauer – dort Schauspieler; es reagierte zunächst aggressiv auf die ersten Fragen.

– Weitere Formen interaktionistisch orientierten Theaters sind: das **Happening-Theater**

Die Auflösung der Gattungen wurde Ende der 60er und in den 70er Jahren auf breiter Front vollzogen, vor allem zwischen Theater und bildender Kunst. *„Diese Aktionen wurden nicht mit Pinsel und Kreide auf Leinwand vollzogen, sondern mit menschlichen Körpern, den Gebrauchsgegenständen und dem Sonst-Vorhandenen; sie wurden durch sich selbst szenisch und theatralisch."* (Rühle, 1976, S. 170)

In der bildenden Kunst entwickelte sich parallel dazu die *Fluxus-Bewegung,* die ähnliche Aktionen durchführte, wobei man vor allem auf Provokation und Anstoß zum Nachdenken setzte. *Joseph Beuys* hat der *Fluxus-Bewegung* entscheidende Impulse gegeben. *„Zweifellos hat Beuys in Fluxus die für ihn geeignete künstlerische Basis gefunden. Er hatte seine große Lebenskrise überwunden und war in jenen Jahren bereits stark damit beschäftigt, seine spezifischen Vorstellungen von Kunst und Kreativität zu formulieren."* (Stachelhaus, H.: Joseph Beuys. Düsseldorf: Econ 1991, 3. Aufl, S. 163) Die akademische Malerin *Gabriele Günther* (Bamberg), eine Schülerin von *Beuys,* berichtete mir von einer solchen spektakulären Aktion, die sie selbst während ihres Studiums in Düsseldorf miterlebt hat. *Beuys* hatte in einer Nacht die Hochschule mit frischem Brot auslegen lassen, so daß niemand ins Gebäude gelangen konnte, ohne auf das Brot zu treten, es wegzuräumen oder sonst etwas zu tun. Er löste damit heftige Diskussionen aus. Sein Ziel war es, die Menschen auf den verschwenderischen und gedankenlosen Umgang mit Brot aufmerksam zu machen, währenddessen

Millionen in der Dritten Welt hungern. Man könnte ihm freilich auch vorwerfen, Brot verschwendet zu haben, was er kritisieren wollte. *Stachelhaus* schildert in seinem Buch weitere *Fluxus-Demonstrationen* von *Beuys*, so z. B. daß er ein Klavier mit Waschpulver (Marke OMO) füllte, Papier aus Papierkörben dazustopfte, und noch nicht zufrieden mit dem Klang, schließlich mit einem elektrischen Bohrer das Holz durchlöcherte; *„war es das, was in seinen Ohren, wie Musik klang?"* (*Vgl. Stachelhaus, S. 165*)

Man muß allerdings bemerken, daß die *Fluxus-Bewegung* noch immer existiert. So widmet art (*Wix, G.: Die Kunst der einfachen Geste. Nr. 11, Nov. 1992, S. 38– 49*) der aktuellen *Fluxus-Bewegung*, die auch heute noch viele Anhänger hat, einen ausführlichen Artikel. *„Die Stärke von Fluxus ist seine Schwäche: die Uneinlösbarkeit des Anspruchs, das Fließende, das Flüchtige, Vergängliche zu artikulieren. Daran scheitern viele Ausstellungen, daran scheitern viele Objekte, und erst recht die oft gegen die Intention der Künstler hochgehandelten Aktionsrelikte. Aber Fluxus lebt weiter."* (*S. 49*)

**Das Boal-Theater**

Im *Boal-Theater* werden die Ansätze, die ich bisher geschildert habe, genutzt; in vielfältiger Weise tauchen sie in Boals *„Techniken"* wieder auf. Man kann das *Boal-Theater* als einen konsequent radikalen Versuch ansehen, den Zuschauer zum Mittelpunkt des Theaters zu machen. Diese Vorgehensweisen lassen sich im schulischen Bereich übertragen und einsetzen.

***Die Techniken des Augusto Boal zur Aktivierung und Befreiung des Theaterzuschauers***

*Augusto Boal* (geb. 1931), Brasilianer, hat die Konzeption des *Volkstheaters* in Südamerika, das er auch das *„Theater der Unterdrückten"* (so der Titel eines seiner Bücher, *Frankfurt, Suhrkamp 1989, 2. erw. Aufl.*) nennt, mit entwickelt. Er wurde Anfang der 70er Jahre inhaftiert, gefoltert und ging schließlich 1976 ins Exil nach Portugal; seit 1978 lebt er als Dozent der Universität Sorbonne in Paris. Er macht Theaterarbeit in ganz Europa.

Ohne auf die konkreten Theatererfahrungen *Boals* in Südamerika näher eingehen zu können, sollen vor allem die Ideen und Techniken kurz beschrieben werden, die *Boal* auch in Europa praktiziert.

Nach *Boal* gebe es auch in Europa Unterdrückung, wenn auch eine andere (z. B. *Unterdrückung der Frau, Unterdrückung durch eine staatliche Bürokratie, Unterdrückung durch unsinnige Normen*), die eine andere Vorgehensweise notwendig mache als in Lateinamerika.

Zwei Grundsätze sind ihm besonders wichtig:

1. Der Zuschauer, passives Wesen, Objekt, solle zum *„Protagonisten" der Handlung, zum Subjekt* werden. *Brecht* habe dieses Problem nicht gelöst. Bei ihm

bleibe der Zuschauer passiv. *„Er denkt zwar, aber er handelt nicht."* Im großen und ganzen sei der Zuschauer bei Brecht inaktiv.

2. Das Theater solle sich nicht nur mit der Vergangenheit, sondern auch mit der *Zukunft* beschäftigen.

   Dies zu verwirklichen, hat *Boal* verschiedene Theatertechniken entwickelt, wobei Regiearbeiten bei ihm eine weniger wichtige Rolle einnehmen.

- *Das Statuentheater*

   Die Zuschauer werden aufgefordert, eine *„Statuengruppe"* oder eine *„Einzelplastik"* aus einer anderen Gruppe von Mitspielern, ohne zu sprechen durch Mimik und Gestik zu formen, die ihre kollektive oder persönliche Erfahrungen von Unterdrückung oder normierten Situationen ins Bild übersetzen. *Boal* unterscheidet dabei noch ein *Real- und Idealbild*, die ineinander überführt werden sollen.

   *Beispiele aus der Arbeit mit Schülern:* Polizisten, Beamte, Rekruten bei der Parade. Man kann aber auch ganze *Gruppenbilder* gestalten lassen, z. B. eine Trauergemeinde; eine Fußballfangruppe im Augenblick des Torerfolges der eigenen Mannschaft; Familienszene: Nachmittagskaffee einer durchschnittlichen bürgerlichen Familie mit verschiedenen Generationen. Gerade diese letzte Szene hat immer wieder heftige Diskussionen ausgelöst.

   Freilich sind die pantomimischen Übungen nicht mehr nur auf das Muster der Unterdrückung zurückzuführen, dennoch stellten sie normierte Situationen dar.

- *Das unsichtbare Theater*

   Es behandelt ein aktuelles Thema (z. B. Rassismus), von dem man annehmen kann, daß es auf engagierte Teilnahme stößt. Die Schauspieler spielen ihre Rollen wie im konventionellen Theater, aber nicht auf der Bühne, sondern in *realen Situationen*, z. B. in der Metro, auf Plätzen, in Restaurants, ohne daß die Zuschauer wissen, daß sie einem Theater beiwohnen. *Boal* hat gerade diese Form in Europa schon häufig erprobt und beschreibt in dem schon genannten Buch eine Fülle von solchen Situationen. Der zufällige „Zuschauer" soll zum Nachdenken und zur Diskussion angeregt werden. *Boal* führte eine Frau an einer Hundeleine durch ein Kaufhaus. Wichtig sind ihm dabei die Reaktionen der Umstehenden; z. B. ein Passant fragte: *„Ist das wirklich Ihr Ehemann?" „Ja wir sind standesamtlich und kirchlich getraut." „Dann hat er das Recht dazu, aber nicht in der Öffentlichkeit." (Boal, 1989, S. 107)* Mit anderen Worten, zu Hause könne jeder mit seiner Frau machen, was er wolle, sie ist sein Eigentum.

Allerdings sind meine Erfahrungen mit dieser Aktionsform nicht nur positiv. Auf einem Wochenendseminar begannen zwei Studenten beim Mittagessen, sich zu streiten. Die Auseinandersetzung eskalierte am Abend, wobei sich auch die Gruppe wilde Beschimpfungen anhören mußte, so daß sie sich letztendlich alle ernsthaft mit den beiden auseinanderzusetzen versuchten. Kurz vor Mitternacht wurde dann die Intention „Unsichtbares Theater" offenbart. Alle Beteiligten waren zutiefst gekränkt und empört, hatte man doch ein Spiel mit ihren echten Gefühlen getrieben. Abgesehen davon, daß die Studenten nicht begriffen haben, worum es *Boal beim unsichtbaren Theater* geht, muß man doch feststellen, daß diejenigen, die zufällig in die Situation hineingeraten, bewußt getäuscht werden. Ich würde selbst solche gut gemeinten Aktionen, wie ich sie mit Studenten durchgeführt habe (z. B. *Unterschriftenaktion in der Mensa gegen die Lehrerarbeitslosigkeit, Gründung einer APS = Aktion progressiver Studenten*), nicht mehr als ganz unproblematisch einstufen.

Es zeigt sich an diesen Beispielen die Verwandtschaft mit *Happening-Formen* und dem *Living-Theatre*.

– *Simultane Dramaturgie*

Zuschauer können in das Geschehen auf der Bühne eingreifen und Schauspieler nach ihren Vorstellungen agieren lassen. Dies ist eine Vorstufe zum *Forumtheater*.

– *Das Forumtheater*

Eine konflikthaltige Szene wird wie im konventionellen Theater oder einem geschlossenen Rollenspiel sehr provozierend vorgeführt. Dann werden die Zuschauer gefragt, ob sie mit der vorgeschlagenen Lösung einverstanden seien. Wahrscheinlich sind es nicht alle! Zuschauer können nun – u. U. von im Publikum sitzenden Schauspielern dazu ermutigt – im zweiten Durchgang „Stop" rufen und an die Stelle des Schauspielers, dessen Rolle verändert werden soll, treten. Dieser Vorgang kann sich so oft wiederholen, bis sich niemand mehr mit anderen Vorschlägen meldet. Interessant ist dabei, daß sich zwischen den am Spiel beteiligten Personen jeweils eine völlig andere gruppendynamische Beziehungsebene ergibt, die durch die Einwechselnden erneut aufgebaut wird. So kann sich nach meinen Beobachtungen bei zunächst fast gleichbleibender inhaltlicher Argumentation sehr bald ein völlig anderer Spielverlauf ergeben. Eine Studentengruppe hat eine einzige Szene dreieinhalb Stunden lang, fast bis zur physischpsychischen Erschöpfung, variiert.

Ziel dieser Theaterarbeit ist es, Bewußtseinsprozesse in Gang zu setzen, um evtl. Verhaltensänderungen anzubahnen, weshalb das *Forum-Theater* mit dem in der Schule praktizierten Rollenspiel verwandt ist; in diesem Zusammenhang übernahm ich selbst überwiegend das *Stop-Verfahren* (siehe S. 140).

Daneben hat *Boal Techniken des Zeitungstheaters* (Meldungen werden u. U. collageartig, verfremdet dargeboten durch „pantomimisches Lesen", durch „rhythmisches Lesen" → vgl. das Lesen des Textes „Corinna Drews" S. 160, usw.), des *Fotoromantheaters* (Nachstellen von in manchen Illustrierten beliebten Fotoromanen, z. B. aus der *Bravo*), und der weniger in Europa geübten Formen des *Mythos-, Masken- und Ritualtheaters* entwickelt. *Augusto Boal* arbeitet in den Workshops, in denen er Übungen der Encounter-(Selbsterfahrungs-) Bewegung einbaut, vor allem mit Laien. Denn nur ein Mensch, der zu sich selbst gefunden hat, ist nach *Boal* in der Lage, sich aus vielerlei Zwängen zu befreien. In von ihm selbst durchgeführten offenen Theaterabenden (z.B. in Erlangen / Nürnberg) begann er in der Regel mit Warming-up-Spielen, die das Körperbewußtsein der Zuschauer fördern sollten, um sie frei zum Mitspielen zu machen.

„Wir fangen mit dem Körper an. Der Teilnehmer soll sich seines Körpers bewußt werden, seiner körperlichen Vermögen ebenso wie der Deformationen, denen sein Körper durch die ihm auferlegte Arbeit ausgesetzt ist. Das heißt, jeder einzelne soll die 'Muskel-Entfremdung' spüren, der er unterworfen ist. Wir vergleichen z. B. die Muskelstrukturen eines Büroangestellten mit denen eines Bergmanns. Der erste übt eine einseitige Tätigkeit aus – nur seine Arme und Finger sind in Bewegung, vom Nabel abwärts ist sein Körper bei der Arbeit starr und zusammengekrümmt. Beide Körper erleben die Entfremdung entsprechend der jeweils verrichteten Arbeit. Das widerfährt jedem in jeder Funktion und jedem sozialen Status." *(S. 47/48)*

*Boals* Art und Weise, Theater zu machen, hat bestimmte Voraussetzungen, nämlich: einen Schauspieler, der sein Interpretationsmonopol aufgibt und bereit ist, den Zuschauer als gleichberechtigt zu akzeptieren, und ein Publikum, das sich nun seinerseits auf eine aktive Teilnahme auf der Bühne einläßt. *Boal* fordert damit einen Schauspieler, *„der nicht länger Supermarionette in den Händen von Regisseuren und Intendanten ist, sondern dem man das Recht zugesteht, selbst zu denken und zu handeln, Ideen zu haben und nicht nur innerhalb von Rollenklischees und im Rahmen einer Textvorlage, die ihm jedes eigene Wort verbietet, kreativ zu sein." (S. 163)*

Dazu gehört ein überzeugender Leiter, der in Selbsterfahrungstechniken geschult ist. Daß die gewünschten Bedingungen, jedenfalls im Moment, nur in Ausnahmefällen erfüllt werden können, zeigt, wie sehr diese Form des Theaters noch an *Boal* selbst und einige seiner Schüler gebunden ist.

Ob Theater überhaupt in der Lage ist, Wirklichkeit durch Bewußtseinsprozesse nachhaltig zu verändern, ist eine seit *Aristoteles* vielerörterte Frage, die eigentlich fast immer zuungunsten des Theaters beantwortet wurde, da dieses meist nur von einer bestimmten Schicht besucht wird. Man muß allerdings sehen, daß *Boal* in Südamerika ein anderes, auf einfache Bevölkerungsschichten ausgerichtetes Theater, gemacht hat.

Trotzdem erscheint der Versuch *Boals*, den Zuschauer zum „*Protagonisten*" zu machen, den Theaterbesucher zu aktivieren, eine konsequente Weiterentwicklung des *Brecht*schen Ansatzes zu sein. Der Zulauf und die Popularität, die *Boals* Auftreten in den verschiedenen Städten auslöst, belegen seinen attraktiven Ansatz.

Skeptisch muß man nach wie vor wohl die Breitenwirkung einer solchen Konzeption in der Bundesrepublik einschätzen angesichts des routinierten (staatlich-halbstaatlichen) Theaterbetriebs.

## Die Bedeutung interaktionistischer Theaterformen für die Schule

Parallel zu der Übernahme von interaktionistischen Spielformen in den Deutschunterricht in der 2. Hälfte der 60er und der 70er Jahre, kann man also entsprechende Beobachtungen auch im Bereich des *interaktionistischen Theaters* machen.

Folgende Voraussetzungen sind dabei zu berücksichtigen:

– wie die *Schule* (mit ihren Lernzielen) zielen derartige *Theaterformen* auf Verhaltensveränderung der Zuschauer ab. Auch das klassische Drama wollte als „*moralische Anstalt*" Wirkungen erzielen, ohne allerdings die Kluft zwischen Bühne und Parkett zu überbrücken. Erst *Brecht* hat systematisch versucht, den Zuschauer zu aktivieren. Nach *Brecht* stelle der Zuschauer des epischen Theaters fest: „Das hätte ich nicht gedacht. – So darf man es nicht machen. – Das ist höchst auffällig, fast nicht zu glauben." usw. Die Mittel, die *Brecht* mit Hilfe seiner *Verfremdungstechnik* anwandte, um die Einfühlung, die Identifikation zu verhindern, sind bekannt.

Man kann feststellen, daß *Brechts* Manipulationen von der Bühne ausgehend nicht ausreichten, den „neuen Zuschauer" zu schaffen.

– Als Ziele der Erziehung in der Schule wurden in den 60er und 70er Jahren vor allem genannt: Kritikfähigkeit, Emanzipation, Mündigkeit, Selbstbestimmung.

Im schulischen Bereich wurden *interaktionistische Spielformen* (einschließlich des Rollenspiels) vor allem zur *Verbesserung der kommunikativen Kompetenz* vorgeschlagen und zum Teil genutzt. Ähnliche Zielvorstellungen von *Schule und Theater* führen also zu verwandten methodischen Ansätzen. Da zum *Wesen des Dramatischen die Realisation, die Aktualisierung im Mimischen* zählt, sind im Unterricht besonders jene Formen zu berücksichtigen, die dies leicht ermöglichen, wie eben auch die *Boal-Techniken* und -*Formen*. Dabei kann lernbereichsübergreifend gearbeitet werden, da in der Tat sowohl *kommunikative Kompetenz* (mündliche Kommunikation) als auch *Einsichten in die Strukturen des Dramatischen* ermöglicht werden. Schüler haben die Möglichkeit, ganzheitlich zu erfahren, daß *Spielen vieldimensional* sein kann. Beim *Rollenspiel bzw. Forumtheater* werden Konflikte ausgetragen, die auch Grundlage eines dramatischen Geschehens sein können. Ich kann *Dorothea Freudenreich* nur zustimmen, wenn sie schreibt: „*Es gibt nun Realitäten, die zwischen Spiel und Alltag vermitteln. Die Menschen, die miteinander spielen, sind auch im Spiel wirklich, sie machen reale Erfahrungen. Ihre Gefühle sind Realität, oft sind die aufsteigenden Gefühle echter und wirklicher, weil sie nicht durch gesellschaftlich geforderte Fassaden verdeckt sind. Wirklich ist auch die Gruppe, sie hilft zu spielen und wirklich sind Vertrauen und Mißtrauen in den anderen Menschen, in das Spiel, in die eigene Person und in die Auseinandersetzung mit den Themen*". *(1983, S. 219)*

In seinem Vorwort zur deutschen Ausgabe bemerkt *Boal*:

„Zugleich gilt es, unsere gesamte Wahrnehmung, die durch die Vorrangstellung des Sehens in unserer Kultur verkümmert ist, neu zu entdecken und zu entwickeln. Wir müssen alle Sinne entwickeln, nicht nur das Sehen, sondern auch das Hören, Tasten, Riechen, Fühlen, wir müssen nicht nur hinschauen, sondern auch wahrnehmen, nicht nur hören, sondern hinhören, zuhören. Wir müssen die Spaltung zwischen Wahrnehmen, Fühlen, Denken, Tun überwinden. Wir müssen uns bewußt in Beziehung zur Umwelt erleben, zur Schwerkraft, zum Raum, wir müssen unser 'Sinngedächtnis' wiedererwecken, unsere Ausdruckskraft wiedererlangen." *(S. 174)*

In der neuen erweiterten Auflage (1989) listet er eine große Anzahl von Übungen und Experimenten auf, die über das ganze Buch verteilt, besonders aber im zweiten Teil (S. 167ff.), der bisher fehlte, zu finden sind.

Der Deutschlehrer nimmt vorrangig die schriftlich fixierten Formen des Dramatischen wahr, die er entsprechend im Unterricht einsetzt. Mit dem *alternativen* und *Freien Theater* erschließt sich ihm ein Bereich, der von vornherein auf Aktion, auf die *Umsetzung ins Mimische* angelegt ist und der daher für den Unterricht besonders geeignet erscheint.

Literatur, die teilweise auch Übungen und Spiele enthält: *Harjes, R.: Handbuch zur Praxis des Freien Theaters. Köln: Dumont 1983; Weihs, A.: Freies Theater. Hamburg: Rowohlt 1981.*

In den genannten Büchern sind die „Freien" und die einzelnen Ausprägungen, einschließlich der „Vorläufer" (wie *Commedia dell'arte, Dada oder Happening – Fluxus – Multimedia*), gut zusammengefaßt.

*Michael Batz* und *Horst Schroth* wollen nicht die Theaterbewegung beschreiben, sondern zum „*freien" Theater-Spielen* anleiten *(Theater zwischen Tür und Angel. Hamburg: Rowohlt 1984)*. Sie sind die Gründer des „ältesten" *Freien Theaters* in Hamburg (seit 1977) und bringen in ihrem Buch eine Fülle von Anregungen für die verschiedensten Situationen und Zusammenhänge.

## 4 Das literarische Rollenspiel

Das *literarische Rollenspiel* wird in einem eigenen Kapitel abgehandelt, obwohl es zu den *neueren Spielformen* zu zählen ist, da die Entwicklung etwa Ende der 70er, Anfang der 80er Jahre einsetzte. Allerdings sind in diese Spielform viele traditionelle Elemente mit aufgenommen worden (z. B. das *Stegreifspiel* und die *Pantomime*), so daß eine eigene Darstellung (auch wegen der herausragenden Bedeutung) durchaus gerechtfertigt erscheint.

*Reinhold Klinge* beginnt seinen Aufsatz zum *„Szenischen Interpretieren"* (1980) folgendermaßen:

„Ich, der Autor, bin jetzt 25 Jahre lang Deutschlehrer. Es gibt – so will ich einmal für mich resümieren – Erfahrungen im Umgang mit der Theorie, die für den Bildungsgang als Lehrer wichtig geworden sind; im Rückblick frage ich mich gelegentlich, wie ich ohne sie überhaupt habe auskommen können. Andere wiederum beanspruchten mein Interesse eine Zeitlang und gingen dann wieder unter, ohne tiefere Spuren zu hinterlassen.

Zu den bleibenden, von Theorie angeregten Neuerfahrungen kann ich neben dem geschichtsmaterialistischen Ansatz der Literatursoziologie mit Sicherheit die Begegnung mit den neueren rezeptionsästhetischen Ansätzen rechnen, die mein Verhältnis zu Texten genauso verändert haben wie mein Verhältnis zu den Schülern. Wenn ich jetzt davon ausgehen darf, daß ein Text, von zwei Schülern gelesen, drei Texte ergibt, den gedruckten und die zwei rezipierten, und daß meine Rezeption zwar durch Alter, Studium und Leseerfahrung reicher, aber prinzipiell nicht überlegen ist – dann ergibt das eine geradezu revolutionäre Veränderung meines Lehrerverhaltens." *(S. 87)*

Diese engagierte Stellungnahme eines Lehrers, die in erfrischend subjektiver Weise die Begegnung mit der *Rezeptionsästhetik* wiedergibt, habe ich auch deshalb so ausführlich zitiert, weil sich die oben beschriebene Wandlung der Einstellung heute noch nicht allgemein durchgesetzt hat, obgleich sie die Grundvoraussetzung für das *literarische Rollenspiel* darstellt.

Nachdem in den letzten Jahren *handlungs- und produktionsorientierte Verfahren* verstärkt im Literaturunterricht gefordert und auch praktiziert wurden, rückte auch das *literarische Rollenspiel* noch mehr in den Mittelpunkt des Interesses, da es in hervorragender Weise als Methode deren charakteristische Ziele zu erreichen verspricht. Nicht ganz einheitlich wird der Begriff gebraucht; so spricht *Heinz Blumensath (1992)* vom *„Text und seiner Inszenierung"*, und *Albrecht Schau (1992)* verwendet den Begriff *„Szenisches Interpretieren"*. *„Das 'Szenische Interpretieren' deckt als literaturdidaktischer Begriff ein Doppeltes ab: es kommt zunächst als 'didaktisches Prinzip', mithin als Orientierungsmaßstab in Betracht, stellt aber gleichzeitig ein 'Ensemble methodischer Verfahren' dar, über welche Literaturbegegnung und Literaturverstehen initiiert werden sollen." (Schau, A., S. 430, vgl. auch Scheller, I., Herausgeber des Praxis Deutsch Heftes Nr. 136, März 1996, mit dem Titel „Szenische Interpretation")* Man muß allerdings feststellen, daß die Begriffe nicht ganz deckungsgleich sind, aber die Grundprinzipien der *Handlungs- und Produktionsorientierung* gemeinsam haben.

Manche Vertreter der *Literaturwissenschaft* haben die Wendung hin zu produktionsorientierten Verstehensweisen vollzogen und fordern ähnliche Verfahrensweisen ebenfalls für den universitären germanistischen Bereich, wie z. B. *Jürgen Schutte:*

„Methodisches Interpretieren ist in der Regel ein mehr oder weniger kontrolliertes 'Hin-und-Her' (Sartre) zwischen kritischer Verständigung über den Wahrheitsgehalt und die Wirksamkeit des Textes, analytischer Überprüfung und Begründung der in den Verständigungsakten getroffenen Feststellungen und methodischer Reflexion. Aus dieser Feststellung folgt erstens, daß literaturwissenschaftliche Interpretation ein kommunikatives Handeln ist und daher angewiesen auf den lebendigen Austausch von Meinungen, Fragen und Interessenäußerungen im mündlichen Gespräch; zweitens, daß es keine verallgemeinerbare Anweisung dafür gibt, wann und in welcher Form die Übergänge zwischen den verschiedenen Frage-Ebenen jeweils erfolgen sollen; drittens, daß die Verständigung über Lese-Erfahrungen unabdingbar der erste Arbeitsschritt ist und daß die Interpretation den steten Rückbezug auf diese Erfahrungen nicht ohne Schaden versäumen kann. Dies ist ausdrücklich gegen all diejenigen Modelle der Interpretation gesagt, in denen die 'einfache Beschreibung des Textbefundes' (also ein analytisches Handeln) an erster Stelle im Arbeitsprozeß steht.

[...]

Die mangelnde Bereitschaft und Übung bei der Artikulation von Lese-Erfahrungen ist daher nur zu verständlich. [...] Die Herstellung von Lesarten als Ausgangspunkt für die analytische Arbeit und die methodische Reflexion geschieht im literaturwissenschaftlichen Seminar sinnvollerweise mittels Fragen oder Aufgaben; erbeten werden könnte ein spontaner oder fragengeleiteter Kommentar, ein Gedichtvortrag oder etwa die Lesung mit verteilten Rollen. Die vielfältigen, im wissenschaftlichen Literaturunterricht noch viel zu wenig erprobten Formen des produktiven Umgangs mit Literatur (Rollenspiel, Umschreiben, Transformierung in andere Medien; [...]) könnten nach meiner Auffassung die Motivationen zu dieser Arbeitsphase und ihren Ertrag noch wesentlich steigern." *(Schutte, J., 1985, S. 18/20)*

## 4.1 Beschreibung des literarischen Rollenspiels

Grundsätzlich liegt der Unterschied des *literarischen Rollenspiels zum sprachdidaktischen (also zum Konfliktrollenspiel)* darin, daß *der literarische Text die konstituierende Voraussetzung* darstellt, wobei meist *fiktionale Texte* ausgewählt werden, die ihre Realität innerhalb der Textkonstitution entfalten und deren Intention es vorrangig nicht ist, Wirklichkeit abzubilden, sondern bei den Lesern / Rezipienten eigene Meinungen, Stellungnahmen, Gefühlsreaktionen provozieren wollen. Allerdings habe ich die Erfahrung gemacht, daß sich auch sogenannte Sach- und Gebrauchstexte zum literarischen Rollenspiel eignen, sofern sie sich auf *menschliche Handlungsweisen* beziehen.

Die *Textbasis* ist von Bedeutung, da der Schüler sich zwar *mit den literarischen Figuren* beim Spiel *identifizieren* muß, sich *aber selbst dahinter verbergen* kann, auch wenn in jedem Spielvorgang die *Subjektivität* des jeweiligen Spielers einfließt. Wirklichkeit wird nur vermittelt, über die Textgrundlage simuliert. „*Obwohl vielen Rollenspielen der Projektionscharakter anzumerken ist, scheuen Schüler in der Regel vor Aufgaben zurück, die allzu leicht als direkte persönliche Äußerung verstanden werden können.*" *(Eggert, H., 1980, S. 84)* Dennoch muß der Schüler mit Hilfe seiner sozialen Phantasie das Handlungsgeschehen realisieren, er muß die Figuren, evtl. das gesellschaftliche und persönliche Umfeld (z. B. Alter, Lebensweise, freundschaftliche und verwandtschaftliche Beziehungssysteme, Wert- und Normeinstellungen) konkretisieren, da nur so er im Spielprozeß darauf Bezug nehmen kann. Als wir in einer 8. Klasse die *„Masken"* von *M. von der Grün* erarbeiteten, *„fiel"* plötzlich der Protagonist Erich *„aus der Rolle"* und fragte die Zuschauer: *„Wie alt bin ich denn eigentlich?"* Wir hatten vergessen, dies in der Vorbereitungsphase zu klären.

Entscheidend beim *literarischen Rollenspiel* ist also, daß nicht nur textuelles Handlungsgeschehen visualisiert wird, sondern daß *im Spielakt der Text neuartig, über die Vorlage hinausgehend* geschaffen wird. Dies bedeutet, daß man sich *handelnd multiperspektivisch* den literarischen Text aneignet mit Hilfe des *eigenen Sinnsystems*, das durch die Beschäftigung bzw. Begegnung mit dem literarischen Werk wiederum eine Veränderung erfahren kann.

Konkrete Möglichkeiten sind z. B., daß die *im Text nur angedeuteten Konflikte im Rollenspiel zur Darstellung kommen, daß ein anderer Schluß versucht wird, innere Monologe die Befindlichkeit der Personen deutlich machen, daß Transfersituationen (etwa bei der Fabel) gesucht werden, daß literarische Persönlichkeiten einen Dialog miteinander führen* (z. B. *Effi Briest und Nora*).

**Das literarische Rollenspiel – eine integrative, komplexe Spielform**

Wie aus den genannten Beispielen deutlich wurde, ist das *literarische Rollenspiel* eine integrative, komplexe Spielform (siehe Schaubild S. 133).

Sowohl *traditionelle* (Pantomime und Stegreifspiel) wie auch *neuere Spielformen* (Konfliktrollenspiel, interaktionistische Spiel- und Theaterformen) können verwendet werden. Es werden je nach Beschaffenheit des literarischen Werkes und dem spezifischen Diskussionsverlauf in der Gruppe *unterschiedliche Aktionsformen* eingesetzt. Selbstverständlich kann ein Text auch einmal *„nur"* pantomimisch *oder stegreifartig* nachgespielt werden, was allerdings dann nach der oben angeführten Definition noch kein *literarisches Rollenspiel* darstellt.

Wichtig ist, daß die Aneignung des Textes durch die Klasse / Gruppe einen *Prozeß-charakter* hat. Durch die Diskussion angeregt, können sich immer wieder erneut *Spiel- und Aktionsphasen* ergeben. Wenn die Gruppe erfaßt hat, daß Alternativen oder weitere Einfälle nicht nur theoretisch erörtert, sondern konkretisiert werden, ist das Prinzip begriffen worden. Das *Ineinander von Spiel und Reflexion* ist außerordentlich wichtig und kennzeichnet die *engagierte Auseinandersetzung mit dem Text*.

Selbstverständlich kann man auch *ergebnisorientiert* arbeiten, d.h. durch wiederholtes Proben und optimierendes Verändern ein Produkt präsentieren. Ich könnte mir z. B. sehr gut vorstellen, auf diese Weise ein *selbsterarbeitetes Schulspiel* zu gestalten.

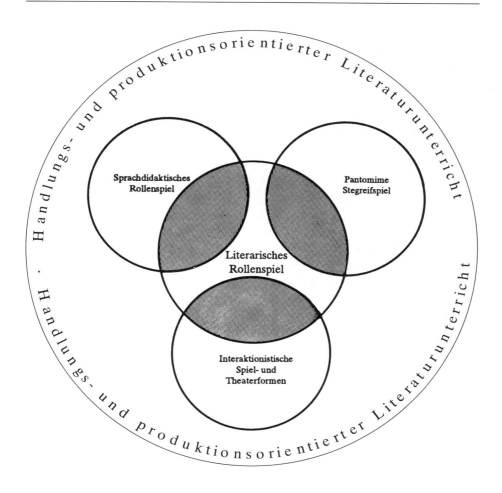

Das *literarische Rollenspiel* ist damit ein *ganzheitliches Lernen*, auf der *psychomotorischen*, der *affektiven* und *kognitiven Ebene*. In der jüngsten schulpädagogischen Literatur (z.B. *Jank, W. / Meyer, H., S. 337ff.* und *Glöckel, H., S. 136 ff.*) wird diese Klassifikation in Frage gestellt, wenn nicht gar abgelehnt. So gibt es nach *Jank / Meyer (1991)* kein „*rein kognitives Lernen*" – „*auch dann nicht, wenn der unterrichtende Lehrer sich ausdrücklich vornimmt, lediglich kognitive Ziele zu verfolgen. Denn beim Lernen werden immer auch Einstellungen und Gefühle zum Unterrichtsinhalt vermittelt. Selbst dann, wenn die Schüler gelernt haben sollten, neue Themen nüchtern und vorurteilslos, scheinbar ohne Gefühle zur Kenntnis zu nehmen, haben sie in Wirklichkeit doch ein affektives Lernziel erreicht, nämlich das der Gefühllosigkeit.*" *(S. 340)*

*„Die Klassifikation ist nicht nur kaum praktikabel. Sie leidet an dem grundsätzlichen Fehler, daß sie – in Neuauflage einer überholten psychologischen Vermögenslehre – Funktionsbereiche der Psyche trennen will, die in Wirklichkeit nur Aspekte der als Ganzes handelnden Person sind." (Glöckel, S. 137)*

Dem kann man wohl zustimmen, die Klassifikation hat aber dennoch einen heuristischen Wert. Da sich kognitive Lernziele besser kontrollieren ließen und lassen – und der Unterrichtserfolg soll ja kontrolliert werden –, fanden diese eine entsprechende Beachtung und dominieren überwiegend die Lehrpläne. *„Der lernzielorientierte Unterricht steht in Gefahr, [. . .] die einseitige kognitive Orientierung zu verstärken." (Jank / Meyer, S. 346)* Besonders das *Spiel erfordert offene Unterrichtsstrukturen*, um der Spontaneität von Lehrern und Schülern genügend Platz einzuräumen.

Ganzheitliches Lernen ermöglicht das *literarische Rollenspiel*:

– *auf der psychomotorischen Ebene:*

Der Schüler agiert mit seinem Körper, indem er einer literarischen Figur Gestalt verleiht, sich mit ihr identifiziert oder aber sich von ihr distanziert und ihren Charakter verändert, weiterentwickelt. Er erlebt dabei insofern problematische eigene Persönlichkeitsanteile, als er feststellt, daß er evtl. den Schurken oder Bösewicht mit größtem Vergnügen dargestellt hat. Die gesamte Gruppe / Klasse kann in den Spielprozeß integriert werden, indem in den jeweiligen Texten nach interaktionistischen oder pantomimisch spielbaren Szenen gefahndet wird. Daneben kann man natürlich die Spielbereitschaft durch Warming-up-Übungen fördern, die auch von *Freudenreich / Sperth* vorgeschlagen werden. Dies können Bewegungsspiele (aus dem Bereich der *New Games* oder dem *Boal-Theater*) oder *Gruppen- oder Paar-Pantomimen* sein, wie sie *Werner Müller* in seinen Büchern zur *„Pantomime" (1981)* und zum *„Körpertheater und Commedia dell'arte" (1984)* in vielfältiger Weise darstellt (siehe S. 56 f.). Um möglichst viele Personen an der Spielphase teilhaben zu lassen, hat sich das sog. *„Stop-Verfahren"* bewährt, das vom *Forum-Theater Boals* (1989, S. 82 ff.) übernommen wurde (vgl. S. 126).

Diese *psychomotorische Lernzielebene* korrespondiert besonders mit

– *der affektiven Ebene:*

Im Spiel kann das *Handeln der literarischen Figuren* in ihrer *emotionalen Qualität* erfaßt werden (vgl. dazu auch *Schober, O., 1990*), d. h. man selbst durchlebt diese Gefühle intensiv, indem man sich mit ihnen identifiziert. In einem Seminar haben wir *„Nora"* von *Ibsen* über den Schluß hinaus fortgeführt (vgl. S. 146 ff.). Selbstverständlich hatten wir über den „Kopf" alle registriert, daß *Nora* einen einschneidenden Entschluß gefaßt hatte. Aber erst im Spiel offenbarte sich uns die Beweisnot *Noras*, die Ungeheuerlichkeit ihres Handelns, das selbst heute noch keineswegs den Beifall der Gesellschaft fände. Auch die Zuschauer /

Zuhörer spürten etwas von der Ungewöhnlichkeit dieser Frau, die sich in weiteren Spielszenen zeigte.

*Emotionalität* wird explizit und bewußt in das Unterrichtsgeschehen einbezogen. Dies bedeutet allerdings, daß negative Reaktionen nicht ausgeschlossen werden. Mit diesen wird aber konstruktiv umgegangen. Sie sind nämlich einfach da und lassen sich nicht „wegbefehlen".

Häufig wird solchen Verfahren vorgeworfen, zu irrational, zu sehr gefühlsbetont zu sein. Man muß aber feststellen – und jeder, der in der Praxis diese schon erprobt hat, wird es bestätigen –, daß die *kognitive Leistungsfähigkeit* des Schülers, des Spielers in allen Stadien voll ausgeschöpft wird. Die Wahrnehmung und Verbalisierung von Gefühlen mit hochkomplexen semantischen Anforderungen ist für Schüler häufig nur nach einem entsprechenden Training möglich. Beim *literarischen Rollenspiel* setzt der Produktionsvorgang voraus, daß der Schüler den Text *intellektuell* erfaßt und begriffen hat. Der *Rückbezug und der Vergleich* des Spielgeschehens mit dem Text erfordern eine ständige *wache Bewertung*, die sich in *Reflexionsprozessen* niederschlägt. Die Befürchtung, daß das Werk in seiner ursprünglichen Fassung aus dem Blickfeld gerate, erweist sich nach unserer Beobachtung als unbegründet, da wir immer wieder das Bedürfnis registrieren konnten, die Aktion auf der „Bühne" mit dem Ausgangstext zu vergleichen. Gerade die Differenz zwischen den beiden Darstellungsformen fordert von den Beteiligten meist ein hohes Maß an *kognitiver Reflexivität*. Der Vergleich kann ein vertieftes Verständnis zur Folge haben, das u. U. im Widerspruch zur Autorintention liegen kann. (Vgl. S. 144)

Gerade durch die intensive kognitive Aufbereitung der Texte / Werke auf der Basis emotional *strukturierter Erlebnisprozesse* ergeben sich *Erkenntnismöglichkeiten*, die weit über die nur kognitiv organisierten Lernvorgänge hinausweisen. Ich behaupte also, daß ein so initiiertes Lernen ein außerordentlich *wirkungsvolles Lernen ist auf der Basis einer vollgenutzten Kognition.*

**Textsorten und literarisches Rollenspiel**

Nicht alle Textsorten und Texte eignen sich in gleicher Weise für das literarische *Rollenspiel*. Sie bedürfen jeweils einer unterschiedlichen Behandlung und Bearbeitung.

– *Kurzgeschichten, Erzählungen, Romane, Novellen*

Da in ihnen meist eine Handlung entfaltet wird, können bestimmte Szenen *stegreifartig, pantomimisch* nachgespielt werden. Häufig sind *Konflikte* im Text nur angedeutet, die ausagiert werden können, oder bei einer Kurzgeschichte könnte man einen anderen Schluß erfinden. Nach *Iser (1970)* sind dies entsprechende „Leerstellen", die der Leser ständig auffüllt. Für *Waldmann (1984)* ist es eine „Konkretisation" des Textes, die der Rezipient mit Hilfe seiner „sozialkreativen Phantasie" vornimmt.

Deshalb ist die Vorbereitungsphase auch besonders wichtig, in der diese Konkretisationen teilweise erfolgen müssen.

– Auch *Märchen, Fabeln, Sagen und Schwänke* können in *literarische Rollenspiele* umgesetzt werden. *Märchen enthalten z. B. oft brutale zwischenmenschliche Konflikte*, die in der Gesellschaft durchaus reale Entsprechungen aufweisen und die nun im Spiel ausagiert werden können. Ich denke dabei z. B. an das Märchen „*Hänsel und Gretel*", das wir in einem Seminar bearbeitet haben (vgl. S. 149ff.). *Multiperspektivisch* wurde der Text u. a. aus der *Sicht der Hexe, der Gretel, des Hänsel in lyrischen Monologen vorgeführt. Der Ort wurde z. B. verlegt: Hänsel und Gretel in der Wüste, in einer tristen Trabantenstadt oder Hänsel bei einer Psychotherapeutin.*

Bei der Bearbeitung von *Fabeln* bietet sich vor allem die Übertragung, der Transfer auf entsprechende Parallelsituationen an.

– *Lyrische Formen* scheinen für das *literarische Rollenspiel* besonders sperrig zu sein. Und dies kann ich aus den Erfahrungen in der praktischen Arbeit nur bestätigen. Wenn wir einmal die *Balladen* ausklammern, dann drängt sich in der Regel kein Bearbeitungsmodus auf, d. h. die Spielgruppe ist gefordert, Bezüge, Übertragungsmöglichkeiten herzustellen; Phantasie und Kreativität sind notwendig.

Das *literarische Rollenspiel* kann aber für die lyrischen Formen in hervorragender Weise die affektiv-emotionalen Komponenten und unterschiedliche Bedeutungshorizonte vermitteln. (Vgl. die Beispiele S. 140ff.)

*Freudenreich / Sperth* arbeiten darüber hinaus mit Gedichten (Beispiele: „*Er ist's*" E. Mörike und „*Herbst*" P. Huchel) im gruppendynamischen Selbsterfahrungsbereich. Schüler sollen sich entspannen und bei geschlossenen Augen die Texte auf die Phantasie und innere Bildwelt wirken lassen. So wird ein subjektiver Zugang möglich, und die Schüler äußern sich dann spontan zu ihren Assoziationsprozessen. *Freudenreich / Sperth* sind sich darüber im klaren, daß dieses Verfahren nicht in jeder Klasse anwendbar ist: „*Die von uns vorgeschlagenen Methoden sind experimentell zwar von uns erprobt, jedoch nur in Klassen anzuwenden, die bereit sind, sich ganz auf den Lernprozeß einzulassen und die an abweichende Unterrichtsformen, die die subjektive Wahrnehmung und die bewußte Auseinandersetzung mit dem eigenen ganzheitlichen Erleben verlangen, gewohnt sind und diese auch akzeptieren.*" (S. 84) Sie sind sich durchaus bewußt, daß diese Bearbeitungstechnik Gefahren in sich berge. „*Es entstanden bei Schülern, die sich sehr intensiv auf die Entspannung einließen, z. B. bei dem vorgelegten Gedicht 'Herbst', nach anfänglich angenehmen Assoziationen auch stark bedrohliche und ängstigende Bilder, die die Schüler teilweise bis in ihre Kindheit zurückführten. Mit diesen Erlebnissen muß der Lehrer äußerst behutsam umgehen. Er sollte, wo er solche Prozesse beobachtet, diese nicht vertiefen, da er sich sonst möglicherweise in eine therapeutische Funktion hineinbegibt.*" (S. 84) Eine therapeutische Funktion wird vom Deutschunterricht nicht erwartet werden dürfen. Aber in Spielprozessen, die nicht vorauskalkulierbar sind, ereignet sich immer ein gruppendynamisches Geschehen, das ganzheitlich oft intensive Gefühle auslöst, mit denen der Lehrer „behutsam" umgehen sollte, d. h. eine gewisse Grundfähigkeit, solche Prozesse steuern zu können, sollte vorhanden sein, schon in der Ausbildung, im Studium angebahnt werden. Damit das Instrumentarium *literarisches Rollenspiel* nicht schon von vornherein die begriffliche Klarheit einbüßt, würde ich diese letzte Bearbeitungstechnik von *Freudenreich / Sperth* nicht mehr zum *literarischen Rollenspiel* rechnen, obwohl ich nicht grundsätzlich solche Verfahren der „Textarbeit" ablehne. Das wesentliche Kennzeichen muß die spielerische Aktion sein. Wenn der Umgang mit dem Gedicht sich nur noch auf Entspannung und assoziative Spontanreaktionen stützt (dies kann allerdings auch ein Schritt im *literarischen Rollenspiel* sein), dann sollte man dieses Verfahren *dem meditativen Umgang mit Texten* zuordnen.

– Zur Verwendung von *trivialen Texten*

Die Methode des *literarischen Rollenspiels* ist universell einsetzbar, also auch in bezug auf triviale Texte, insofern diese Texte, unabhängig von ihrer poetischen Qualität, ein *multiperspektivisches Spielen* möglich machen. So sind häufig auch in neueren Lesebüchern Texte zu finden, die weniger wegen ihrer literarischen Qualität, sondern wegen ihrer pädagogischen Wirksamkeit aufgenommen wurden, wie der Text von *Gerd E. Hoffmann „Familienkrach" (Kolumbus 8. Bamberg: Buchner 1984, S. 84 ).*

In diesem Text geht es um das moderne Selbstverständnis von Mann und Frau, wobei als Auslöser des „*Familienkrachs"* ein heftiger Streit der Eltern (drei Kinder) konstruiert wird. Auf der einen Seite will sich der Text positiv an dem veränderten Rollenverhalten der Geschlechter orientieren, andererseits werden aber dennoch Klischees produziert.

Das *literarische Rollenspiel* kann durch das *Handeln* mit dem Text einen direkten Bezug zu den Schülern herstellen. In einer 8. Klasse wurde durch das Spielgeschehen Betroffenheit, Nachdenklichkeit und Selbstreflexion ausgelöst, allerdings nicht durch den Text, sondern durch das Spiel. Das Klischee wurde entlarvt. In einer theoretischen Als-ob-Diskussion wären solche Reaktionen wohl kaum möglich gewesen. Die Verwendung des *literarischen Rollenspiels* im Bereich der Trivialliteratur ist kein Widerspruch zur Begründung mit der sog. *Leerstellentheorie*, da es sich nicht nur um das Auffüllen solcher Unbestimmtheitsstellen im literarischen Text handelt, sondern durch das *aktive Einbringen der sozial-kreativen Phantasie* können *Handlungsalternativen* entwickelt, *klischeehafte, stereotype Muster* erkennbar und *Wert- und Normensysteme* als hinterfragbar erfahren werden.

Häufig mußten wir eine eigenartige Wirkung registrieren, daß sich nämlich im Spielprozeß die Trivialität „verflüchtigte", da diese sich auf der sprachlich beschreibenden Ebene ergibt. *„Unendlich behutsam hob er ihr Köpfchen empor. Seine Hand lag unter ihrem Kinn. Wie weich ihr Haar ist, wie der Flaum von kleinen Küken."* *(Senta Maler: Als Diebin gebrandmarkt ... und dennoch reichte das Glück ihr die Hand. Kelter V., Nr. 112, S. 9)*

Um die Trivialität zu erhalten, haben manche Gruppen einen Kommentator, Erzähler eingeführt, der die Originalsprache benutzte; manche Darsteller haben das Spielgeschehen kabarettistisch überzogen.

– Die *Kinder- und Jugendliteratur* läßt sich ähnlich umsetzen; die Erarbeitung dramatischer Texte habe ich schon mit dem Beispiel der *„Nora" von Ibsen* erwähnt.


**Literarisches Rollenspiel und lebensweltliche Erfahrung**

*Spinner* weist (PD, Jahresheft 1984, *„Schüler"* S. 21/22) in seinem Essay *„Die sanften Wilden"* darauf hin, daß unsere Kinder und Jugendlichen unter ganz anderen Sozialisationsbedingungen aufwachsen als es für unsere Generation noch zutraf, daß sie eine ganz andere Wahrnehmungswelt erleben. Er schreibt: *„Sind wir Erwachsene vielleicht allzu einseitig auf unsere Rationalität fixiert, einseitig im hirnphysiologisch exakten Sinn: nur unsere linke Gehirnhälfte hochschätzend? [...] Verstehen wir unsere Jugend vielleicht deshalb nicht, weil ihr Gehirn anders arbeitet, anders entwickelt ist, mit rechts-, nicht mit linkshemisphärischer Dominanz?"* *(S. 22)*

Darüber, daß das Denken und Fühlen einer Generation, die in einem beispiellosen Überfluß, unter anderen medialen Bedingungen und mit einem riesigen Freizeitangebot (einschließlich einer ungeheuren Mobilität) aufwächst, sich anders darstellen muß als zu früheren Zeiten, ist man sich weitgehend einig. Ich glaube allerdings nicht, daß bei unserer Jugend schon die rechte Gehirnhälfte zu dominieren beginnt. Wir geben uns doch redlich Mühe, dies im langen Erziehungsprozeß zu verhindern.

Das *literarische Rollenspiel* (wie andere ganzheitliche Verfahren) könnte den Schülern in diesem Sinne entgegenkommen.

– Sie können *Ereignisse, Strömungen und Norm- und Werthaltungen* aus Politik und Gesellschaft einfließen lassen, z. B. den Golfkrieg, Umweltverschmutzung (Ozonloch), Probleme mit den Eltern.

– Die Schüler repräsentieren eine literarische Figur und geben ihr Körperlichkeit, auch in erweiterten Spielprozessen. Damit werden ihre ganz persönlichen Erfahrungen, ihr Charakter und ihr Temperament als Bezugsmomente des Textes erfaßbar. Ich glaube, daß es kaum einen besseren Zugang zu dieser *„lebensweltlichen Erfahrung"* geben kann, der sich für das Textverstehen nutzen ließe. Gleichzeitig ist die unterschiedliche Ausgangsbasis auf individueller und gesamtgesellschaftlicher Ebene auch für den Lehrer erfahrbar, und er hat die Chance, zu einem Dialog zu gelangen.

**Grenzen des literarischen Rollenspiels**

Wenn wir ein literarisches Rollenspiel in einer Gruppe / Klasse erproben, sind wir in der Regel auf das Wissen angewiesen, das sich die Schüler im Laufe der Jahre angeeignet haben, auf das wir gerne zurückgreifen. Dieses Wissen ist zum großen Teil *diskursiv-analytisch* erworben worden. Der Anteil an Verstehensprozessen, die wir beglückt im *literarischen Rollenspiel* registrieren, ist sicherlich ziemlich groß. Bei Schülern lassen sich solche Wissensstrukturen erkennen. Dies bedeutet, daß nur ein Ineinander von *diskursiv-analytischen* mit *produktionsorientierten Verfahrensweisen* den Erfolg im Unterricht ermöglichen kann.

Und in der Tat sind nicht alle Lernprozesse mit dem literarischen Rollenspiel zu bewältigen, und es ist auch nicht auf alle Texte anwendbar. Vor allem das Erfassen der Strukturen und formalen Elemente wird damit nur unzureichend gefördert. Es ist nämlich psychisch eine große Schwierigkeit, nach außerordentlich motivierenden Spielphasen zur nüchternen Textarbeit mit vergleichsweise anstrengenden Aneignungsprozessen zurückzukehren. So sollten die *diskursiv-analytischen Methoden* nicht vernachlässigt werden. Allerdings lassen sich auch diese Verfahren anders, moderner organisieren als durch das übliche meist sterile Lehrerfrage-Schülerantwort-Gespräch. *Waldmann (1992)* hat dies für die *Lyrik* exemplarisch aufgezeigt; auch wenn er seine Darstellung *produktionsorientiert* nennt, geht es vorrangig darum, *lyrische Strukturelemente* erfahrbar zu machen.

Nur das Ineinander beider Verfahrensweisen kann eine Wissensbasis schaffen und Motivationsschwierigkeiten vermeiden helfen.

## 4.2 Methoden des literarischen Rollenspiels

Da das literarische Rollenspiel eine Integrationsform verschiedener Spielansätze darstellt, sind selbstverständlich *viele Methoden und Verfahren* nutzbar. Ich habe sie zwar bereits bei der Beschreibung erwähnt, aber an dieser Stelle sollen sie noch einmal explizit aufgeführt werden.

– *Der Dialog*

Ähnlich dem sprachdidaktischen Rollenspiel werden Konflikte und deren Varianten in *dialogischer Form* ausgetragen. Auf diese Weise wird aber je nach Ausgangstext (bei der Lyrik und Epik) ein *Übergang ins Dramatische* vollzogen, was übrigens für fast für alle Spielformen gilt. „*Keimzelle*" des Dramas ist nach *Ivo Braak* der *Dialog*; da er natürlich auch in epischen Formen, wie dem Roman auftaucht, gehört neben dem Wort auch das „*Mimische*" *(Braak, I., 1972, S. 117)* wesentlich zum Dramatischen.

Es können sich natürlich auch mehrere Personen am *Gespräch*, das meist *stegreifartig* erfolgt, beteiligen (S. 45); nur selten müssen aus dem Text wörtliche Formulierungen übernommen werden. Dies kann dann der Fall sein, wenn es im

Verstehensakt ganz besonders auf die *Pointe* ankommt (etwa zunächst beim einfachen Nachspielen eines Textes). Da die Spieler mit ihrem Körper agieren, werden selbstverständlich auch immer nonverbale, eben körpersprachliche Elemente eingesetzt, und diese können von der Gruppe / Klasse beobachtet werden
(evtl. eigene Beobachtungsaufträge).

Es werden natürlich auch die im *sprachdidaktischen Rollenspiel* üblichen Methoden eingesetzt:

Das sog. *Stop-Verfahren* (siehe S. 126),

die *Alter-Ego-Technik* (siehe S. 91 f.).

Besondere Bedeutung kann im *literarischen Rollenspiel* der

– *Monolog* (Selbstgespräch) gewinnen.

*„Selbstgespräche kennt fast jeder als Zwiesprache mit sich selbst oder mit einem
vorgestellten Partner oder als lautes Denken"* (Freudenreich / Sperth, 1983,
S. 18). Mit dem *klassischen Monolog* hat der des *literarischen Rollenspiels* eine
gewisse Verwandtschaft. Es zeigt sich ganz besonders der Unterschied zum
*sprachdidaktischen Rollenspiel*, in dem der *Monolog* nur bedingt einen Platz
hat, weil er nicht so ganz in das Konzept *der Simulation von Wirklichkeit* paßt.
Der *Monolog* kann unterschiedliche Funktionen haben, z. B. eine Hilfe für den
Schüler darstellen, zu sich selbst zu finden, sich mit der Rolle zu identifizieren,
sich zu äußern, ohne die Notwendigkeit, sich auf sein Gegenüber einstellen zu
müssen. Dazu kommt, daß die Text-Figur konkretisiert wird (Geschlecht, Alter,
persönlicher und gesellschaftlicher Hintergrund).

Allerdings kann der *Monolog* ebenso eine *eigenständige Funktion* haben, wenn
sich in einer Figur außerordentlich komplexe innere Prozesse abspielen, die nur
einen geringen Verbalisierungsgrad erreichen (vgl. dazu die *Alter-ego-Technik*).
Auch bei Gedichten, die vielfältige Gedanken und Gefühle evozieren können,
läßt sich das *Monologisieren* gut nutzen.

## 4.3 Beispiele zum literarischen Rollenspiel

Es ist grundsätzlich problematisch, Stundenmodelle zu bestimmten Texten anzubieten, da die Gruppe / Klasse sich selbst steuert, d. h. jede Realisierung in unter-
schiedlicher Weise erfolgt. *Freudenreich / Sperth (1983)* bieten gut brauchbare
Texte an, die ich selbst schon oft verwendet habe, zu denen herausnehmbare Falt-
blätter für den unterrichtlichen Gebrauch beigegeben sind. Es wird aber nicht
deutlich genug darauf hingewiesen, daß solche Vorschläge nur *Möglichkeiten* darstellen, der jeweils konkret verlaufende Unterricht allerdings fast immer anders
aussehen wird, da ja die Gruppen / Klassen jeweils *ihren eigenen spezifischen Zugang* zum Text suchen sollen.

Warum sind Beispiele dennoch sinnvoll? Sie können die Vielfalt des spielerischen

Umgangs mit Texten dokumentieren. Und gleichzeitig wird deutlich, was dieses Verfahren zu leisten vermag, aber auch welche Schwierigkeiten sich bei der Durchführung ergeben. Dem Lehrer sollte jedoch immer bewußt bleiben, daß er niemals einer Gruppe / Klasse seine Vorstellungen einer Realisation aufzwingen darf.

### Beispiel: Kurzgeschichte „Masken" von Max von der Grün

Als Einstieg eignet sich die schon erwähnte Kurzgeschichte von *Max von der Grün* „Masken" gut. Ich habe sie schon sicher mehr als ein dutzendmal eingesetzt und immer wieder feststellen können, daß jede Realisierung etwas anders verläuft. Selbstverständlich gibt es bestimmte Fixpunkte, an denen sich zunächst das Spielgeschehen orientieren kann.

### Masken

Sie fielen sich unsanft auf dem Bahnsteig 3a des Kölner Hauptbahnhofs in die Arme und riefen gleichzeitig: „Du?" Es war ein heißer Julivormittag, und Renate wollte in dem D-Zug nach Amsterdam über Aachen, Erich verließ diesen Zug, der von Hamburg kam. Menschen drängten aus den Wagen auf den Bahnsteig, Menschen vom Bahnsteig in die Wagen, die beiden aber standen in dem Gewühl, spürten weder Püffe noch Rempeleien und hörten auch nicht, daß Vorübergehende sich beschwerten, weil sie ausgerechnet vor den Treppen standen und viele dadurch gezwungen wurden, um sie herumzugehen. Sie hörten auch nicht, daß der Zug nach Aachen abfahrbereit war, und es störte Renate nicht, daß er wenige Sekunden später aus der Halle fuhr.

Die beiden standen stumm, jeder forschte im Gesicht des anderen. Endlich nahm der Mann die Frau am Arm und führte sie die Treppen hinunter, durch die Sperre, und in einem Café in der Nähe des Doms tranken sie Tee.

„Nun erzähle, Renate. Wie geht es dir. Mein Gott, als ich dich so plötzlich sah … du … ich war richtig erschrocken. Es ist so lange her, aber als du auf dem Bahnsteig fast auf mich gefallen bist …"

„Nein", lachte sie, „du auf mich".

„Da war es mir, als hätte ich dich gestern zum letzten Male gesehen, so nah warst du mir. Und dabei ist es so lange her …"

„Ja", sagte sie. „Fünfzehn Jahre."

„Fünfzehn Jahre? Wie du das so genau weißt. Fünfzehn Jahre, das ist ja eine Ewigkeit. Erzähle, was machst du jetzt? Bist du verheiratet? Hast du Kinder? Wo fährst du hin?"

…

„Langsam Erich, langsam, du bist noch genau so ungeduldig wie vor fünfzehn Jahren. Nein, verheiratet bin ich nicht, die Arbeit, weißt du. Wenn man es zu etwas bringen will, weißt du, da hat man eben keine Zeit für Männer."

„Und was ist das für Arbeit, die dich von den Männern fernhält?"

Er lachte sie an, sie aber sah aus dem Fenster auf die Tauben. „Ich bin jetzt Leiterin eines Textilversandhauses hier in Köln, du kannst dir denken, daß man da von morgens bis abends zu tun hat und …"

„Donnerwetter!" rief er und klopfte mehrmals mit der flachen Hand auf den Tisch. „Donnerwetter! Ich gratuliere."

„Ach", sagte sie und sah ihn an. Sie war rot geworden.

„Du hast es ja weit gebracht. Donnerwetter, alle Achtung. Und jetzt? Fährst du in Urlaub?"

„Ja, vier Wochen nach Holland. Ich habe es nötig, bin ganz durchgedreht. Und du, Erich, was machst du? Erzähle. Du siehst gesund aus."

Schade, dachte er, wenn sie nicht so eine Bombenstellung hätte, ich würde sie jetzt fragen, ob sie mich noch haben will. Aber so? Nein, das geht nicht, sie würde mich auslachen, wie damals.

„Ich?" sagte er gedehnt, und brannte sich eine neue Zigarette an. „Ich ... ich ... Ach weißt du, ich habe ein bißchen Glück gehabt. Habe hier in Köln zu tun. Habe umgesattelt, bin seit vier Jahren Einkaufsleiter einer Hamburger Werft, na ja, so was Besonderes ist das nun wieder auch nicht."

„Oh", sagte sie und sah ihn starr an, und ihr Blick streifte seine großen Hände, aber sie fand keinen Ring. Sie erinnerte sich, daß sie vor fünfzehn Jahren nach einem kleinen Streit auseinandergelaufen waren, ohne sich bis heute wiederzusehen. Er hatte ihr damals nicht genügt, der schmalverdienende und immer ölverschmierte Schlosser. Er sollte es erst zu etwas bringen, hatte sie ihm damals nachgerufen, vielleicht könne man später wieder darüber sprechen. So gedankenlos jung waren sie damals. Ach ja, die Worte waren im Streit gefallen und trotzdem nicht böse gemeint. Beide aber fanden danach keine Brücke mehr zueinander. Sie wollten und wollten doch nicht. Und nun? Nun hatte er es zu etwas gebracht.

„Dann haben wir ja beide Glück gehabt", sagte sie und dachte, daß er immer noch gut aussieht. Gewiß, er war älter geworden, aber das steht ihm gut. Schade, wenn er nicht so eine Bombenstellung hätte, ich würde ihn fragen, ja, ich ihn, ob er noch an den dummen Streit von damals denkt und ob er mich noch haben will. Ja, ich würde ihn fragen. Aber jetzt?

„Jetzt habe ich dir einen halben Tag deines Urlaubs gestohlen", sagte er und wagte nicht, sie anzusehen.

„Aber Erich, das ist doch nicht so wichtig, ich fahre mit dem Zug um fünfzehn Uhr. Aber ich, ich halte dich bestimmt auf, du hast gewiß einen Termin hier."

„Mach dir keine Sorgen, ich werde vom Hotel abgeholt. Weißt du, meinen Wagen lasse ich immer zu Hause, wenn ich längere Strecken fahren muß. Bei dem Verkehr heute, da kommt man nur durchgedreht an."

„Ja", sagte sie. „Ganz recht, das mach ich auch immer so." Sie sah ihm nun direkt ins Gesicht und fragte: „Du bist nicht verheiratet? Oder läßt du Frau und Ring zu Hause?" Sie lachte etwas zu laut für dieses vornehme Lokal.

„Weißt du", antwortete er, „das hat seine Schwierigkeiten. Die ich haben will, sind nicht zu haben oder nicht mehr, und die mich haben wollen, sind nicht der Rede wert. Zeit müßte man eben haben. Zum Suchen meine ich. Zeit müßte man haben." Jetzt müßte ich ihr sagen, daß ich sie noch immer liebe, daß es nie eine andere Frau für mich gegeben hat, daß ich sie all die Jahre nicht vergessen konnte. Wieviel? Fünfzehn Jahre? Eine lange Zeit. Mein Gott, welch eine lange Zeit. Und jetzt? Ich kann sie doch nicht mehr fragen, vorbei, jetzt wo sie so eine Stellung hat. Nun ist es zu spät, sie würde mich auslachen, ich kenne ihr Lachen, ich habe es im Ohr gehabt, all die Jahre. Fünfzehn? Kaum zu glauben.

„Wem sagst du das?" Sie lächelte. „Entweder die Arbeit oder das andere", echote er. Jetzt müßte ich ihm eigentlich sagen, daß er der einzige Mann ist, dem ich blind folgen würde, wenn er mich darum bäte, daß ich jeden Mann, der mir begegnete, sofort mit ihm verglich. Ich sollte ihm das sagen. Aber jetzt? Jetzt hat er eine Bombenstellung und er würde mich nur auslachen, nicht laut, er würde sagen, daß ... ach ... es ist alles so sinnlos geworden.

Sie aßen in demselben Lokal zu Mittag und tranken anschließend jeder zwei Kognaks. Sie erzählten sich Geschichten aus ihren Kindertagen und später aus ihren Schultagen. Dann sprachen sie über ihr Berufsleben, und sie bekamen Respekt voreinander, als sie erfuhren, wie schwer es der andere gehabt hatte bei seinem Aufstieg.

„Jaja", sagte sie; „genau wie bei mir", sagte er.

„Aber jetzt haben wir es geschafft", sagte er laut und rauchte hastig.

„Ja", nickte sie, „Jetzt haben wir es geschafft." Hastig trank sie ihr Glas leer. Sie hat schon ein paar Krähenfüßchen, dachte er. Aber die stehen ihr nicht einmal schlecht.

Noch einmal bestellte er zwei Schalen Kognak, und sie lachten viel und laut. Er kann immer noch so herrlich lachen, genau wie früher, als er alle Menschen einfing mit seiner ansteckenden Heiterkeit. Um seinen Mund sind zwei steile Falten, trotzdem sieht er wie ein Junge aus, er wird immer wie ein Junge aussehen, und die zwei steilen Falten stehen ihm nicht einmal schlecht. Vielleicht ist er jetzt ein richtiger Mann, aber nein, er wird immer ein Junge bleiben.

Kurz vor drei brachte er sie zum Bahnhof.

„Ich brauche den Amsterdamer Zug nicht zu nehmen", sagte sie. „Ich fahre bis Aachen und steige dort um. Ich wollte sowieso schon lange einmal das Rathaus besichtigen."

Wieder standen sie auf dem Bahnsteig und sahen aneinander vorbei. Mit leeren Worten versuchten sie die Augen des anderen einzufangen, und wenn sich dann doch ihre Blicke trafen, erschraken sie und musterten die Bögen der Halle.

Wenn ich jetzt ein Wort sagen würde, dachte er, dann ...

„Ich muß jetzt einsteigen", sagte sie. „Es war schön, dich wieder einmal zu sehen. Und dann so unverhofft ..."

Ja, das war es. Er half ihr beim Einsteigen und fragte nach ihrem Gepäck.

„Als Reisegepäck aufgegeben."

„Natürlich, das ist bequemer", sagte er.

Wenn er jetzt ein Wort sagen würde, dachte sie, ich stiege sofort wieder aus, sofort. Sie reichte ihm aus einem Abteil erster Klasse die Hand. „Auf Wiedersehen, Erich ... und weiterhin ... viel Glück."

Wie schön sie immer noch ist. Warum nur sagt sie kein Wort.

„Danke, Renate. Hoffentlich hast du schönes Wetter."

„Ach, das ist nicht so wichtig. Hauptsache ist das Faulenzen, das kann man auch bei Regen."

Der Zug ruckte an. Sie winkten nicht, sie sahen sich nur in die Augen, solange dies möglich war.

Als der Zug aus der Halle gefahren war, ging Renate in einen Wagen zweiter Klasse und setzte sich dort an ein Fenster. Sie weinte hinter einer ausgebreiteten Illustrierten.

Wie dumm von mir, ich hätte ihm sagen sollen, daß ich immer noch die kleine Verkäuferin bin. Ja, in einem anderen Laden, mit zweihundert Mark mehr als früher, aber ich verkaufe immer noch Herrenoberhemden, wie früher, und Socken und Unterwäsche. Alles für den Herrn. Ich hätte ihm das sagen sollen. Aber dann hätte er mich ausgelacht, jetzt, wo er ein Herr geworden ist. Nein, das ging doch nicht. Aber ich hätte wenigstens nach seiner Adresse fragen sollen. Wie dumm von mir, ich war aufgeregt wie ein kleines Mädchen, und ich habe gelogen, wie ein kleines Mädchen, das imponieren will. Wie dumm von mir.

Erich verließ den Bahnhof und fuhr mit der Straßenbahn nach Ostheim auf eine Großbaustelle.

Dort meldete er sich beim Bauführer.

„Ich bin der neue Kranführer".

„Na, sind Sie endlich da? Mensch, wir haben schon gestern auf Sie gewartet. Also dann, der Polier zeigt Ihnen Ihre Bude, dort drüben in den Baracken. Komfortabel ist es nicht, aber warmes Wasser haben wir trotzdem. Also dann, morgen früh, pünktlich sieben Uhr."

Ein Schnellzug fuhr Richtung Deutz. Ob der auch nach Aachen fährt? Ich hätte ihr sagen sollen, daß ich jetzt Kranführer bin. Ach, Blödsinn, sie hätte mich nur ausgelacht, sie kann so verletzend lachen. Nein, das ging nicht, jetzt, wo sie eine Dame geworden ist und eine Bombenstellung hat.

*(Max von der Grün: Fahrtunterbrechung und andere Erzählungen. Köln: Europäische Verlagsanstalt. 1965, S. 27ff.)*

Folgende Spielphasen und -szenen sind erarbeitet worden:

– *Monologe* des Erich und der Renate auf der Fahrt nach Köln
  (Möglichkeit der Identifikation)

– *Pantomimische Darstellung* der Bahnhofatmosphäre durch die Klasse, aus der
  sich die Begegnungsszene von Renate und Erich entwickelt.

– *Stegreifspiel:* Erich und Renate treffen sich auf dem Bahnsteig und unterhalten
  sich später in einem Café in der Nähe des Doms.

– *Alter-ego-Technik:* Da sich zwischen den Protagonisten vieles im Inneren der
  Personen abspielt, kann sehr gut das Alter ego eingesetzt werden.

*Freudenreich / Sperth* schlagen in der Phase 10 vor, die beiden Hauptdarsteller
„ehrlich" werden zu lassen. Dies ist unserer Beobachtung nach eine Schlüsselsze-
ne, da *Max von der Grün* unverhüllt der Auffassung ist, das künftige Glück könne
dadurch gesichert werden; sie lieben sich ja immer noch. In fast allen Spielansätzen
scheiterten die Versuche einer erneuten Annäherung. Denn 15 Jahre eigenständi-
ges Leben lassen sich nicht einfach streichen, als ob sich gar nichts ereignet hätte
(wie es in einem bekannten Schlager heißt). In fast allen Versuchen entwickelte sich
das Gespräch zum Streit, der so weit eskalierte, daß sich die beiden nun endgültig
trennten. Der Vorwurf, zunächst wieder gelogen zu haben, wiegt auf beiden Seiten
sehr schwer. In dieser Phase kann man gut mit der *Stop-Methode* (vgl. S. 126) arbeiten, so daß Alternativen deutlich werden. In einer Szene doch aufgezeigt, wie
man aus dem Streitgespräch aussteigen kann.

Renate ließ sich nicht auf das Sich-gegenseitig-Vorwürfe-Machen ein, sondern sie
bat Erich um Verzeihung für ihr jetziges Verhalten. „*Es tut mir leid, daß ich dich an-
gelogen habe, daß ich in mein altes Verhalten zurückgefallen bin . . .*" Damit aber
nimmt sie Erich die Grundlage für seine Wut, und sie haben im weiteren Verlauf der
Unterhaltung die Chance, zwar nicht eine gemeinsame Zukunft zu planen, aber
doch den zaghaften Versuch zu machen, sich wieder zu treffen. Gerade die herzli-
che Zuwendung Renates ermöglichte die Konfliktlösung.

Daß der Streit von vor 15 Jahren keine Bagatelle sein konnte, wie es *Max von der
Grün* glauben machen möchte, zeigte sich, als die Auseinandersetzung gespielt
wurde. „*Er hatte ihr damals nicht genügt, der schmalverdienende und immer ölverschmierte Schlosser.*" „*Ach ja, die Worte waren im Streit gefallen und trotzdem
nicht böse gemeint. Beide fanden danach aber keine Brücke mehr zueinander.*"

Das Spiel offenbarte überdeutlich, daß es sich um einen tiefgreifenden partnerschaftlichen Konflikt handelte (Vorwurf, „*nur*" ein einfacher Schlosser zu sein, zu
wenig zu verdienen und dazu noch schmutzige Hände zu haben), der nun auch wieder die Ursache für die Lügen beim erneuten Zusammentreffen darstellt, d. h. daß
er noch nicht verarbeitet ist.

– *Konfliktrollenspiel:* Auseinandersetzung bei der Trennung vor 15 Jahren. Es ergeben sich natürlich auch Spielmöglichkeiten aus dem offenen Schluß der Kurzgeschichte.

– *Monologe* der Protagonisten

Wie fühlen sich die beiden nach dem kläglichen Scheitern ihrer Begegnung? Zwei Gruppen thematisierten, daß die beiden sich nur über ihren Beruf definieren. So tauchten Fragen auf, wie etwa *„Haben denn beide keine Familie, keinen Freundeskreis?"* *„Welches Freizeitverhalten haben sie wohl?"* Phantasievoll „stattete" man Renate und Erich entsprechend aus.

– Erneutes Treffen der beiden: *Gespräch über diese Rahmenbedingungen.*

Das Gespräch erwies sich als besonders schwierig, da im Text selbst kaum konkrete Fakten zu finden sind, so daß die Vorstellung der Beteiligten erheblich voneinander abwich. Dennoch bekamen die Personen eine psychosoziale Kontur, die ihrem Handeln bzw. der Handlung eine weitere Tiefendimension verlieh.

Man muß allerdings betonen, daß die verschiedenen Spielszenen (und nicht alle sind in derselben Gruppe erarbeitet worden) immer wieder abgelöst wurden durch *Reflexions- bzw. Diskussionsphasen*, die neue Perspektiven auf den Text eröffneten, wobei manche im Spiel erprobt wurden, was im *Prozeßcharakter des literarischen Rollenspiels* liegt.

Die Kurzgeschichte enthält natürlich ein allgemein menschliches Problem, eine Situation, in die auch Jugendliche geraten können. Es handelt sich um die uralte Versuchung des Menschen, vorzugeben, mehr zu sein, als man tatsächlich ist. Der Hochstapler stellt die Extremform einer solchen menschlichen Haltung dar. Aber auch weniger auffällige Übertreibungen (etwa in bezug auf Besitz oder Fähigkeiten / Fertigkeiten) können hier miteinbezogen werden.

– *Situation:* Ein Schüler kommt neu in die Klasse und übertreibt seine sportlichen Leistungen (z. B. im Fußballspiel).

– *Situation:* Eine Schülerin erzählt ihrem Freund / ihrer Freundin von der „tollen" Stereoanlage.

Auch wenn diese Situationen nicht so komplex sind wie die im Text dargestellte, so konnten die Schüler doch erfahren, daß die Problematik generalisierbar ist.

Ich habe das Beispiel so ausführlich dargestellt, da es sich als Prototyp gut eignet. Nicht immer wird man im Unterricht so ausführlich verfahren wollen. Ich möchte noch einmal wiederholen, daß manche Textdimension mit diskursiv-analytischen Verfahrensweisen nicht zu erfassen ist. Allerdings eignet sich die *Kurzgeschichte* (und vor allem die vorgestellte) in besonderer Weise für das *literarische Rollenspiel*, da sie einen offenen Schluß, oft viele „Leerstellen" und eine Handlung aufweist. Von daher sind gewisse Kernspielbereiche ziemlich leicht erkennbar und deshalb auch für Anfänger gut zu erfassen.

## Beispiel: Nora (von Henrik Ibsen)

*Dramatische Texte* eignen sich durchaus unter bestimmten Voraussetzungen auch für eine Bearbeitung durch das *literarische Rollenspiel*. Ich habe schon darauf verwiesen (S. 135 ff.).

Die Schlußszene des Dramas enthält einen der möglichen Spielansätze, den wir dann auch im Seminar aufgriffen. *Nora* verläßt nach einer für sie enttäuschenden Ehe ihren Mann *Thorwald* und die drei Kinder. Damit endet das dramatische Geschehen, das aber perspektivisch völlig offen ist. Folgende Szenen wurden erarbeitet:

– *Stegreifartiges Nachspielen der Schlußszene*

– *Monolog Thorwalds und Monolog Noras nach der Trennung*

– *Dialogisches Rollenspiel (Nora – Freundin Christine – Christines Mann)*

  Dieses Gespräch entwickelte sich zur *Kernszene* (siehe auch den folgenden Abdruck des Spiels). Den Zuschauern und Spielern wurde in geradezu erschreckender Weise deutlich, in welche katastrophale Notlage sich Nora hineinmanövriert hat. Es gelingt Nora nicht, diese befreundete Familie zu überzeugen, daß sie richtig gehandelt habe, zumal sie nicht auf eine bereits gelungene Lebensumstellung verweisen kann.

– *Dialog mit dem bereits verstorbenen Vater*

– *Fiktives Gespräch zwischen Nora und Effi Briest*

– *Monologe von Zuschauern*

  Mit einer stereotypen Einleitung *(„Die Nora, die hab ich gekannt . . .“)* konnten Zuschauer aus der Retrospektive Vorstellungen entwickeln, wie wohl das Leben Noras abgelaufen ist.

## Dialogisches Rollenspiel:

| | |
|---|---|
| *Mann von Christine:* | Ich komm doch noch mal zurück, weil ich glaube, ich muß mich doch noch einmal mit euch unterhalten. |
| *Christine:* | Ja, setz dich hin und red’ mit ihr. |
| *Mann von Christine:* | Also überhaupt die Idee, sich selbst zu verwirklichen, wie bist denn da überhaupt draufgekommen. Also, das kann ich überhaupt nicht fassen, was heißt denn eigentlich Sich-selbst-Verwirklichen? Ist nicht Sich-selbst-Verwirklichen, wenn man drei Kinder und einen Mann hat. Das ist doch Selbstverwirklichen. Was ist denn Selbstverwirklichung? Also ich find’ das ist ein reines Schlagwort. Hast vielleicht bei *Marx* einmal gelesen. Aber . . . |
| *Nora:* | Aber jetzt schau euch an, als Männer. Ihr, ihr findet erst zu eurem Beruf. |
| *Mann von Christine:* | Ja, das ist es . . . |
| *Nora:* | Und dann, dann kommt . . . |
| *Mann von Christine:* | Wir müssen ja auch die Familie ernähren, aber der Beruf ist doch für mich nicht Selbstverwirklichung. Für mich ist meine Frau die Selbstverwirklichung und das Eheleben, das wir führen. |

| | |
|---|---|
| *Nora:* | Aber jetzt stell' dir vor, du hättest deinen Beruf nicht. Gut, das ist unvorstellbar als Mann ohne Beruf. Aber nur Frau und Kinder, würde dich das dann ausfüllen? Wär' das denn der Inhalt deines Lebens? |
| *Mann von Christine:* | Da brauch' ich doch gar nicht darüber nachdenken. Unsere Gesellschaft ist nun halt mal so und du wirst dich wundern, du kannst dich nämlich in unserer Gesellschaft gar nicht verwirklichen. Was willst du denn jetzt machen? Jetzt gehst du in deinen kleinen Ort rein, alle werden dich meiden. Wenn du aus dem Haus gehst, werden die Leute hinter dich hertuscheln. Sie werden sagen: „Schaut die an, die hat ihre drei Kinder verlassen, die kommt ihren elementarsten Mutterpflichten nicht nach." Stell dir mal das vor! |
| *Nora:* | Das ist mir lieber, als nur als Puppe für den Rest meines Lebens... |
| *Mann von Christine:* | Mein Gott, was hast du für ein Seelenleben? Das ist mir einfach unfaßlich. Drei Kinder einfach so zu verlassen und zu sagen, ich geb' sie einer Erzieherin. |
| *Nora:* | Aber hier, das sehe ich ja, als was werd' ich betrachtet? Als Frau und Nichts, als Nichts, nur meine Rolle habe ich zu erfüllen. Aber meine eigenen Bedürfnisse, keiner achtet sie. |
| *Mann von Christine:* | Aber das ist doch die Rolle, das ist doch die Rolle der Frau. Es gibt doch gar keine andere Rolle. |
| *Nora:* | Ja, das ist die Frage. Für mich ist das nicht meine Rolle. Das ist nicht..., ja die Rolle der Frau, aber nicht die Rolle des Menschen, der die Frau ist. |
| *Mann von Christine:* | Aber du kannst doch das bei uns nicht machen. Stell' dir doch vor, du kannst ja nicht mal mehr in ein Konzert gehen, du kannst nirgends mehr hingehen. Du kriegst auch keinen Mann mehr. Kannst du ohne jeden Mann leben? Ohne Sexualität? Das gehört doch auch zur Selbstverwirklichung. Du wirst keinen Mann mehr kriegen. |
| *Nora:* | Das ist alles in dieser Rolle, in diesem Rahmen mit drin. Ich will diesen Rahmen sprengen und will erst einmal zu mir selber finden. Und von da aus tu ich mir meine ganzen Interessen selber stecken und ich lasse mir nicht von außen irgendwie ein... |
| *Mann von Christine:* | Mein Gott Christine... |
| *Nora:* | Aber ich glaube, du verstehst das nicht, und ich glaub auch Christine nicht. Ihr lebt in einer ganz anderen Welt. Ihr seid, aber im Endeffekt seid ihr doch ganz festgefahren. Ihr seid doch... |
| *Mann von Christine:* | Ich glaube, du bist festgefahren in eine Idee, die nicht verwirklichbar ist. |
| *Nora:* | Ja, darauf lassen wir's ankommen. |
| *Mann von Christine:* | Christine, siehst du das nicht auch so? Du sagst jetzt gar nichts mehr dazu. |
| *Christine:* | Doch, ich seh's so wie, wie, wie du. |
| *Mann von Christine:* | Freut mich. |
| *Nora:* | Ja, hast du dann deine eigene Meinung. Du sagst, was dein Mann sagt. Aber das ist es ja. Diesen Rahmen will ich ja eben auch sprengen. Ich will... |
| *Christine:* | Aber wenn ich doch die Meinung hab', die er hat? |
| *Nora:* | Hast du dir die Frage schon mal gestellt, ob es wirklich deine eigene Meinung ist? |
| *Mann von Christine:* | Du gehst immer gleich auf Konfrontation. Schau, sie stimmt mir zu. |
| *Nora:* | Sie ist von den Eltern, vom Elternhaus sofort in deine Hände gekommen, sie hat dich sofort geheiratet, hat auch... |
| *Mann von Christine:* | Ja und dabei hat sie auch einen ganz guten Fang gemacht. |

| | |
|---|---|
| *Nora:* | Das möcht ich ja gar nicht bestreiten. |
| *Mann von Christine:* | Siehst du. |
| *Nora:* | Ich will dich ja auch gar nicht angreifen und gar nichts, aber ich … |
| *Mann von Christine:* | O. K., wenn du meinst Selbstverwirklichung. Aber du kannst es in unserer konkreten Gesellschaft nicht machen. Du wirst in noch viel mehr tausenderlei Abhängigkeiten geraten, die von der finanziellen angeht bis darüber, daß du nicht mal mehr auf die Straße gehen kannst. |
| *Christine:* | Du wirst dir keine neuen Kleider mehr kaufen können. Du hast kein Geld mehr. Schau, er schenkt mir jeden Monat ein neues. |
| *Nora:* | Was hast du von den Kleidern. Das ist alles äußerlich. Aber wie schaut's in unserem Inneren aus. Wer frägt danach? Danach hab' nicht einmal ich gefragt, die ganzen Jahre. Aber langsam ist es immer mehr herausgekommen, daß ich unglücklich bin. Daß ich mich einfach so nicht wohl fühle. Und es ist ein neuer Anfang, und der kann genauso schlecht werden, es kann genauso enden, daß ich wieder unglücklich bin, aber es ist wenigstens eine Chance, daß ich eventuell … Ich werde mir mein Geld selber verdienen, und das ist schon Freiheit. Das ist die materielle Freiheit, und ich brauch keine teuren Kleider. |
| *Mann von Christine:* | Du hast keine materielle Freiheit, wenn du grade das zum Leben Notwendige hast, wenn du in einem Zimmer hausen mußt, wenn du nicht in Urlaub fahren kannst. Da ist doch keine materielle Freiheit. |
| *Christine:* | Du warst immer die, die sich schön angezogen hat, schön geschminkt hat, ihre Haare oft hat machen lassen zu jeder Gelegenheit. Auf das willst du jetzt alles verzichten? |
| *Nora:* | Ja, und weißt du auch, warum ich so oft zum Friseur gegangen bin, warum ich mir so viele Kleider gekauft habe? |
| *Christine:* | Weil es dir gefällt, das ist doch klar. |
| *Nora:* | Weil ich unglücklich war und je unglücklicher ich war, desto mehr hab' ich gedacht, die Kleider, der Friseur und das alles werden mich glücklicher machen, desto mehr hab ich mich da reinfallen lassen. Aber es ist wie ein Schleier mir von den Augen gegangen, daß dies der falsche Weg ist, und ich bin auch nicht glücklicher dadurch geworden. |
| *Mann von Christine:* | Ach Nora, du bist auf dem Holzweg. Aber ich glaub, schlaf mal bei uns, aber länger als einen Tag können wir dich nicht … |
| *Nora:* | Ich will auch nicht länger bleiben, aber ich bin euch dankbar, wenn ich einen Tag bleiben kann und ihr werdet seh'n, ich schaff's alleine und ich brauch diesen ganzen Luxus, brauch' ich nicht. Aber ich werd' mich über Wasser halten können. |
| *Mann von Christine:* | Du wirst dich noch wundern, du wirst dich noch wundern. |

In demselben Seminar haben wir die sehr schwierige Erzählung *Kassandra von Christa Wolf (Darmstadt: Luchterhand 1984)* mit Hilfe des *literarischen Rollenspiels* aufbereitet. Besonders eindrucksvoll war für uns die Schlußszene, in der *Aineias Kassandra* zu überreden versucht, mit ihm zu fliehen und einen neuen Staat zu gründen.

„Als ich mit Aineias auf der Mauer stand, zum letztenmal das Licht betrachten, kam es zwischen uns zum Streit. Daran zu denken, habe ich bis jetzt vermieden. Aineias, der mich nie bedrängte, der mich

immer gelten ließ, nichts an mir biegen oder ändern wollte, bestand darauf, daß ich mit ihm ging. Er wollte es mir befehlen. Unsinnig sei es, sich in den Untergang hineinzuwerfen, der nicht aufzuhalten sei. Ich sollte unsere Kinder nehmen – er sagte: unsere Kinder! - und die Stadt verlassen. Ein Trupp von Troern habe sich dazu bereit gefunden, und nicht die schlechtesten.
[...] Du Aineias hast keine Wahl: ein paar hundert Leute mußtest du dem Tod entreißen. Du warst ihr Anführer. Bald, sehr bald wirst du ein Held sein müssen." *(S. 155/56)*

Und einen Helden könne sie nicht lieben. Uns allen war zwar klar, daß *Kassandra* sich nicht an der fortwährenden schrecklichen Wiederholung der Geschichte beteiligen möchte und deshalb als persönliches Zeichen den Tod wählt. Aber erst im Spiel wurde uns bewußt, welche ungeheure emotionale Stärke *Kassandra* benötigt, um nicht schwach zu werden; wir begriffen die grenzenlose Verzweiflung des *Aineias*, die Geliebte in den sicheren Tod gehen zu sehen. Die beiden Protagonisten verstummten zeitweise, während sie agierten. Gerade der distanzierte innere Monolog, der sich ja durch das ganze Buch zieht, läßt die Gefühle nur relativ verhalten spürbar werden. Wir hatten die Szene mit dem Camcorder festgehalten und konnten bei der Wiederholung feststellen, wie die beiden auch auf der körpersprachlichen Ebene ihre Ratlosigkeit sichtbar werden ließen, ohne sie bewußt angestrebt zu haben.

### Beispiel: Hänsel und Gretel

(*Gebr. Grimm*)

Da das Märchen allgemein bekannt ist, verzichte ich auf seinen Abdruck. Ich möchte zunächst keine Deutung bzw. Interpretation geben, sondern den Weg beschreiben, der mit Hilfe des *literarischen Rollenspiels* gegangen werden kann.

Die Bearbeitung stammt aus einem studentischen Seminar:

– *Stegreifspiel:* Die Handlung wird nachgespielt, wobei die Gruppe pantomimisch mitwirken kann: Darstellung der Bäume des großen Waldes und des Lebkuchenhexenhäuschens durch Personen.

– *Konfliktrollenspiele:* Mann und Frau streiten sich über die Aussetzung der Kinder. In dieser Szene wurde deutlich, wieviel emotionaler partnerschaftlicher Sprengstoff in dem nur angedeuteten Konflikt enthalten ist.

Um die gesellschaftliche Dimension noch stärker herauszuarbeiten, wurde beschlossen, sich arbeitsteilig mit *verschiedenen Perspektiven und Situationen* des Märchens zu befassen. Da wir schon einige Zeit produktionsorientiert verfuhren, wurden die Rahmenbedingungen etwas schwieriger gestaltet, indem die Ergebnisse möglichst in *lyrischer Form* dargeboten werden sollten. Man kann in das literarische Rollenspiel durchaus solche *kreativen schriftlichen Übungen* einfügen, die vor der Gruppe wieder ins *Spielerische* „übersetzt" werden.

Um die Phantasie etwas anzuregen, wurden zwei kurze Gedichte von *Josef Wittmann* und *Michael Ende* präsentiert:

| *Hänsel und Gretel (1976)* | *Ein sehr kurzes Märchen (1971)* |
|---|---|
| Nichts als die Not gehabt, | Hänsel und Knödel, |
| erwischt beim Stehlen, | die gingen in den Wald. |
| eingesperrt, | Nach längerem Getrödel |
| ausgebrochen | rief Hänsel plötzlich: „Halt!" |
| und ihren Wärter dabei umgebracht. | Ihr alle kennt die Fabel, |
| Und aus denen, | des Schicksals dunklen Lauf: |
| meinst du, | Der Hänsel nahm die Gabel |
| soll noch mal was werden?! | und aß den Knödel auf. |

*Josef Wittmann (geb. 1950)*        *Michael Ende (1929–1995)*

* * * * *

*Hänsel bei einer Psychotherapeutin*

*Hänsel:*         Frau Doktor, ich bin Hänsel, wir wenden uns an Sie zusammen mit der Schwester zur Geschwistertherapie. Die Mär, die kennt ihr alle, ihr habt sie oft gelesen, allein ich darf versichern, so ist es nicht gewesen.

*Therapeutin:*   Nun, da Sie sich offensichtlich in einem akuten Stadium der Ich-Verleugnung in Verbindung mit einer alternierenden Aggressionsschwelle zum Triebbereich befinden, schlage ich Ihnen eine gestaltende Reproduktionstherapie vor.

*Hänsel:*         Frau Doktor, bin ich schuldig? – Ich weiß es nicht genau; wir stießen in den Ofen 'ne arme alte Frau!

*Therapeutin:*   Wie empfanden Sie denn dieses traumatische Erlebnis? Schildern Sie Ihre Gefühle!

*Hänsel:*         Frau Doktor, mal ganz ehrlich, es hat uns Spaß gemacht das Feuer glomm so lieblich in sternenklarer Nacht.

*Therapeutin:*   Und wie würden Sie die Emotionen beschreiben, die Sie zu dieser ungewöhnlichen Handlung trieben?

*Hänsel:*         Frau Doktor, knapp und klärlich, es klingt wie blanker Hohn, sie schien wie eine Blume, so knickte ich sie um!

*Therapeutin:*   Als Abschluß dieser ersten Sitzung möchte ich resümieren, daß diese Situation offensichtlich ein Initiationserlebnis für Sie in die Erwachsenenwelt darstellte. Ich empfehle die Urschrei-Therapie.

*Hänsel:*         Auch wenn Sie nun meinen, mein Zustand sei bedenklich, der Ofen sei mein eignes Selbst, und daher sei ich kränklich, ich kann Sie jetzt nur warnen, die Gretel hat's auch so gesagt, da nahm ich einen Knäuel und hab sie stumm gemacht; so kann ich jetzt nur sagen; mich reut doch keine Stund, und hilft mir auch nicht weiter ein Rat aus Ihrem Mund!

*Hänsel und Gretel, die gingen in die Stadt*
*es war so finster und auch so furchtbar glatt.*
*Sie eilten in die Disco, dort war es schrecklich voll,*
*Gretel, die tanzte, und Hänsel der verscholl.*
*Gretel ging suchen, sie sucht die ganze Nacht,*
*als es dann Tag ward, hat sie nicht mehr gelacht.*
*Sie kam zu einem Häuschen, ein Dealer schaut heraus,*
*wer wird der Herr wohl in diesem Häuschen sein.*

*Gretel nicht prüde, zieht sich ganz einfach aus,*
*denn bei einem Striptease, da kommt der Dealer raus.*
*Gesagt, getan, der Dealer konnt' nicht mehr widerstehn,*
*er wollte Gretel gern aus der Nähe sehn.*

*Hänsel allein nun, befreite sich ganz schnell.*
*Er schlug den Dealer ganz kräftigt auf sein Fell.*
*Dann rannte er zu Gretel, die beiden ach wie schön*
*sie konnten endlich zurück nach Hause gehn.*

———

*Und die Moral von der Geschicht*
*verliere Deinen Hänsel nicht!*

\* \* \* \* \*

Rote Augen und Spinnenfinger,
ich die Hex' bin ein Kinderfänger.
Wäre ich schön und fein gewesen
hätt mich längst ein Prinz besessen.
Kinderessen war nicht mein ursprünglich Ziel
jedoch alt und verlassen bleibt sonst nicht viel.
Dem schlechten Leben folgt ein grausiger Tod
vom Feuer verzehrt, erlöst von der Not.

\* \* \* \* \*

In einer kühlen Nacht
wurden wir in den Wald gebracht.
Es geschah aus Not,
denn wir hatten kein Brot.
Ja, ich glaubte klug zu sein
und packte schnell die Steine ein.

Rückwegs ich von Stein zu Steine sprang
und mir so die List gelang.
Beim zweiten Mal verstreute ich Brosamen zuhauf,
doch die Vögel, die pickten alles auf.
Verzweifelt irrten wir durch den Wald,
und es war uns bitter kalt.
Mir hing schon lang der Magen raus,
da kamen wir endlich an ein Haus.
Die Alte war ganz nett,
doch leider etwas fett.
Schon bald zeigt sie ihres wahres Gesicht,
sie war doch nicht ganz dicht.
Sie sperrt mich in den Käfig ein,
und Gretel schickt mir ständig Essen rein.
Mir scheint, sie will mich fressen.
Das kann sie wohl vergessen.
Die Gretel weiß sich einen Rat
und schreitet schnell zur Tat.
Sie macht einen gewagten Schritt
und gibt der Alten einen Tritt.
Das hätte ich ihr gar nicht zugetraut,
die Gretel ist ne tolle Braut.
Ich glaub, ich muß zu Ende kommen,
der Rückweg, der war schnell genommen.
*Und das End' von der Geschicht,*
*sei kein Frosch und hau die Hexe in die Pfanne.*

* * * * *

*Ein Produkt des Zufalls, ungewollt in die Welt gestoßen, Schlüs-*
*selkinderschicksal im Betonwald. Trabantenstadt, Kinderreich-*
*tum, Geldarmut eine Konsequenz. Einzige Alternative Rotlicht-*
*viertel; Gretas Traum vom schnellen Geld entspricht Hänsels*
*Alptraum. Tugendhafte Restbestände einer unmoralischen Kind-*
*heit. Greta erkennt die Regeln des Spiels. Hexenhaftes Falsch-*
*spiel, Ausbeutung, kein Weg zurück. Dann Flucht nach vorne.*

Am 27. Juni 1991 ereignete sich im Vorstadtviertel ein Unfall im
Sperrbezirk. Die Betreiberin eines zwielichtigen Etablissements
wurde vor ein vorbeifahrendes Auto gestoßen.

Aus einer kleinen Stadt, gleich an der Küste,
schicken die bösen Eltern die Kinder in die Wüste.
Sie stapften durch den heißen Sand,
den Weg zurück, der Hänsel nimmer fand.
Die Gegend war so öd und leer,
die beiden fürchteten sich da sehr.
Die Sonne brannte hernieder ganz heiß,
daß herunterrann der Schweiß.
Der Durst, der trieb sie immer weiter,
ihr Seelenzustand war ganz und gar nicht mehr heiter.
Drei Tage und Nächte sind sie gelaufen,
da wollten sie nur noch Wasser saufen.
Eine Oase taucht plötzlich vor ihnen auf,
sie eilen hin im schnellen Lauf,
in den Brunnen sie springen, sie werden immer blasser,
es ist alles Öl, es ist kein Wasser.
Dazu ertönt ein schrecklich Stimm'
sie hallt laut über die verlassene Wüste hin.
Es ist Saddam Hussein:
*„Knusper, Knusper Knabe,*
*wer schlabbert aus meiner Oase,*
*Knusper, Knusper Knelle,*
*Finger weg von meiner Ölquelle."*

* * * * *

*Sie sahen, wohin sie sahen, im Wald nur Bäume stehn.*
*Man nennt sie Hans und Gretelein, die so verzweifelt gehn.*
*Welch beide von zu Haus vertrieben, vom Vater und der Mutter*
*auch,*
*denn da gab's nichts zu beißen, kein Möhrchen und kein Lauch.*
*Gar Stunden zogen sie, Brotkrumen um sich werfend,*
*vorbei an Tal und Fluß und See, der Hans die Gretel nervend,*
*bis sie gelangten, ohne zu suchen*
*ans Hexenhaus mit Zuckerkuchen.*
*Die Hex sie denkt, wie lange vermiß*
*ich schon ein gutes Stück Fleisch im Gebiß.*
*Da kam ihr der Einfall, das Hänschen zu grillen,*
*doch da sie verlegt hat ihre Brillen,*
*war's einfach zu täuschen für die Geschwister,*
*am Schluß brennt die Alte im Ofen, knister.*

Sie haben mir die Sozialfürsorge gestrichen, längst kommt das Essen auf Rädern nicht mehr in meinen Wald. Ich bin zuckerkrank, deshalb verschmähe ich mein Pfefferkuchenhaus. Hänsel, es tut mir leid, Du bist ein Opfer der Umstände.

\* \* \* \* \*

*Mein neues Kochbuch, das ist fein,*
*mir fehlt bloß noch ein Bübelein.*
*Fett und knusprig muß es sein,*
*tu am besten Ingwer rein.*
*Viel zu lang schon hielt ich Diät,*
*jetzt muß der Braten her, sonst ist es zu spät.*
*Mein süßes Pfefferkuchenhaus*
*ist manchen Kindern gar ein Schmaus*
*und lockt sie freilich hier heraus.*
*Mit meinem Kater auf dem Buckel, mach ich mich auf die Such',*
*Hänsel und Gretel, die kommen mir nicht früh genug.*
*Bübchen, Bübchen, nur nicht mucken,*
*ich arme Frau, will dich bloß verschlucken.*
*Teufel aber auch*
*Hexen verbrennen, das ist kein guter Brauch.*

Die verschiedenen Texte zeigen deutlich die *innere Wirklichkeit: „Selbst im betont Unwirklichen liegt also noch eine Aussage über Wirklichkeit, und mit Recht sagt M. Lüthi, das Märchen wolle nicht zeigen, wie es auf der Welt zugehen sollte und könnte, sondern wie es in Wahrheit auf dieser Welt zugeht; darum sei das Märchen nicht, wie A. Jolles einseitig dargelegt hat, eine Kontrastdichtung zur wirklichen Welt, sondern es vermittle ein 'Wesensbild der wirklichen Welt'." (L. Röhrich, In: Rötzer, H. G., S. 68)*

Andererseits ist das Märchen nicht nur Spiegel der Realität, sondern gleichzeitig tauchen hier bestimmte *Archetypen* auf, die einen mythischen Charakter haben. Gerade die Komplexität der Bezugsebenen gibt dem Märchen eine Dimension, die es vielfältig „benutzbar" bzw. einsetzbar macht. In der Psychologie übernahm *C. G. Jung* den Begriff des *Archetypus* zur Kennzeichnung urtümlicher Wahrnehmungs- und Handlungsbereitschaft (in der Form seelischer Bilder oder Figuren) des *kollektiven Unbewußten*. Er entdeckte ihn an der Ähnlichkeit der Symbolik großer Träume, in Symbolen in Mythos, Märchen und Folklore. *C. G. Jung* machte die Lehre vom *Archetypus* zu einem zentralen Bestandteil seiner Lehre vom Unbewußten und meinte, daß dessen kollektiver Teil objektiv sei und daher in Träumen das engere Bewußtsein des Menschen über allgemein Menschliches (Geburt, Tod, Verhältnis der Geschlechter, Krankheit u. a.) belehren und ihn zu einem Bemühen um ein erweitertes Verstehen aufrufen könne.

Diesen Verwendungszusammenhang zeigen die Texte überaus deutlich, die Konkretisation berührt ganz unterschiedliche Übertragungsbereiche, wie z. B. die Verwendung der typischen Jugendjargons, soziale Probleme → die Hexe als Sozialhilfeempfängerin, die Gretel in der Drogen- und Prostituiertenszene. Tagespolitisches fließt ein, etwa der Verweis auf *Saddam Hussein*. Im Gespräch kam die bedrückende Aktualität des Märchens besonders zu Bewußtsein, hatten doch arme, auf Asyl wartende, rumänische Eltern ihre Kinder geradezu verkauft.

Allen Beteiligten wurde durch die spielerische Präsentation der Texte die Tiefendimension auf eine Weise bewußt, wie sie in einem diskursiv-analytischen Verfahren nie möglich gewesen wäre.

Es zeigt sich, daß das *literarische Rollenspiel ein Verfahren des produktionsorientierten Literaturunterrichts* ist. Es kann selbstverständlich eingebettet werden in andere Produktionsformen, die Übergänge sind fließend.

So hat sich eine 6. Klasse mit dem Märchen „Rotkäppchen" befaßt und das Original satirisch verändert:

### Rotkäppchen und der böse Jäger

Es war einmal ein böser Jäger, der hatte einem braven Wolf Rache bis auf den Tod geschworen, denn der Wolf hatte in seinen jungen Jahren eine Menge Wild gerissen, aber immer nur soviel, wie er zum Leben brauchte. Weil der Jäger den Wolf aber nicht erwischen konnte, denn der war schlau und vorsichtig, stellte er ihm im hohen Alter eine Falle. Er wußte, daß der Wolf ein Freund der Großmutter war, und darum verbreitete sich das Gerücht, die Großmutter liege schwerkrank daheim im Bett. In Wirklichkeit aber war sie zu ihrer Schwester nach Bielefeld gefahren! Als Rotkäppchen von dem Gerücht hörte, bat sie die Mutter, ihr ein Körbchen mit Kuchen und Wein für die Großmutter zurechtzumachen, und dann begab sie sich auf den Weg.

Unterwegs traf sie auf den alten Wolf, der ebenfalls auf dem Weg zur Großmutter war, um nach ihr zu sehen. „Rotkäppchen", sagte der Wolf, „pflück' doch ein paar Blümchen für die Großmutter, du weißt doch, wie sehr sie Wiesenblumen mag." Und er bot sich an vorauszugehen, denn Rotkäppchen würde ihn, so alt und tatterig wie er war, unterwegs bestimmt einholen.

Als der Wolf aber dann doch recht schnell am Haus der Großmutter ankam und Rotkäppchen noch nicht da war, entschloß er sich hineinzugehen und Rotkäppchen bei der Großmutter zu erwarten, und so klopfte er an die Tür. Drinnen aber lauerte schon der hinterlistige Jäger, der ihn zum Schein und mit zittrig verstellter Stimme fragte: „Rotkäppchen, bist du's? Komm herein, die Tür ist nur angelehnt!" „Nein, ich bin's, dein alter Freund, der Wolf", antwortete der ganz erschöpft und trat ein, im Zimmer roch es seltsam nach Wild und Leder, die Vorhänge waren zugezogen, und obwohl der Wolf seit ein paar Jahren stark kurzsichtig war, fiel ihm doch auf, daß die Großmutter heute seltsam verändert aussah. Deshalb fragte er: „Großmutter, warum trägst du im Bett Lederstiefel?" „Das ist wegen meiner Schweißfüße, mein Guter", kam es als Antwort. „Und Großmutter, warum steht ein Rucksack auf deinem Nachtkästchen?" wollte der Wolf weiter wissen. „Da sind meine Eukalyptus-Bonbons drinnen", erfuhr er. „Aber Großmutter", fing der Wolf noch einmal an, „warum nimmst du ein Gewehr mit ins Bett?" Da konnte sich der Jäger nicht länger beherrschen und schrie: „Damit ich dich totschießen kann!" Sogleich krachten zwei Schüsse aus der doppelläufigen Schrotflinte, und der alte Wolf brach blutüberströmt zusammen.

Kurz darauf kam Rotkäppchen fröhlich pfeifend am Haus der Großmutter an. Als sie aber die Schüsse hörte, erschrak sie und trat zögernd ins Zimmer. Da sah sie ihren Freund tot am Boden liegen und den Jäger schon zum Gehen bereit. Der erdreistete sich auch noch, dem armen Kind die dumme Geschichte vom bösen Wolf zu erzählen, der die Großmutter gefressen habe, und Rotkäppchen könnte von Glück sagen, daß er den Mörder erlegt habe, denn sonst würde sie jetzt auch nicht mehr leben.

Der Jäger aber ging in seine Stammkneipe, traf dort die *Gebrüder Grimm* und erzählte ihnen Jägerlatein vom Rotkäppchen und dem bösen Wolf, daß sich die Balken bogen.

*Bastian Burgis*
*(Sketch, Nr. 44, 1992 Schülerzeitg. Dientzenhofer Gymnasium Bamberg. S. 65)*

Ich habe schon eine Parodie einer 3. Klasse zum Märchen „*Rotkäppchen*" aufgenommen (siehe S. 27). In der Fassung der 6. Klasse wird deutlich, wie sehr doch das ironische, distanzierende Element bei den älteren Schülern eine Rolle spielt. So können gerade *Märchen* für Kinder, Jugendliche (und auch Erwachsene) eine ganz unterschiedliche Bedeutung haben, die mit entsprechenden Methoden und Verfahren konkretisiert werden. *(Vgl. Freundenreich, D., 1991; Balhorn, H., 1991)*

**Beispiel: „*Die wilden Träume der Corinna Drews*"**

Auch manche *Sach- und Gebrauchstexte* eignen sich vorzüglich für das *literarische Rollenspiel*, man kann sogar diese zum Anlaß für ein szenisches Spiel benutzen. So habe ich mit einer Klasse aus einem Zeitungsbericht ein Hörspiel entwickelt (*„Gefährliches Spiel". Umwandlung eines Zeitungsberichts in ein Kriminalhörspiel: Vergleich der Fiktion mit der Realität. In: Praxis Deutsch, 44, 1980, S. 38–41; vgl. auch Kap. 5, S. 187ff.*). Und wir wissen aus der Literaturgeschichte, daß oft Zeitungsmeldungen als Vorlage zu einem literarischen Werk gedient haben (z. B. *Fontane mit Effi Briest*). Da viele solcher Nachrichten außerordentlich dramatische Konflikte enthalten (Mord, Totschlag, Eifersuchtaten z. B.), lassen sie sich auch „gut verwenden".

Der vorliegende Text über und mit *Corinna Drews* berichtet zwar über keinen Mord oder Totschlag, ist aber gerade wegen seines *sexistischen Sprachgebrauchs* hochinteressant.

Der Mai ist gekommen. Triebhaft, mächtig. Draußen im Garten des Reiheneckhauses schlagen die Bäume aus. Es sprießt, es wuchert, es grünt, und blüht. Frühlingserwachen – auch drinnen. Corinna Drews (28), die Herrin des Hauses in München-Neuperlach, weckt Männerträume. Sehr blond, sehr blauäugig, sehr gebräunt – so tigert sie katzengeschmeidig durchs sonnendurchflutete Wohnzimmer.

Wohl wissend, was männliche Phantasien aufbaut, trägt sie hauchzartes Schwarz. Der knallenge Bodystocking verheißt ein lockeres, offenes Gespräch. Kindfrau kichernd: „Was ist so Besonderes an mir? Ich weiß auch nicht, warum mich die Männer immer so anstarren." Sie meint es ernst. Oh, wie sie dieses Image des lasterhaften Luxusweibchens haßt. Diese ewigen Klatschgeschichten um ihr bewegtes Leben. Kindfrau kokett: „Wer bin ich denn? Die Skandalnudel, zweimal geschieden, von jedem Mann ein Kind, und mit jeder neuen Affäre gleich in den Schlagzeilen." Dann sind alle diese schnellen Lovestories nackte Lüge? Mit Lars, dem Bräutigam von Kollegin Ursula Karven? „Wir waren mal zusammen in Südafrika. Aber da war Cuan, mein Ex-Ehemann auch dabei. Und wenn ich den Lars dann zufällig in einem Nightclub wiedersehe, kann ich doch nicht grußlos an ihm vorbeigehen, oder?" Ja und was war mit Filmpartner Chris Mitchum, dem Sohn von Hollywoodstar Robert Mitchum, etwa nichts? „Na ja." Und die Sache mit dem Münchner Staranwalt? „Nichts von Bedeutung, wir waren nur ein paarmal aus." Und wenn es schon mal raus muß, wie sie es mit der Treue, der Toleranz und der Triebhaftigkeit hält – na bitte, dann aber gefälligst im Originalton, liebe Corinna! Treue?

„Ich hatte in meinem Leben nicht mehr Beziehungen als jede andere Frau auch. Ich bin nun mal ein Mensch, der schlecht allein leben kann. Vielleicht gehe ich deswegen immer wieder eine neue Sache ein." Toleranz? „Ich bin schrecklich eifersüchtig. Kürzlich war ich mit Lutz, meinem jetzigen Freund, in der Disco 'Maximilians'. Wir kamen uns vor wie Oma und Opa, saßen da wie Sauerbier. Auf einmal springt ein Weib hoch mit enorm blonder Mähne, hüpft zur Tanzfläche und tanzt wahnsinnig super. Lutz sagt ganz verzückt: Schau, Barbarella! Ich sage: Geh doch hin. Er lacht. Ich sage: Lach' nicht so dämlich. Hol dir ihre Telefonnummer. Oder soll ich sie dir besorgen? Da hat er sich fast totgelacht. Der Abend war gelaufen."

Triebhaftigkeit? „Ich brauche in erster Linie einen Partner mit starker Persönlichkeit. Aber er muß mir meinen Freiraum lassen. Ich möchte auch mal mit einer Freundin in Urlaub fahren. Ein starker Mann kann damit leben. Passieren kann es doch überall. Bei Tengelmann oder an der Tankstelle. Und in meinem Beruf lerne ich auch viel Menschen kennen."

Kindfrau möchte erwachsen werden. Auch wenn es den Männern nicht paßt. Die suchen das nimmersatte Nymphchen in ihr, die liebestolle Lolita. Nur: Kann man das den bösen Kerlen verübeln, wenn das Objekt ihrer Begierde unbekümmert ihre Seele aufpumpt: „Der Geschlechtsakt ist für mich mit viel Liebe, Herzpochen verbunden. Und da man mit dem Auge genießt, sollte die Frau tolle Unterwäsche tragen. Strapse finde ich schöner als ganz nackend. Auch zur Aktfotografie steh' ich. Aber ich finde es aufregender, wenn mir mal ein Busen rausrutscht." Tagträume, die Männer verwirren. Und dann auch noch solche Lippenbekenntnisse. „'Tutti Frutti' ist eine wunderschöne Spielshow für Männer. Ich sehe sie alle auf der Couch, wie sie sich vor Begeisterung auf die Knie klatschen. Da kommt der männliche Spieltrieb heraus." Oder ihre Begeisterung für den Erotikstreifen „9 1/2 Wochen": „So was würd' ich auch gern spielen." Die Frau, die die Männer liebt, hat einen Lieblingssatz, bei dem sich alles – worum denn sonst? – um die Liebe dreht: „Nur wer sich selber liebt, kann andere Menschen lieben." Eine liebenswerte Kindfrau.

*(Paul Sahner, Quick, Nr. 19,1990, Text etwas gekürzt)*

Die Einleitung des Artikels ist in der die Gleichsetzung der im Frühling „sprießen-den" Natur mit der sexuellen Ausstrahlung der Hausherrin kaum zu überbieten. Alle formalen und inhaltlichen Elemente werden aufeinander bezogen, einschließ-lich des Bildmaterials – *Corinna* halbnackt in verschiedenen Posen. Die ersten Sät-ze sind vom Satzbau her (z. b. Reihung: *„Es sprießt, es grünt und blüht. ")* sehr raf-finiert gestaltet und rhythmisch bis hin zum Stabreim durchstrukturiert. *„Sehr blónd, sehr blaúäugig, sehr gebräúnt – so tígert sie kátzengeschméidig durchs són-nendurchflútete Wóhnzimmer. "*

Der erste Teil besteht aus einer Reihung mit entsprechend tragenden Hebungen, während die Fortführung, *„so tigert sie katzengeschmeidig durchs sonnendurchflu-tete Wohnzimmer",* durch den Rhythmuswechsel das Bild *leichtfüßig* aufnimmt. Gleichzeitig wird durch die scheinbare Naivität der Aussage aber ein leicht ironi-scher Unterton erzeugt, der sich durch den ganzen Text hindurchzieht. Die Frau wird als Sexualobjekt zitiert, obwohl *Corinna Drews* immer wieder *„lieb"* versi-chert, daß sie gar nicht wisse, wieso das so sei: *„'Was ist denn besonderes an mir? Ich weiß auch nicht, warum mich die Männer immer sooo anstarren.' Sie meint es ernst. Oh, wie sie dieses Image des lasterhaften Luxusweibchens haßt. "*

Die Intention des männlichen Autors ist also gut faßbar. *Corinna Drews* ist selber dafür verantwortlich, wenn sie von Männern als *„Luxusweibchen",* als *„Kindfrau"* betrachtet wird, denn sie baut dieses Image systematisch auf. Alle abwehrenden Einwände werden lächelnd ironisch als nicht ernstzunehmend kommentiert.

Neben den *informierenden Sach- und Gebrauchstexten,* die ausdrücklich in den Lehrplänen gefordert werden, werden immer auch solche mit *manipulativen Cha-rakter* benannt, so z. B. im *Bayerischen Curricularen Lehrplan* (KMBI So. Nr. 13/ 1985, 8. Jahrgangsstufe).

*Sach- und Gebrauchstexte erfassen und auswerten*

– *Informative Texte, z. B. Zeitungsbericht, Interview; Texte aus dem Sachunterricht*
   Anwenden bereits gelernter Erschließungstechniken
   Unterscheiden zwischen mehr sachlicher und mehr persönlicher Darstellung
   Erfassen möglicher, auch nicht ausdrücklich formulierter Teilinformationen
– *Texte, die überzeugen wollen, z. B. Aufruf, Stellungnahme*
   Unterscheiden von Aufrufen nach Zielen und Formen; Zusammenstellen äußerer Merkmale
   Untersuchen von Texten im Hinblick auf vorwiegend informative bzw. appellative Elemente
   Erkennen von Möglichkeiten der Meinungsbeeinflussung
   Unterscheiden sprachlicher Mittel des Überzeugens, Überredens und Manipulierens, z. B. Wie-
   derholungen, Vereinfachungen, Schlagwörter, Verallgemeinerungen, Polemik

*Sich mit Texten aus Zeitungen und Zeitschriften auseinandersetzen*

   Unterscheiden verschiedener Arten von Zeitungen und Zeitschriften je nach Zielsetzung und
   Adressatengruppe

Vergleichen von Titelseite und Aufbau bei verschiedenen Zeitungen

Gegenüberstellen von aktuellen Berichten aus verschiedenen Zeitungen zum gleichen Thema, z. B. im Hinblick auf Plazierung, Umfang, Sprache, Absicht

Herausarbeiten von Möglichkeiten der Mitteilung, z. B. Bild, Text, Graphik, Karikatur

Vergleichen eines informativen Textes und eines Kommentars zum selben Thema.

Daß diese Textsorten in den Lehrplänen einen relativ breiten Raum einnehmen, hängt sicher damit zusammen, daß der Schüler schon während der Schulzeit und auch während des späteren Erwachsenenlebens am meisten mit ihnen konfrontiert wird. In den Lernzielen wird auf diese Weise Kritikfähigkeit an den manipulativen Tendenzen formuliert und gefordert. In dem Zusammenhang eignen sich besonders bestimmte Texte, die diese Absicht deutlich werden lassen. Dazu gehört auch der vorliegende Text über *Corinna Drews*.

In einer Kleingruppe in der Lehrerfortbildung (Rheinland/Pfalz, Mainz) wurden folgende Szenen erarbeitet:

– *Lesen des Textes mit verteilten Rollen*

Das Lesen wurde so überzogen, daß der ironisierende Unterton des Autors für die Zuhörer sehr deutlich wurde (also besonders rhythmische Gestaltung der Einleitung, die wörtliche Passagen der *Corinna Drews* wurden sehr naiv gelesen usw.). Diese Art des Vortrags kommt dem „rhythmischen" und „pantomimischen" Lesen des *Augusto Boal* (siehe S. 160) nahe, *Günter Waldmann* bezeichnet es als *„aktive Rezeption"* von Texten (1984, S. 117 ff.). Die Wirkung wurde durchaus von der Gruppe einkalkuliert, nämlich Gelächter ob der sexistischen Entlarvung der Autorintention.

– *Ratespiel* nach dem Muster der Fernsehsendung *„Was bin ich?" (Robert Lembke)*

Entsprechende Fragen wurden ausgearbeitet, z. B.:

*Sind Sie öffentlich bekannt?*

*Führt Ihr Beruf Sie ins Ausland?*

*Müssen Sie ein mathematisches Geschick haben?*

*Sind Sie dadurch bekannt, daß Sie auch in Ihrem Privatleben viel mit Männern zu tun haben?*

Der Quizmaster gab bei Fragen, die nicht ganz „eindeutig" zu beantworten waren, entsprechende Kommentare, während Corinna Drews lieb lächelnd neben ihm stand.

Nach diesen beiden Eingangsszenen hatte die Gruppe das Gefühl, zwar die Intention des Reporters gut entlarvt zu haben, aber vielleicht der Person der *Corinna Drews* nicht ganz gerecht geworden zu sein. Deshalb wurde ein *Rollenspiel* entwickelt:

*Lutz Behrend*, ihr Freund, kehrt von einer Geschäftsreise aus England zurück, ist empört über diesen Artikel, den er unterwegs schon gelesen hat. In diesem *Konfliktrollenspiel* versucht nun *Corinna* sich zu rechtfertigen, gibt sich als im Grund empfindsame Frau zu erkennen.

Zum Abschluß wurden *Leserbriefe* an die Redaktion vorgelesen, wobei bewußt verschiedene Typen herausgesucht wurden; die Pole von Identifikation und Empörung wurden deutlich für die Zuschauer.

*An die Redaktion der Quick,*

*ich finde es total empörend, was Sie in Ihrem Artikel mit der lieben Corinna Drews gemacht haben! Bei Ihnen „grünt und sprießt" es nur so überall. Alle Frauen und Feministinnen sollten Ihnen die Augen auskratzen für die Kreierung Ihrer „kichernden Kindfrau". Warum eigentlich ziehen Sie sich als Mann nicht selbst mal einen „Bodystocking" an und lassen diverse „Körperteile" aufreizend „aus der Kleidung" rutschen?!*
*Empört*

*Ihre Susanne*

*Hi, Corinna!*
*Ich bin die Ilse, Dein treuester Fan aus dem Wedding. Also ich finde Dich echt super, wa. Also, wenn ich Dich seh, kann ich echt alles hinschmeißen. Also ich kann auch nichts, direkt wie Du, aber mein Freund, was mein Freund ist, der sagt, ich kann auch zum Film. Die Schule, die habe ich auch bald geschafft und wenn nicht, dann schmeiß ich die glatt hin. Kannst Du mir helfen? Meine Fotos liegen bei. Da wirst Du echt was von halten. Schicke mir doch ein Autogramm und bald viel Knete, dann komme ich bei Dich.*

*Deine Ilse*

*O Corinna,*
*der letzte Artikel über Dich in der Quick hat mich auf eine tolle Idee für uns beide gebracht. Du erzählst, daß Du schon eine Menge Männer verschlissen hast. Auch ich besitze Dankschreiben aus aller Welt. Da sich offensichtlich unsere Interessen total decken, könnten wir doch unserem gemeinsamen Hobby an einem der nächsten Wochenenden frönen. Am 28./29. März ist auf meinem Terminkalender noch Platz. Du wirst es nicht bereuen.*
*Bis bald.*

*Dein Jonny*

*Sehr geehrte Redaktion,*
*Corinna Drews ist für Sie ein nimmersattes Nymphchen, eine liebestolle Lolita. Das Frauenbild in Ihrer Zeitschrift, nicht zum ersten Mal stelle ich das fest, ist empörend einfältig. Frauen sind nicht nur Spielzeug für die Männer, Sexobjekte.*

*Anna M., Honigkirchen*

*Hi Corinna,*
*ich habe die Story über Dich in der Quick gelesen und muß schon sagen, daß ich Dich echt geil fand. Leider waren nur wenige Bilder von Dir zu sehen und Bilder einer Frau sind nun mal das, was mein Männerherz zum Pochen bringt. Wo sind noch mehr Bilder von Dir veröffentlicht worden? Oder kannst Du mir vielleicht welche schicken? Zu dumm war auch, daß in dem Artikel Deine Maße nicht angegeben waren. Laß mich mal raten 82/64/82. Na, wie trügerisch ist mein geschulter Blick? Ich hoffe auf weitere Fotos von Dir. Unsere Männerrunde an Freitagen lechzt nach Dir, Du Göttin der Begierde. Sei gegrüßt, geküßt und fast vernascht*

*Dein Bewunderer Archie*

Auch dieses Beispiel zeigt deutlich, daß das *literarische Rollenspiel* einzuordnen ist in den produktions- und handlungsorientierten Literaturunterricht. Gerade die *Multiperspektivität* erfordert verschiedene Verfahren und Methoden. Dennoch wurden die oben beschriebenen Perspektiven *inszeniert*, so z. B. auch die Leserbriefe, die ja auch klanggestaltend – die Vortragenden hatten sich geschickt im

Raum verteilt – mit Pathos, Empörung oder in einem etwas gleichgültigen Ton präsentiert wurden.

### Beispiel: Sachliche Romanze

Sachliche Romanze

*Als sie einander acht Jahre kannten*
*(und man darf sagen, sie kannten sich gut),*
*kam ihre Liebe plötzlich abhanden.*
*Wie andern Leuten ein Stock oder Hut.*

*Sie waren traurig, betrugen sich heiter,*
*versuchten Küsse, als ob nichts sei,*
*und sahen sich an und wußten nicht weiter.*
*Da weinte sie schließlich. Und er stand dabei.*

*Vom Fenster aus konnte man Schiffen winken.*
*Er sagte, es wäre schon Viertel nach Vier*
*und Zeit, irgendwo Kaffee zu trinken.*
*Nebenan übte ein Mensch Klavier.*

*Sie gingen ins kleinste Café am Ort*
*und rührten in ihren Tassen.*
*Am Abend saßen sie immer noch dort.*
*Sie saßen allein, und sie sprachen kein Wort*
*und konnten es einfach nicht fassen.*

*Erich Kästner (Aus: Lärm im Spiegel. Zürich: Atrium 1963)*

### Tränen Lügen nicht

*Wenn du ihr sagst alles ist vorbei.*
*Wenn du nicht glaubst sie ist dir nur treu.*
*Dreh dich einmal um, schau in ihr Gesicht,*
*und du wirst sehn: Tränen lügen nicht.*

*Bei Tag und Nacht, bei ihr war alles schön.*
*Die Tür steht auf, willst du wirklich gehn?*
*Wie ein off'nes Buch ist ihr Herz für dich,*
*und du erkennst: Tränen lügen nicht.*

*Vergoss'nen Wein, den trinkt keiner mehr.*
*Ein verlor'nes Herz bleibt für immer leer.*
*Es ist nie zu spät, komm, entscheide dich,*
*reich ihr die Hand, Tränen lügen nicht.*

Sag doch selbst, was wirst du anfangen
mit deiner Freiheit, die dir jetzt so kostbar erscheint?
Wie früher mit Freunden durch Bars und Kneipen ziehn?
Und dann, wenn du das satt hast, glaubst du,
das Glück liegt auf der Straße
und du brauchst es nur aufzuheben,
wenn dir danach zumute ist? Nein, nein, mein Freund.
Die große Stadt lockt mit ihrem Glanz.
Mit schönen Frau'n, mit Musik und Tanz.
Doch der Schein hält nie, was er dir verspricht.
Kehr endlich um: Tränen lügen nicht.
Dreh dich noch mal um, schau in ihr Gesicht,
und du verstehst: Tränen lügen nicht.

Michael Holm (Aus: top-Schlagertextheft. Hamburg o.J. Nr.37)

Beide Texte, das Gedicht von *Erich Kästner* und der Schlager, befassen sich mit einer Krise in der Liebe, in einer Beziehung. Der künstlerische Kontrast könnte kaum auffälliger gewählt sein; auf der einen Seite wird die existentielle Betroffenheit in einer offensichtlich unvermeidbaren Lebenskrise deutlich gemacht und auf der anderen Seite wird dasselbe Thema mit einer unglaublichen Banalität beantwortet.

Ich spare mir in dem Zusammenhang eine weitere ausführliche Analyse und möchte nur einige Möglichkeiten des *literarischen Rollenspiels* (Lehrerfortbildung, Mainz) aufzeigen:

*Kästner-Gedicht:*

- *Pantomimische Darstellung* des Inhalts mit begleitendem Gedichtvortrag. Dies stellte sich schon öfters als eine sehr intensive Szene dar; der Leser muß sehr langsam mit Blick auf die Agierenden sprechen.

- *Konfliktrollenspiel*
 Der Ehemann bringt Blumen zum Hochzeitstag mit nach Hause, will damit seine Frau überraschen. Sie jedoch hat diesen Tag vergessen und überspielt ihren Faux-pas mit banalem Gerede, das die Entfremdung der beiden sehr deutlich werden läßt.

- *Monologe von Mann und Frau nach einem Jahr der Trennung*
 Auf Stühlen sitzend monologisierten abwechselnd Mann und Frau über ihre Gefühle, Erfahrungen und Erlebnisse nach einem Jahr der Trennung. Sie verkraftete das Scheitern der Beziehung besser als er. Die Folgen des Alleinseins wurden dramatisch in einer Weise präsentiert, die den Zuhörern die Tragweite des Zerbrechens deutlich bewußt machte.

### Die Szene „Der vergessene Hochzeitstag"

| | |
|---|---|
| *Mann:* | Du Hilde ...<br>(Er will seiner Frau einen Blumenstrauß übergeben.) |
| *Frau:* | Hallo ... Oh, nanu ist da Geburtstag oder was? |
| *Mann:* | Nein, wir haben heute Hochzeitstag! |
| *Frau:* | Oh, den hab ich wirklich ganz vergessen, seitdem ich kurz arbeite ... na ja ... |
| *Mann:* | Was, du hast vergessen? |
| *Frau:* | Franz, also ich bitt' dich. Man vergißt das schon mal. Wir können ja heute abend wirklich toll feiern gehen. Eine Flasche Sekt kaltstellen, und dann fangen wir ordentlich was an. Toll, nicht... Komm. |
| *Mann:* | Du hast wirklich vergessen? |
| *Frau:* | Sei nicht so gekränkt. Das ist doch nur ein Datum. Da muß man doch kein Theater draus machen. Komm. |
| *Mann:* | Datum. |
| *Frau:* | Das ist doch nur eine Äußerlichkeit, das Datum. Aber wir feiern heute noch. Das habe ich vergessen. O.K. tut mir leid. Wollen wir Kaffeetrinken gehen .... |
| *Mann:* | Wo? |
| *Frau:* | Na da im Café am Markt, da wo wir früher uns immer getroffen haben, das wär doch gut was, da können wir mal reden wieder. Wir haben tatsächlich wenig Zeit gehabt füreinander, das stimmt schon, in letzter Zeit, viel Arbeit gehabt, und wir sollten mal ... |
| *Mann:* | Die Blumen solltest du ins Wasser tun. |
| *Frau:* | Ja, die Blumen sind toll, vielen Dank. Toll, daß du da immer an die Daten denkst, Geburtstag und Hochzeitstag find ich phantastisch. Ich hab schon einen tollen Mann erwischt, danke schön. Jetzt guck nicht mehr so traurig. |

Die nächste Szene spielt ein halbes Jahr später.
(Die beiden Protagonisten saßen etwas voneinander abgewandt, als ob sie einander nicht sehen würden, und monologisierten.)

| | |
|---|---|
| *Mann:* | In der ersten Zeit, ich habe eigentlich gar nicht so recht gewußt warum, ist etwas schief gegangen bei uns, es war einfach, plötzlich waren die Gefühle weg. Wir konnten uns über nichts mehr unterhalten, weil wir uns irgendwie total fremd geworden sind. Ja, es war nicht einmal ein anderer Mann dahinter, nein, dann hätte ich es ja noch verstanden. Kein Mann. Wir waren einfach plötzlich uns so fremd und auch so hilflos, so, eine schwere Zeit. |
| *Frau:* | Ja, dieser scheußliche Nachmittag da vor einem halben Jahr, das war irgendwie ein Schock. Hatte diesen Hochzeitstag vergessen, aber das war's ja eigentlich gar nicht. War schon schlimmer. Ich habe in dem Moment gemerkt, daß das irgendwie nicht mehr so wichtig war und daß ich das gemerkt habe, das war so schlimm, daß ich wirklich im Moment völlig verzweifelt war. Ich dachte, jetzt ist alles aus, jetzt ist es zu Ende. Ich dachte, das kriegen wir irgendwie wieder hin, und ich habe geweint und dann, na ja, hab ich gedacht, wir könnten ja mal wieder versuchen, zusammenzukommen und miteinander zu reden. Wir sind ins Café gegangen, und es war absolut fürchterlich. Wir konnten überhaupt nicht |

mehr miteinander reden, wir saßen da, tranken Kaffee, und es war ziemlich stark, es war absolut grauenhaft. Er tat mir so leid, ich tat mir leid – fürchterlich.

Mann: Als sie dann ausgezogen ist . . .und es ist immer noch schrecklich. Ich komme ins Haus, schreie „Hallo" und niemand antwortet. Kein leerer Teller steht auf der Spülmaschine oder auf dem Küchenbüffet . . . Ich hätte nie gedacht, daß das so schrecklich sein kann. Diese acht Jahre, sie lassen sich einfach nicht so wegschieben. Ich habe nicht geglaubt, daß mir so vieles abgeht, plötzlich. Der Kuß am Morgen, der ist vielleicht so Routine, aber dennoch, wenn er nicht da ist, oder der Hauch von . . . alles plötzlich weg. Das Haus ist leer, und überall finde ich noch so Reste, aber es ist niemand da. In der ersten Zeit habe ich täglich meine Bekannten angerufen, bis sie mir dann zu verstehen gegeben haben, es interessiert sie nicht, „es ist dein Bier, ihr habt's ja so gewollt". Anfangs sind sie noch ab und zu mal mit in die Kneipe gegangen, aber das hat sich dann auch verloren. Ich hab's schon mit einer Freundin versucht, irgendwie bin ich noch nicht dazu in der Lage. Ich hätte nie gedacht, daß es so schwer wird.

Frau: Ich hätte nie gedacht, daß etwas, was acht Jahre gedauert hat, so schnell zu Ende sein könnte, einfach so plötzlich. Wahrscheinlich war es auch nicht so plötzlich zu Ende, wie uns das aufgefallen ist, sondern es hat sich vorbereitet. Und nachdem es nun so war, wie es war, und es klar geworden war, dann dachte ich, na ja, es hat keinen Sinn, an einer Sache festzuhalten, die zu Ende ist und habe halt meinen Koffer gepackt und bin gegangen. Ich habe bei einer Freundin übernachtet, mit der geredet, und es war schon scheußlich. Ich habe mich nicht gut gefühlt in der Zeit, und man steckt das nicht einfach so weg, acht Jahre mit dem Menschen, und ich hab ihn schon noch irgendwie gern, das ist ganz klar, doch das Entscheidende war einfach weg. Jetzt denke ich, es geht mir schon ein bißchen besser, ich werde es schon schaffen, ich werde schon auch wieder was Neues haben. Doch, es muß schon weitergehen, irgendwie.

– Der *Schlagertext* wurde in der Musikfassung vorgetragen. Einen schärferen Kontrast zwischen beiden Texten kann man sich kaum vorstellen. Banalität und Klischee wurden dadurch besonders herausgearbeitet. Freilich ließen sich auch mit diesem trivialen Text verschiedene Szenen aus unterschiedlichen Perspektiven herstellen.

Eine andere Lehrergruppe hatte vor allem die inneren Monologe szenisch bearbeitet, die sich geradezu im Gedicht selbst anbieten. Denn die beiden Protagonisten agieren völlig sprachlos, aber Gedanken, Gefühle haben sie, und diese sicher in einem Übermaß.

Diese Gruppe hatte auch noch Gespräche des Mannes mit dem Freund und der Frau mit der Freundin organisiert.

Im folgenden werden noch einige *literarische Rollenspiele* beschrieben, die gleichzeitig als Anregung für den eigenen Unterricht verstanden werden sollen (wie im übrigen auch die anderen Beispiele).

**Beispiele: Zum Literaturunterricht in der Grundschule**

> Morgens früh um sechs
> kommt die kleine Hex;
> morgens früh um sieben
> schabt sie gelbe Rüben;
> morgens früh um acht
> wird der Kaffee gemacht;
> morgens früh um neune
> geht sie in die Scheune;
> morgens früh um zehne
> holt sie Holz und Späne;
> feuert an um elfe,
> kocht sie bis um zwölfe
> Fröschebein und Krebs und Fisch.
> Hurtig, Kinder, kommt zu Tisch!

*(Text aus: Hans Magnus Enzensberger (Hrsg.): Allerleirauh. Viele schöne Kinderreime. Frankfurt/ M.: Suhrkamp 1969)*

Bei diesem Text handelt es sich um einen *Kinderreim*, und er ist deshalb besonders für die Grundschule geeignet (vgl. *Reger, 1990*). (Unser Beispiel wurde in einer 3. Klasse in Nürnberg erprobt.) Da der Text kaum eine inhaltliche Aussage hat, lebt er vom Reim und vom Rhythmus und überhaupt vom sprachlichen Klang (z. B. Alliteration, Betonung bestimmter Vokalgruppen.) Mit einem solchen „Gedicht" muß sprachlich-handelnd umgegangen werden, die Freude der Kinder an Bewegung und Ausdruck muß genutzt werden. Folgendermaßen wurde verfahren:

– *Präsentation des Kinderreims* durch chorischen (gemeinsamen) Vortrag, im Kreis stehend, mit dem metrischen Schema entsprechenden Händeklatschen. Die Kinder benötigten für das Auswendiglernen gerade fünf Minuten.

– *Schreiten nach dem Metrum* durch den Klassenraum (Der Jambus wird ja auch als *Gehschritt* und der Daktylos als *Tanzschritt* bezeichnet.) (Vgl. *Ulshöfer, R.: Methodik des Deutschunterrichts. Unterstufe. Stuttgart: Klett, 1965, S. 67 ff.*)

– *Veränderung des Textrhythmus*

   (mit entsprechendem Händeklatschen); Verlangsamung aber auch Steigerung bis hin zum Rock-Rhythmus.

– Gruppenarbeit: Einüben und Präsentation des Textes mit *Orffschen Instrumenten und pantomimischer Darstellung*. Diese Instrumente sind besonders gut geeignet, Musik aktiv in einen Erarbeitungsprozeß einzubeziehen, da jeder mit ihnen hantieren und umgehen kann. Die Verse wurden z. T. gesungen.

– Einzelarbeit: *Nachgestaltung des Textes* (Tätigkeiten der kleinen Hexe am Nachmittag und Abend) und *Präsentation.* Mit dem letztgenannten Arbeitsauftrag wird schon die Produktion mit einbezogen, die sich in einem selbstverständlichen Prozeß anschließt. Die Kinder „dichteten" begeistert ihre Reime und erfanden zum Teil wiederum eine Melodie, die sie vortrugen:

*Nachmittags um fünfe*
*zieht sie an die Strümpfe,*
*um sechse,*
*schreibt sie dann 'ne Sechse,*
*abends um sieben*
*tut sie sich dann verlieben.*
*Und um acht*
*wird ganz toll gelacht.*

> Wir wären nie gewaschen
>
> *Wir wären nie gewaschen*
> *und meistens nicht gekämmt,*
> *die Strümpfe hätten Löcher*
> *und schmutzig wär das Hemd,*
> *wir äßen Fisch mit Honig*
> *und Blumenkohl mit Zimt,*
> *wenn du nicht täglich sorgtest,*
> *daß alles klappt und stimmt.*
> *Wir hätten nasse Füße*
> *und Zähne schwarz wie Ruß*
> *und bis zu beiden Ohren*
> *die Haut voll Pflaumenmus.*
> *Wir könnten auch nicht schlafen,*
> *wenn du nicht noch mal kämst*
> *Und uns, bevor wir träumen,*
> *in deine Arme nähmst.*
> *Und trotzdem! Sind wir alle*
> *manchmal eine Last:*
> *Was wärst du ohne Kinder?*
> *sei froh, daß du uns hast.*
>
> *Eva Rechlin*
>
> *(Deutsches Lesebuch. 2. Jg., Diesterweg, 1974, S. 107)*

Dieses Gedicht findet man in vielen Grundschullesebüchern, da es das Thema *Mutter* positiv darstellt. Es kommt damit der Forderung des Lehrplans in vielerlei Hinsicht nach. Bei diesem Text bietet sich eine Behandlung mit *produktionsorientierten Verfahren* bzw. mit Hilfe des *literarischen Rollenspiels* an.

Es wird fast das Bild einer konventionellen, liebevoll sich um die Kinder sorgenden Mutter gezeichnet. Dieser Eindruck wird noch durch die intime Du-Ansprache der Autorin unterstützt. Es wird zwar formal aus der Perspektive der Kinder erzählt, dennoch aber ist es der Blickwinkel des Erwachsenen. Ein heiter-humorvoller Grundduktus durchzieht das Gedicht, dem man sich nur schwerlich entziehen kann und vielleicht auch nicht entziehen will.

Folgende Möglickeiten könnten spielerisch erprobt werden:

– Nach der ersten Begegnung: *Nochmaliges Lesen mit pantomimischer Darstellung des Gedichtinhalts.* Dabei kann die ganze Klasse mitmachen.

– *Malen der einzelnen Szenen des Textes.* Es ist darauf zu achten, daß nicht alle denselben Inhalt wählen. Reflexion zu den Bildern.

– Diskussion mit den Schülern, ob *Eva Rechlin* mit ihrer Schilderung recht habe. Im Anschluß daran ein *Konfliktrollenspiel*: die Mutter möchte, daß aufgeräumt wird, möchte, daß im Haushalt geholfen wird. Wie verläuft diese Auseinandersetzung? In welchem Zusammenhang stellen die Kinder eine Last dar?

– *Monolog der Mutter:* Sie wünscht sich eine Entlastung im Alltag. Diskussion der Schüler, wie dieses Problem bei ihnen zu Hause geregelt ist. Wieviele Mütter sind berufstätig? Welche Berufe üben sie aus? Wissen die Kinder, wie die Berufswelt ihrer Mütter aussieht. Evtl. Recherchen als Hausaufgabe.

– *Stegreifspiel:* Vater und Kinder wollen die Mutter entlasten. Wie verläuft ein solches Gespräch? Welche Rolle spielt der Vater?

Bei unserem Unterrichtsversuch (3. Klasse) haben wir nicht alle oben zusammengestellten Möglichkeiten realisiert, da wir nur einen relativ engen zeitlichen Rahmen zur Verfügung hatten. Schon beim leisen Lesen hatten die Schüler viel Spaß, so daß manche laut lachen mußten. *Eva Rechlin* hat offensichtlich die Gefühlswelt der Kinder getroffen. Sie konnten sich mit den konjunktivisch dargestellten Taten identifizieren, bereitwillig wurde aus der eigenen Familie berichtet. Die familiären Gewohnheiten repräsentieren gleichzeitig Konfliktbereiche, die die Schüler erkannt hatten und die sie nun in Gruppen vorbereiten und darstellen sollten: *Wasch dich sorgfältig! Putz dir die Zähne! Iß ordentlich und sei nicht vernascht! Schlaf jetzt, Licht aus!* (Beim letzten Befehl zeigte sich die Problematik des Gute-Nacht-Kusses, der nicht nur positiv besetzt ist.)

*Spielphase:* Die Konfliktbereiche wurden mit viel Engagement und Phantasie dargestellt. Lösungsmöglichkeiten sahen meist so aus, daß die Kinder genervt aufgaben. Die meist realistische Ebene der Spielszenen machte die humorvolle ästhetisch-literarische Übertreibung der Autorin durch die sprachliche Gestaltung erfahrbar. Interessant war, daß grundsätzlich Mädchen als Mütter agieren mußten, und die Jungen automatisch die Rollen der unartigen Kinder übernahmen, die durch ihre Mitschülerinnen-Mütter zur Ordnung gerufen wurden. Es wurde uns Beobachtern klar, wie sehr hier schon Geschlechterstereotypen reproduziert wurden, was auch mit der sozialen Zusammensetzung der Klasse erklärbar sein könnte. Viele Mütter nehmen tatsächlich in der Familie die Ordnungsfunktion ein, da sie nicht berufstätig sind, worauf zum Teil auch die aus den Berichte der Kinder schließen lassen konnten.

Ein Junge meldete sich und meinte, er wolle des Gedicht verändern. Er las vor: *Papa wäre nie gewaschen/ und meistens nie gekämmt,/ seine Strümpfe hätten Löcher und schmutzig wär sein Hemd [...] Papa könnte auch nicht schlafen,/ wenn du nicht noch einmal kämst/ und ihn, bevor er träumt/ in deine Arme nähmst./ Und trotzdem! Papa ist/ auch manchmal eine Last: Was wärst du ohne Papa?/ Sei froh, daß du ihn hast.* Die Kinder wußten zu berichten, daß es auch Konfliktbereiche zwischen Papa und Mama gebe, daß der Vater z.B. nicht aufräumt, ewig vor dem Fernseher sitzt, lange schläft, sich nur ungern zu einem Ausflug überreden läßt usw. Zum Abschluß wurde das Gedicht noch einmal klanggestaltend vorgelesen, und die ganze Klasse stellte *pantomimisch* begeistert den Inhalt des Gedichtes dar.

---

Von der Grille und der Ameise

*Zur Winterszeit zog eine Ameise ihr Korn, das sie im Sommer in ihr Haus getragen hatte, hervor, es an der Luft zu trocknen. Da kam eine hungrige Grille zu ihr und bat sie um Speise, daß sie am Leben bleiben möchte. Die Ameise fragte sie: „Was hast du denn im Sommer getan?" Die Grille antwortete: „Ich bin hin und her durch die Zäune gesprungen und hab' gesungen." Da lachte die Ameise und sprach: „Hast du im Sommer gesungen, so magst du im Winter tanzen!"*

*Heinrich Steinhöwel*

(Aus: Leserunde. 3. Schuljahr. Dürr Verlag, S.23)

---

Die Fabel ist eine in der Grundschule sehr beliebte Textsorte, da sie das abstrahierende Denken der Schüler einleitet und mit zu fördern verspricht. Ohne Anspruch auf Vollständigkeit möchte ich kurz einige wesentliche Merkmale der Fabel auflisten.

Verfremdung durch Tiere; sie handeln an Stelle von Menschen.

dynamischer Tatcharakter (episch und dramatisch), Distanz, Kürze, Schärfe, klarer zielstrebiger Aufbau, auf die Pointe am Schluß abzielend.

Einheitlich von Ort, Zeit und Handlung, aber ohne daß Ort und Zeit näher bestimmt würden; anschauliches Erfassen der Szene; schmucklos, argumentierend, Spannung und Interesse weckend durch Kontrast und Überraschung; Aufdecken einer Wahrheit, aus gesellschaftskritische Einsicht zur Veränderung provozierend.

Gerade weil die Fabel eine hochkomplexe Kunstform darstellt, deren Erfassen an das Kind hohe Anforderungen stellt, ist es notwendig, didaktisch-methodisch besonders einfühlsam vorzugehen. Das *literarische Rollenspiel* eignet sich dafür besonders gut, da es die unterschiedlichen Bedeutungshorizonte sinnlich erfaßbar machen kann.

Folgende Spielformen sind denkbar:

– *Nachspielen der Fabel*
  Dabei kann die ganze Klasse pantomimisch agieren: Ein Teil spielt das geschäftige Treiben der Ameisen, ein anderer Teil den Zeitvertreib der Grille, mit Singen und Tanzen.

Als wir die Fabel in der 3. Klasse erarbeiteten, konnten wir feststellen, daß zwar die sommerlichen Arbeiten (Körner sammeln, dreschen, Mehl mahlen, backen, Holz sammeln und hacken usw.) von den Schülern ganz gut pantomimisch (in Gruppen) dargestellt wurden, daß es ihnen aber ziemlich schwer fiel, sich unterschiedliche künstlerisch-unterhaltende Betätigungen vorzustellen und zu spielen. Nur eine Gruppe benutzte für ihren Gesang das bereitstehende Xylophon.

– *Konfliktrollenspiel: Die Grillen versuchen, die Ameisen zu überreden, ihnen etwas abzugeben.*

Hier könnte über den knappen Dialog hinaus die Grille versuchen, sich zu rechtfertigen und die Ameise zu überreden, ihr doch etwas abzugeben. Umgekehrt kann die nüchtern-pragmatische Handlungsweise argumentativ weiter ausgeführt werden. Man kann dabei auch das Alter ego (beratend) einsetzen.
In unserem Unterrichtsversuch hatten wir zwei Spielphasen vorgesehen: Bei der einen sollten die Ameisen standhaft bleiben, beim zweiten Durchgang war je nach Spielverlauf der Ausgang offen. Immer dann, wenn die Ameisen „schwach" wurden, haben die Schüler mitleidheischend auf der Beziehungsebene agiert, indem sie z. B. auf ihre hungernden Kinder verwiesen und entsprechende körpersprachliche Mittel (bittender, flehender Tonfall, demütige Körperhaltung) einsetzten.

Weitaus mehr Schüler wollten die Ameisen spielen, da ihnen höchstwahrscheinlich die Identifikation mit der Rolle und die Durchführung leichter erschienen. Es wurden häufiger Mädchen als Grillen eingesetzt. Auf der einen Seite erkannten die Kinder in der Reflexionsphase die Hartherzigkeit der Ameisen sehr deutlich, auf der anderen Seite machten sie vielfältige Lösungsvorschläge, etwa folgende: *„Wir geben euch etwas von unseren Vorräten ab, aber erwarten von euch,* *daß ihr im nächsten Jahr mit uns zusammen Vorsorge betreibt. Allein könnt ihr dies wahrscheinlich nicht".*

Schon die recht einfache Umsetzung machte den Kindern klar, daß in dem dargestellten Zusammenhang eigentlich Menschen und menschliche Schwächen gemeint sind. Der *Transfer* muß dann der nächste Schritt sein. Die *Lehre der Fabel* zielt auf noch nicht so hochgradig arbeitsteilige Gesellschaften wie die unsrige, sondern will im Grunde nur zu verstehen geben, daß auch derjenige, der nicht unmittelbar zur leiblichen Lebenssicherung beiträgt, auch eine Daseinsberechtigung hat. Freilich könnten die Kinder einwenden, daß diejenigen, die sich heute mit Tanz und Gesang beschäftigten, meist ganz gut davon leben könnten. Das Problem hat sich aber in andere Bereiche verschoben (z. B. Sozialhilfeempfänger oder auch Asylbewerber) und ist natürlich höchst aktuell: *„Wer nicht arbeitet, soll auch nicht essen."*

Der Übergang zu dieser Ebene ergab sich im Unterrichtsversuch von selbst. Ein Schüler hatte nämlich vorgeschlagen, daß man doch auch spielen könnte, wie ein armer Mann bettelnd durch die Stadt von Haus zu Haus gehe, aber von den Bewohnern abgewiesen werde. Dieser Vorschlag wurde aufgenommen, und die Schüler sollten sich in Gruppen solche Situationen ausdenken und sie ins Spiel umsetzen. Bettler und Obdachlose waren bevorzugten Objekte. Zum Abschluß erzählte der Lehrer den Kindern (dazu legten sie den Kopf auf die Bank und schlossen die Augen) eine kleine Geschichte: *„Eines Tages kam in eine Klasse das Mädchen namens 'Grille', es war arm, hatte wenig zu essen, kaum Kleider und keine Freunde. Die Klasse war nicht hartherzig, kümmerte sich um das Mädchen und versorgte es mit allem, was notwendig war. Wer war das Mädchen, und welche Klasse war es?"* Dies war für die Kinder leicht zu erraten, waren sie es doch selbst, die sich um das bosnische Mädchen bemühten.

– *Malen der Grundsituationen der Fabel*

  Damit sich die Kinder noch einmal mit dem Inhalt auch emotional beschäftigen, sollten die Kinder die Möglichkeit haben, das Handlungsgeschehen zu malen.

– *Rollenspiel:* Kind einer Familie, die Sozialhilfe empfängt, muß sich mit Mitschülern auseinandersetzen.

  Man wird dabei sehr behutsam vorgehen müssen, vor allem dann, wenn in der Klasse selbst solche Fälle existieren. Aber vielleicht könnte gerade dann auch die Sensibilität für die allgemeine zwischenmenschliche Solidarität geschärft werden. In einer Zeit, in der immer mehr Menschen auf Sozialhilfe angewiesen sind, erscheint es notwendig, schon sehr früh in der Erziehung entsprechende Bewußtseinsprozesse in Gang zu setzen.

  *Situationen für das Rollenspiel könnten sein:* Ein Kind kann aus finanziellen

Gründen nicht an einer Klassenfahrt teilnehmen. Ein Kind wird gehänselt, weil es altmodische Kleidung trägt usw.

Wir selbst haben in dieser Klasse auf das Rollenspiel verzichtet, da für die Schüler der dargestellte Daseinbereich (Klasse im ländlichen Raum Nürnbergs, Behringersdorf) keinen Erfahrungshintergrund hat. So wird man bei jeder Umsetzung die Individuallage der jeweiligen Klasse berücksichtigen müssen.

### Beispiel: Schlager

In einer 7. und 8. Klasse haben wir uns mit dem *Schlager* befaßt. Ausgangstext war folgender:

#### Ich wär so gern wie du

*Ich wär so gern wie du,*
*als Freund geb' ich das zu.*
*Nein, ich bin nicht der Typ,*
*der solch ein Leben liebt,*
*der ihr das gibt wie du.*

*Ich stürze mich in jedes Feuer*
*ohne Angst, daß ich die Flügel mir verbrenn',*
*mich zwingt man in kein Korsett,*
*schwimm' immer oben, weil ich keine Grenzen kenn'.*
*Sie haßte diese Art zu leben,*
*denn die Sicherheit, der Halt hat ihr gefehlt,*
*was sie braucht und was zählt,*
*hat sie jetzt bei dir, und sie hat gut gewählt.*

*Ich wär so gern wie du,*
*das geb' ich ehrlich zu.*
*Du hältst, was du versprichst,*
*ich weiß, ich bring' das nicht,*
*zuviel gehört dazu.*

*Ich wär so gern wie du,*
*ganz gleich, was ich auch tu',*
*mein Leben bleibt ein Spiel,*
*mit Bahnen ohne Ziel,*
*nein, ich bin nicht wie du.*

*Mit beiden Fäusten kämpfte ich oft für uns zwei,*
*als Freund hat dir das imponiert.*
*Wie oft hast du dir gewünscht, wie ich zu werden,*
*jetzt bin ich's, der hier verliert.*
*Du weißt, auch ich hab' sie geliebt,*
*Doch immer haben mich die Vorwürfe gequält,*
*denn was sie braucht und was zählt,*
*hat ihr doch bei mir gefehlt,*
*über meinen Schatten springen kann ich nicht.*

*Ich wär' so gern wie du, ...*

*Ein Typ, der Action braucht wie ich,*
*wirft sie aus dem Gleichgewicht, den sucht sie nicht.*
*In deiner Ruhe liegt die Kraft,*
*die sie wirklich glücklich macht.*
*Das, was zählt, das hat ihr bei mir gefehlt,*
*und sie hat bestimmt was Besseres verdient,*
*ja so ein Mann wie du,*
*das geb' ich ehrlich zu. . . .*

*Sänger: Thomas Brink*
(Aus: top-Schlagertextheft. o. J., Nr. 42)

Wir hatten den Schlagertext seiner mäßigen Qualität wegen gewählt und glaubten, auch bei den Schülern eine *kritische Distanzierung* erreichen zu können. In der 7. Klasse Realschule (überwiegend Mädchen) war dies mit *diskursiv-analytischen* Besprechungsmethoden nicht möglich, da sich die meisten mit dem jungen Mann ziemlich vorbehaltlos identifizierten. Erst durch das *literarische Rollenspiel* gelang es ansatzweise.

– *Monologe des jungen Mannes und der jungen Frau nach der Trennung;*
– *Konfliktrollenspiel: Auseinandersetzung zwischen der jungen Frau und dem Helden der Geschichte;*
– *Konfliktrollenspiel: Auseinandersetzung zwischen den beiden jungen Männern.*
  *Beide Rollenspiele offenbarten die Widersprüche im Text, in denen sich der junge Mann offensichtlich befindet.*

Damit die SchülerInnen sich mit der Art und Weise, wie Schlager gemacht werden, auseinandersetzten und gleichzeitig eine andere Perspektive kennenlernten, stellten wir als Hausaufgabe, einen eigenen Schlagertext anzufertigen. Als Hilfestellung, die aber nicht unbedingt benutzt werden mußte, gaben wir die ersten beiden Zeilen vor:

*Gestern in der Nacht*
*habe ich deine Bekanntschaft gemacht.*

Grundkonstellation sollte sein, im Schlager verliert jemand seinen / seine Partner/in, im eigenen Text sollte ein/e Freund/in gefunden werden.

Wir waren sehr überrascht, als die Schüler zur nächsten Stunde nicht nur Texte verfaßt, sondern auch die Schlager zum Vorsingen eingeübt hatten. Denn ihre logische Argumentation war, Schlager sind eigentlich nicht nur zum Vorlesen gemacht, sondern sie entfalten ihre Wirksamkeit erst im Zusammenspiel mit der musikalischen Aufbereitung, und die Texte waren zum Teil interessanter als der Ausgangstext. Einige Beispiele:

*Hallo, ich bin Jenny*

Ich saß am Tisch in der Disco
und starrte vor mich hin,
da kam ein hübscher Junge
und fragte, wer ich bin.

Refrain:   „Hallo, ich bin Jenny,
           und wer bist du?"
           „Ja, ich bin der Helmut,
           woher kommst denn du?"

Wir tanzten in die Nacht hinein,
spazierten dann im Mondenschein.
„Es war der allerschönste Tag",
dacht' ich, als ich in seinen Armen lag.

Ich dachte, wir könnten uns mal sehen,
doch leider mußte er bald gehen.
Nach ein paar Tagen rief es bei mir an,
und er war dran:

Referain:  „Hallo, hier ist Jenny,
           und wer ist dort?"
           „Hier , hier ist der Helmut,
           gehst du heut' mit fort?"

Am nächsten Tag um zwei
kam er bei mir vorbei,
wir gingen ins Café
und tranken Tee.

Plötzlich sagte er an der Bar:
„Weißt du noch vor einem Jahr,
als wir uns das erste Mal trafen?
Und ich dich fragte, wer du bist, und du sagtest":

Refrain:   „Hallo, ich bin Jenny,
           und wer bist du?"
           „Ja, ich bin . . ."

Die Gruppe zog mit diesem Text eine perfekte Show mit Gitarre, Leadsängerin und Hintergrundchor ab. Das Werkstattgespräch mit den Schülern ergab dann die Einsicht, wie zum großen Teil die Texte abhängig waren von der Notwendigkeit zu reimen. *„Da hab' ich halt eine Zeile am Küchentisch hingeschrieben, und dann ist mir dazu ein Reimwort eingefallen."* Die Zufallsstruktur des Inhalts wurde für die meisten durchaus einsichtig. Wir haben denselben Versuch auch in einer 8. Klasse wiederholt, wobei allerdings von vornherein stärker distanzierende Elemente aufgenommen worden waren (z. B. den Text von *Bettina Wegner „Sind so kleine Hände"*). Wir gaben wieder zwei Verse vor

*Freitagabend um halb acht*
*wird die Disco aufgmacht.*

Die Präsentation wurde hier zur Aufgabe gemacht. Wir erwarteten ironischer gestaltete Texte, was auch der Fall war.

### Schubbidubbiduab Aha

Freitagabend um halb acht
wird die Disco aufgemacht.
Doch ich habe keine Lust,
denn ich hab' einen Riesenfrust.
Mein Schatz ist weg, die Welt ist leer,
drum hab ich Lust zu gar nichts mehr.

Schubbidubbiduah aha
Lust zu gar nichts mehr lala!

Da hör' ich einen schrillen Ton,
das ist das Telefon.
Es ist mein Verehrer, der keusche Franz,
er läd mich heut' ein zum Tanz.
Schließlich hab' ich zugesagt
und den Frust auf später vertagt.

Schubbidubbiduah aha
auf später vertagt lala!

Wir tranken und tanzten die ganze Nacht.
Endlich wurde die Disco zugemacht.
Franz und ich, wir schlendern heim,
da erscheint mein Schatzilein.
Als er uns sah, da macht er Schluß,
ohne einen Abschiedskuß.

Schubbidubbiduah aha
ohne einen Abschiedskuß lala!

Und die Moral von der Geschicht:
Kleine Mädchen flirtet nicht!

Ich könnte natürlich an dieser Stelle viele Texte abdrucken. Neben den erwarteten wurden auch Texte geschrieben, die sehr persönlich waren und die ein näheres Nachfragen notwendig machten. Nur ein Beispiel dazu:

### Deine Augen, sie tränen wie Gurken

Auf der Party gestern Nacht
hab' ich deine Bekanntschaft gemacht.
Du saßest mit einem Glas Wein
am Ecktisch und sangest von der „Holden am Rhein".

Ich kann dir nicht helfen, du mußt es allein!
Und doch:
Komm, komm ich helfe dir gern.
Komm, komm, laß es doch sein!
Komm, komm, gehen wir hinaus!
Komm, komm, ich geb' dir den Stoff.
Komm, komm, ich richte ihn dir her.

Nimm doch den Mantel und geh!

Komm, komm ...

Du bist schon ganz fertig mit all deinen Nerven!
Mit all deinen Fasern zitterst du am ganzen Leib.
Deine Augen, sie tränen wie Gurken mit Salz.
Wie war doch dein Leben so leer und kalt.
Du lebst nur noch für den zündenden Stoff.
Deine Seele ist so rein wie ein Sonnenstrahl.
Deine äußere Schale ist so kalt wie Schnee.

Komm, komm, ich helfe dir gern.
...

Es wird in diesem Text sehr deutlich die Drogenproblematik angesprochen. Der Deutschlehrer fragte in der Pause behutsam nach dem Erfahrungshorizont des Schülers, der berichtete, daß er einen fast gleichaltrigen guten Bekannten habe, der drogenabhängig sei. Inwieweit dieser Jugendliche selbst gefährdet war, entzieht sich meiner Kenntnis.

Die Auswahl der Beispiele für das *literarische Rollenspiel* sollte exemplarisch sein und dessen Vielseitigkeit aufzeigen. Gleichzeitig sollte spürbar werden, wie sehr die emotionale Qualität und Tiefendimension vieler Texte / Werke für die Beteiligten erfahrbar werden.

# 5 Spielformen im Umfeld des Deutschunterrichts

In diesem Kapitel sollen die Spielformen, die zwar auch eine Bedeutung für den Deutschunterricht haben, aber entweder nicht so direkt im Zentrum des Faches stehen oder deren Begriffsbildung eine eindeutige Zuordnung zum Spielbereich nur eingeschränkt erlaubt, wenigstens angesprochen werden. Eine sehr ausführliche Erörterung würde den Rahmen dieser Publikation sprengen.

Die *dramatischen Formen*, deren Intention auf die Realisation, auf das Spiel angelegt ist, sind Gegenstand des Deutschunterrichts. Dazu gehören auch solche Sonderformen wie die *alternativen und Freien Theater.* Wenn wir dagegen die *Oper* betrachten, die ja häufig auf einem ursprünglich dramatischen Text basiert, zögern wir wohl zu Recht in ihrer Zuordnung und überlassen sie erleichtert dem *Musikunterricht.* Dennoch ist die *Oper die aufs äußerste gesteigerte Kunstform des Dramatischen.* Der Drang des Menschen, Emotionen und dramatisches Geschehen in extremer Weise zu verknüpfen, wird hier bis zur Künstlichkeit vorangetrieben. Der Zuhörer / Zuschauer empfindet häufig eine Art Realität, die die Banalität des Alltags ihm verweigert.

Der Deutschunterricht nutzt die Übergangsbereiche zur musikalischen Betätigung, ohne daß der Lehrer dafür Fachmann sein müßte (vgl. dazu die Beispiele zum *Schlager,* S. 172 ff., zum *Kinderreim → Orffsche Instrumente,* S. 166).

Auch wenn die *medialen Spielformen (Film, Hör- und Fernsehspiel)* unmittelbarer zum Aufgabenfeld des Deutschunterrichts zählen, werde ich mich dennoch mit nur einigen Hinweisen begnügen; die Dramendidaktik (siehe Kap. 2.4, S. 59 ff.) konnte ebenfalls nur eine marginale Rolle spielen. Dasselbe gilt auch für die *Schreibspiele,* die in ihrer Bedeutung für den *Aufsatzunterricht* ganz neue Akzente setzen. Ich habe gerade auf diesem Feld zahlreiche außerordentlich interessante Erfahrungen sammeln können. (Vgl. dazu *Schuster, K., 1995*)

## 5.1 Das Lernspiel (Sprachspiele)

*„Spielendes Lernen" – „lernendes Spielen" – eine Wortspielerei?*

Der Begriff impliziert, daß *Lernspiele* sowohl *einen Lern- als auch einen Spieleffekt* in sich vereinigen. Nachweislich kannten schon die Ägypter und Griechen Lernspiele als Unterrichtsmittel und setzten sie primär beim Erwerb und Einüben ihrer Kulturtechniken ein. Das *Lernspiel* ist eine Form, die – solange es sie gibt – in der pädagogischen Theorie umstritten ist, was sicherlich seine Gründe hat. Die Mischung von spontanem Spielanreiz und gezielter Lernaufforderung führte zu zahlreichen Mißverständnissen. Wegen der allzu häufigen Überbetonung des

Lerneffekts und der von außen an es herangetragenen Lernziele, galt das *Lernspiel* als suspekt. In den Köpfen vieler Lehrer verfestigte sich die Auffassung, daß *Lernspiele* zu einer Arbeitsmittelform zu rechnen seien. Der Spielcharakter, der trotz vieler widersprüchlicher Aussagen nie bestritten wird, hat eine wichtige Funktion zu erfüllen: Das Kind zur Arbeit anzulocken oder ihm die Möglichkeit zu geben, gestellte Aufgaben kindgemäß zu lösen. *„Spiele also als Vehikel zum verbesserten Transport von Lerninhalten? Die Möglichkeiten dazu erscheinen eng begrenzt, wenn dabei rein funktional gedacht wird, wenn die Lernintention die Spielintention majorisiert." (Kreuzer, K. J., in: Kreuzer, 1983, Bd. 1, S. 17)* Wie sorglos mit dem Spielbegriff umgegangen wird, zeigt z. B. die Heftreihe von *Ursula Lauster (etwa 25 Bändchen zu allen möglichen Themenbereichen, wie etwa „Aufsatzspiele", „Grammatikspiele", „Diktatspiele", „Lesespiele", „Konzentrationsspiele" im Ensslin-Verlag).* Wenn man die Hefte durchschaut, stellt man allerdings fest, daß es sich um ganz allgemeine Arbeitsaufträge handelt, die mit einem spielerischen Umgang im jeweiligen Lernbereich kaum mehr etwas zu tun haben. Hier wird die Erwartung der Kinder eindeutig mißbraucht. Dazu ist die Aufbereitung sehr konventionell und wenig anregend.

*Lernspiele* unterscheiden sich vom Spielzeug dadurch, daß sie die Kennzeichen bekannter Gesellschaftspiele aufweisen, zusätzlich aber konkrete Lernziele mit einschließen, die sich meistens auch noch kontrollieren lassen, d. h. *Lernspiele* sind ihrem Wesen und ihrer Struktur nach *didaktische Spielmittel*. Lern- und Spieleffekt korrelieren miteinander. Nach *Norbert Kluge* (1981) sind Lernspiele *„lustbetonte Spielmittel, die einen Bezug auf den Vorgang haben (da auch materialfreie Spiele mit einbezogen werden müssen). Lernspiele sind Spielsituationen, die mit oder ohne Einsatz besonderer Spielmittel als methodische Hilfe zur Speicherung begrenzter, meist überprüfbarer Lernziele eingesetzt werden." (S. 65)*

Es zeigt sich, daß der komplexe Spielcharakter mit seiner prinzipiellen Offenheit für individuell bestimmtes Verhalten, individuelle Lösungen, seinen Freiheitsspielraum für Spontaneität, eigene Gedanken, Erprobung eigener Vorstellungen durch Lernspiele reduziert wird, zum Beispiel auf die Erfahrung spielimmanenter Kriterien wie Eigengesetzlichkeit des Spielgeschehens, Gewinnmöglichkeiten, Spannung usw.; zugleich wird deutlich, daß hier dem Kind die Möglichkeit gegeben wird, gestellte Aufgaben kindgemäß zu lösen. Damit hat natürlich das Lernspiel eine besonders wichtige Funktion in der *Grundschule*.

Im folgenden Schaubild sind einige Beispiele von Lernspielen aufgelistet. Die Verzahnung des Lernspiels mit anderen Spielformen läßt sich dabei besonders auffällig demonstrieren (vgl. vor allem dazu den mündlichen Sprachgebrauch).

**Beispiele für Lernspiele im Deutschunterricht**

| Lesen | Schreiben | Rechtschreibung |
|---|---|---|

- Lesetelefon (Wörtertraining)
- Differix (optisches Identifizieren und Diskriminieren)
- Lese-Memory (Schulung der Formauffassung)
- Stempeln (Analyse und Syntheseübungen)

**Schreiben**

- Reimwörter (optische und akustische Analyse durch Analogiebildung)
- Schön und richtig (normgerechtes Schreiben lernen)

**Rechtschreibung**

- Quartettspiel (Mitlautverdoppelung)
- Lotto (Behandlung eines Rechtschreibfalls)
- Wortketten (Üben der Komposita)
- Kreuzworträtsel

**Sprachbetrachtung**

- Domino (Zusammengesetzte Namenwörter)
- Lotto (zusammengesetzte Namenwörter)
- Versteckspiel (Übung der Entscheidungsfrage)
- Würfelspiel (Üben der Fürwörter)

**Mündlicher Sprachgebrauch**

- Hörspiel (Tiergeräusche)
- Rollenspiel (sich in bestimmte Rollen hineinversetzen)
- Pantomime (sich nonverbal ausdrücken)
- Stille Post (Aussprachenschulung, Hörschulung) Silbenrufspiel (Aussprachenschulung, Hörschulung)

**Schriftlicher Sprachgebrauch**

- Puzzle (Bildergeschichten)
- Satzstreifen (Erzählung)
- Sprechblasen (Erzählung)
- Witze (Erzählung)
- Fortsetzungsschreiben (in der Gruppe)
- Bildgedichte

Im folgenden habe ich ein Lernspiel aufgenommen, das aus dem Lese-Schreib-Lernbereich stammt (studentische Zulassungsarbeit: *Sabine Flachsenberger*)
Lernspiel: Beispiel (dazu S. 181/182)

| | |
|---|---|
| *Büchern* | *Mappe* |
| *Heften* | *Freund* |
| *Schule* | *Dinge* |
| *Tag* | |

*Tag für Tag nehme ich meine Mappe mit den Büchern und Heften, gehe in die Schule und hecke mit meinem Freund lustige Dinge aus.*

Tag
für Tag
nehme ich meine
Mappe mit den Heften,
gehe in die Schule und hecke
mit meinem Freund lustige Dinge
aus.

TAG FÜR TAG NEHME ICH MEINE
MAPPE MIT DEN BÜCHERN UND
HEFTEN , GEHE IN DIE SCHULE
UND HECKE MIT MEINEM FREUND
LUSTIGE DINGE AUS .

Tag für Tag nehme ich meine 🧰 mit
den 📗📚 und ▯🗂 , gehe in die 🏫
und hecke mit meinem 🧍 lustige Dinge aus.

Tag xxx für xx x Tag xxx nehme xxx ich xxx meine xxx
Mappe xxx mit xxx den xxx Büchern xxx und xxx Heften, xxx
gehe xxx in xxx die xxx Schule xxx und xxx hecke xxx mit xxx
meinem xxx Freund xxx lustige xxx Dinge xxx aus.

T█ für Tag r█me ich me█ Mo█ mit den E█hem █d Hef█n, gehe in die S█le und h█ mit meinem Fr█d lu█ █nge aus.

Tg für Tg nhm ch mn Mpp mt dn Büchrn ncl Hftn, gh n d Schl ncl hck mt mnm Frnd lstg Dng s.

Gat für Gat nehme ich meine Eppam mit den Nrehcüb und Netfeh, gehe in die Eluhcs und hecke mit meinem Dnuerf lustige Egnid aus.

Tagf ürT agn ehmei chm eineM appem itd emB ichernu ndSH eften, gehei nd iS chuleu ndh eckem itm einenF reundl ustigD ingea us.

Lernspiele sollten *folgende Kriterien* erfüllen:

– *Arbeitscharakter*
  Das Lernspiel muß einen tatsächlichen Lernwert haben.

– *Spielcharakter*
  Jedes Lernspiel muß als Spiel betrachtet werden können, wobei es unnötig ist, den Lernaspekt des Spiels ängstlich zu verbergen.

– *Kindgemäßheit*
  Lernspiele müssen der Leistungsfähigkeit der Schüler angepaßt sein. Bei zu schweren Aufgaben neigen die Kinder zu Resignation, zu leichte Aufgaben werden als „Spielerei" und nicht als Herausforderung gesehen.

– *Differenzierung*
  Lernspiele müssen der individuellen Leistungsfähigkeit entsprechen, d. h. der Lehrer muß entsprechend unterschiedliche Aufgabenstellungen bereit halten.

– *Ästhetisches Moment*
  Durch Form, Farbe und Gesamtaufmachung kann der Spieltrieb angeregt werden.

– *Stabilität*
  Das Material sollte strapazierfähig sein, auch wenn man davon ausgeht, daß die Schüler schonend mit diesen Dingen umgehen.

– *Kontrolle*
  Lernspiele sollten geeignete Kontrollmöglichkeiten aufweisen (entweder Selbstkontrolle → Lösungskarten, Puzzle; Fremdkontrolle durch den Lehrer bzw. dessen Helfer).

## 5.2 Musik und Spiel

Auf keinen Fall will der Deutschunterricht irgendwelche Anteile des Musikunterrichts übernehmen oder gar ersetzen. Aber der Einsatz der Musik im Spielbereich ist notwendig und auch gerechtfertigt; dabei geht es nicht primär darum, Musik zu erklären, zu erläutern und zu analysieren, sondern ihre in vielen Zusammenhängen *ergänzende und unterstützende Funktion* auszuschöpfen. Man könte selbstverständlich in den Fällen, in denen Musik gleichberechtigt neben die Spielprozesse tritt, *fächerübergreifend* arbeiten. Dies wird sich z. B. bei den traditionellen Spielformen anbieten. Im *interaktionistischen Bereich* hat die Musik eine *unterstützende Aufgabe*, da viele Übungen einen meditativen Charakter haben und es nach meinen Beobachtungen den Teilnehmern leichter fällt, abzuschalten und sich in eine bestimmte Stimmung einzufühlen, wenn eine entsprechende Musik eingesetzt wird, die aber nur sehr sparsam und gezielt verwendet werden sollte. Ich habe oft stundenlang gesucht, um für ein Experiment die passende Musik auszuwählen. Dennoch wird sie oft ganz unterschiedlich rezipiert. Mit der Zeit habe ich manchmal von Teilnehmern zu bestimmten Zwecken Aufnahmen zur Verfügung gestellt bekommen. Jeder Lehrer wird sich auf diese Weise mit der Zeit ein persönliches Repertoire anschaffen, auf das er im Bedarfsfall zurückgreifen kann.

Im Zusammenhang mit Musik und Spiel fallen einem natürlich sofort die Bereiche *Ballett und Tanz* ein (wobei sich ein riesiges Spektrum eröffnet: z. B. Jazz-Dance, Rock'n Roll, Aerobic, Gymnastik, Gesellschaftstanz, Volkstanz, Folklore, klassisches und modernes Ballett), in denen Körperausdruck und Musik eine enge Verbindung eingehen. Wenn man den professionellen Anteil der Theaterszene ausklammert, bleiben immer noch die therapeutische Verwendung von Musik und die ungeheuere Vielfalt des Einsatzes in gesellschaftlich ritualisierten Formen. Und vieles läßt sich in oft abgewandelter Form auch im Deutschunterricht einsetzen. (Vgl. dazu *Gerg, K., 1986; Glathe, B., 1984; Haardt, A.-M. und Klemm, H., 1982; Küntzel-Hansen, M., 1985; Lorenz, T. 1987; Reichel, G., 1990; Reinhardt, F.,o. J.; Storms, G., 1984*)

## 5.3 Schreibspiele im Deutschunterricht

Man muß sich immer wieder vergegenwärtigen, daß der Spielbegriff in Nominaldefinitionen sehr unterschiedlich verwendet wird. So sieht *Huizinga* die *Dichtung* an sich als etwas Spielerisches an:

„Poiesis ist eine Spielfunktion. Sie geht in einem Spielraum des Geistes vor sich, in einer eigenen Welt, die der Geist sich schafft. Dort haben die Dinge ein anderes Gesicht als im 'gewöhnlichen Leben' und sind durch andere Bande als logische aneinander gebunden. Wenn man Ernst als das auffaßt, was sich in Worten des wachen Lebens schlüssig ausdrücken läßt, dann wird Dichtung niemals vollkommen ernsthaft. Sie steht jenseits vom Ernst, auf jener ursprünglichen Seite, wo das Kind, das Tier, der Wilde und der Seher hingehören, im Felde des Traums, des Entrücktseins, der Berauschtheit und des Lachens. Um Dichtung zu verstehen, muß man fähig sein, die Seele des Kindes anzuziehen wie ein Zauberhemd und die Weisheit des Kindes der des Mannes vorzuziehen. Von allen Dingen steht nichts dem reinen Spielbegriff so nahe wie jenes urzeitliche Wesen der Poesie [...]." *(1956, S. 118)*

Man wird *Huizinga* zustimmen, da er damit das Endprodukt der dichterischen Bemühungen beschreibt, die nun andererseits, wenn auch auf der Grundlage einer *spielerischen Persönlichkeit*, freilich ein hartes Stück Arbeit bedeuten können. So sehen wir auch an diesem Beispiel, in welch schillernden Zusammenhängen der Spielbegriff verwendet wird. Nun kann man natürlich den *schriftlichen Sprachgebrauch* im Sinne *Huizingas* nicht mit der Dichtung gleichsetzen. Aber dennoch stellen *produktionsorientierte Verfahren im Literaturunterricht* eine gewisse Querverbindung her. Im folgenden soll nun eher ein etwas engerer Zusammenhang zum Spielbereich angenommen werden.

Das *Spiel* (nun im engeren Sinn) kann ein Element, eine *Methode der Textproduktion* sein. Schon bei der Beschreibung und Erörterung der verschiedenen Spielformen wird deutlich, daß in dem Zusammenhang durchaus schriftliche Anteile vorkommen, bei der Erstellung von Spieltexten, etwa des Kasperltheaters oder im Bereich des Schulspiels und ganz besonders beim literarischen Rollenspiel, das als Methode des produktionsorientierten Literaturunterrichts eingesetzt wird (vgl. dazu die Beispiele S. 140 ff.).

Man kann aber auch manche mündlichen Reflexions- und Diskussionsprozesse aufschreiben lassen, so z. B. die *Gedanken, Gefühle und Erfahrungen, die bei einem interaktionistischen Spiel* gemacht wurden. Dies hat den Vorteil, daß keine Vermittlungsprozesse zwischen den Gruppenmitgliedern erfolgen, d.h. daß in der Regel erheblich mehr divergente, abweichende und subjektive Prozesse festgehalten werden, die dann in den Reflexionsphasen nicht unterschlagen werden können, weil man sie im Moment als zu banal oder als nicht originell genug empfindet. In Wochenendseminaren mit Studenten habe ich versucht, interaktionistisches Spiel und Schreiberfahrung miteinander zu verbinden. Die dabei entstandenen Texte sind nicht nur ein Mittel der sicheren Fixierung von subjektiven Eindrücken, sondern sollten gleichzeitig eine *literarische Qualität* haben. Es ging also nicht vorrangig darum, therapeutische Prozesse einzuleiten, sondern darum, die durch die Spielprozesse ausgelösten *Gedanken, Bilder, Metaphern, Eindrücke, Erinnerungen* usw. literarisch zu verarbeiten. Der Zusammenhang zu den *personalen und kreativen Schreibformen* ist offenkundig.

Das *Spieltagebuch* (vgl. den Auszug S. 117) kann dem Lehrer, dem Spielleiter ausgezeichnet Auskunft über die Wirkung geben. Darüber hinaus kann man es nach dem Abschluß einer Übungs- bzw. Spielserie zur Bilanzierung einsetzen. In der Reflexionsphase können die Spielteilnehmer immer wieder auf diese schriftlichen Fixierungen zurückgreifen. Zudem ist es eine ausgezeichnete Übung zur Präzisierung der eigenen Eindrücke, Gedanken und Gefühle.

**Die Bedeutung des Spiels für personale und kreative Schreibformen**

Da das Spiel immer fächerübergreifenden, zumindest aber als Methode lernbereichsübergreifenden Charakter hat, können schriftliche Anteile immanent enthalten sein. Das Spiel wird mit Spaß und Freude am Tun, mit intrinsischer Motivation, mit Lernen durch Erfahrung usw. in Zusammenhang gebracht, was besonders wichtig für die *personalen und kreativen Schreibformen* ist. Allerdings muß festgehalten werden, daß ohne Bedenken der Spielbegriff verwendet wird. So haben z. B. *Bettina Mosler und Gerd Herholz (Die Musenkußmischmaschine, 1991)* 120 durchaus brauchbare Schreibspiele für Schulen und Schreibwerkstätten zusammengetragen; doch es wird kein Wort darüber verloren, was unter einem Schreibspiel zu verstehen ist. Und in der Tat entbehren die vorgeschlagenen Schreibmöglichkeiten oft des spielerischen Moments, was nicht unbedingt gegen sie spricht. Nur muß man wohl auf lange Sicht mit dem Mißtrauen der Schüler rechnen, wenn für jedes und alles der Spielbegriff als Alibi herhalten muß. Auch *Lutz von Werder* beschäftigt sich in seinem „*Lehrbuch des kreativen Schreibens" (1993)* mit den *literarischen Schreibspielen* und teilt sie unter in: z. B. *Alltagstexte zum Vorstellen und Kennenlernen, Wortspiele, Nachahmungen von lyrischen Mustern, Prosaschreibspiele, Schreibspiele für Szenen.* Allerdings kann positiv vermerkt werden, daß ein genereller Einstellungswandel angezeigt ist und daß sich im Bereich des „knallharten" Aufsatzunterrichts der Spielbegriff zumindest in der didaktischen Literatur etablieren konnte. Denn dies bedeutet in jedem Fall eine Aufgabe der bisherigen Vorstellungen von dem, was Aufsatzunterricht zu bedeuten habe. Und insofern muß man solche Tendenzen doch begrüßen, obwohl man sich kaum die Mühe macht, den Spielbegriff im Schreibzusammenhang zu klären. Dies ist freilich sehr schwierig, da die Übergänge zu anderen Aktionsformen sehr fließend sind, die dazu individuell noch zu einem sehr unterschiedlichen Zeitpunkt eintreten können. Aber gerade zu den personalen und kreativen Schreibformen scheint doch das spielerische Moment eine besondere Affinität zu haben, auch im Sinne der obigen Überlegungen von *Huizinga*.

Obwohl auch *Lutz von Werder* nicht klärt, was er unter einem Schreibspiel versteht, möchte ich dennoch einige seiner Vorschläge hier wiedergeben, da sie sich bei allem Vorbehalt gegenüber dem Spielbegriff sehr gut im Unterricht einsetzen lassen.

### *Literarische Schreibspiele*

### Alltagstexte zum Vorstellen und Kennenlernen

**Schweigeminute:** Jeder schweigt, achtet auf die Informationen aller Sinne und schreibt dann ein paar Sätze über Geräusche, Gerüche, Farben und Gefühle.

**Tageslauf:** Zwei Spalten werden auf dem Papier angelegt. Links kommen alle Zeitdaten des Laufes des letzten Tages. Rechts alles, was zu diesen Daten einem an Gefühlen und Phantasien einfällt. Dann wird eine kleine Geschichte des Tageslaufes geschrieben.

**Familiengeschichte:** Zuerst soll jeder einen Stammbaum zeichnen, entweder über die eigene Geschichte oder über seine geistigen Ahnen, seine Freunde und Freundinnen oder einen fiktiven Stammbaum. Zu jeder Person des Stammbaums werden dann ein paar Sätze verfaßt.

**Der Griff in die eigene Tasche:** Beim Griff in die eigene Tasche werden Dinge zu Tage gefördert, deren Geschichte aufgeschrieben werden soll.

**Alphabet der Vorlieben und Abneigungen:** Das Alphabet wird senkrecht links auf ein Blatt Papier geschrieben von A bis Z. In zwei Spalten wird dann zu jedem Buchstaben notiert, was der einzelne mag und was er nicht mag.

### Wortspiele

**Sprichwortsalat:** Schreibe alle Sprichworte auf, die du kennst und bilde eine Ordnung der Sprichworte, die dir liegt.

**Bildgedichte:** Zuerst werden einige Worte in Bilderschrift dargestellt. Dabei können einzelne Buchstaben oder das ganze Wort in Bilder übersetzt werden. Später sind es dann ganze Sätze oder ein längerer Text, der in ein Bild umgewandelt wird, z. B. ein Regentext in Form von fallenden Regentropfen, ein Liebesgedicht in Herzform.

(*Lutz von Werder* bezieht sich hier auf Formen der konkreten oder visuellen Poesie.)

**Unsinnsworttexte:** Zusammengesetzte Worte werden umgekehrt, z. B. aus Waschmittel wird Mittelwasch, aus Herzbube wird Bubenherz usw. Worte werden neu zusammengesetzt: aus Ohr und Dampf wird Ohrendampf. Schließlich werden Worte gebildet, die keinen Sinn ergeben. Alle drei Wortformen werden bei einem zu schreibenden Unsinnstext benutzt.

**Fremdwörterplage:** Es werden Texte mit möglichst vielen Fremdwörtern gebildet. Zuerst Fremdwörter sammeln, dann einen Text erfinden.

**Aus Worten werden Texte:** Zu zweit schreibt jeder ein Wort auf und läßt sich vom Partner einen Satz daraus fertigen. Im Wechselspiel entsteht eine Seite Text beider Partner.

**Bildhafte Worte:** In Alltagsredensarten wird die Realität oft in bildhaften Worten ausgedrückt. Z. B. jemand abblitzen lassen, sich einen Ast lachen. Sammle so viel bildhafte Redewendungen wie möglich und verfasse Texte, in denen diese bildhaften Redewendungen ausgeführt werden.

*(Lutz von Werder, 1993, S. 87–89)*

Es wird deutlich, daß *von Werder* einen umfassenden weiten Spielbegriff zugrunde legt, ja fast behauptet, daß im Sinne *Huizingas* beinahe alles Schreiben Spielcharakter hat. Was der einzelne Mensch noch als Spiel empfindet oder bereits der Arbeit zurechnet, kann von Subjekt zu Subjekt außerordentlich unterschiedlich empfunden werden. So sollte man auch bei den Schreibspielen pragmatisch verfahren und die Übungen (und ich sage bewußt Übungen) und Spiele auswählen, die motivierend und anregend sind.

## 5.4 Mediale Formen des Spiels (Hör- und Fernsehspiel)

*Gerhard Haas* fragt in einem *Praxis Deutsch Heft 109 (1991)* in der Überschrift *„Das Hörspiel – die vergessene Gattung?"* und bemerkt dazu:

„Hörspiele waren neben den Kurzgeschichten in der Nachfolge Hemingways die signifikantesten literarischen Texte der Zeit zwischen 1950 und 1960. Wer Rang und Namen hatte oder im Begriff war, ihn sich zu erwerben, von Frisch und Dürrenmatt bis Böll und Eich oder Ingeborg Bachmann und Marie Luise Kaschnitz, schrieb in diesen Jahren Hörspiele. Der jährlich vergebene Hörspielpreis der Kriegsblinden avancierte dementsprechend zu einer der beachtetsten literarischen Auszeichnungen in der Bundesrepublik. [...] Der Preis für das Hörstück 'Fünf Menschen' von Ernst Jandl und Friederike Mayröcker bezeichnete allerdings 1968 eine Wendemarke in der Geschichte des Hörspiels [...]". (S. 13)

Da dieses Buch vor allem vom Spiel als einem aktiven Prozeß handelt, werde ich mich nicht mit dem professionellen *Hör- und Fernsehspiel* befassen (vgl. dazu eben *Haas, G., 1991; Würffel, S. B., 1978*), welches selbstverständlich ebenfalls in den Literaturunterricht eingebracht werden sollte; u. U. könnte es als Modell dienen, wie produziert wird, es produktionsorientiert verändert und so den eigenen Bedürfnissen angepaßt werden kann. Diesen Aspekt werde ich dennoch ausklammern.

In diesem Zusammenhang muß man eine *doppelte Funktion der Spielformen* von vornherein berücksichtigen. Da in unserer Zeit die Technik für Lehrer und Schüler leicht verfügbar ist, kann sie ohne Schwierigkeiten auch zur *Dokumentation und zur dauerhaften Speicherung* eingesetzt werden. So halte ich grundsätzlich z. B. die *sprachdidaktischen und literarischen Rollenspiele auf einer Ton- oder Videokassette* (seit einiger Zeit sind dazu leicht bedienbare und leistungsfähige *Camcorder* auf dem Markt) fest, da man in der Reflexionsphase leicht auf sie zurückgreifen kann, um sich eine Szene wiederholt zu vergegenwärtigen und u. U. einer genaueren Analyse zu unterziehen. Dabei entstehen keine perfekten Produkte, wenn *prozeß- und nicht ergebnisorientiert* gearbeitet wird. Dennoch können auf diese Weise zustandegekommene Aufnahmen so gut sein (oder sie bedürfen nur einer geringfügigen Bearbeitung), daß wir sie durchaus anderen präsentieren können. Fast alle in diesem Buch abgedruckten Beispiele zum *Konfliktrollenspiel oder zum literarischen Rollenspiel* sind prozeß- und nicht ergebnisorientiert aufgenommen worden. Dennoch könnte der Hörer / Zuschauer oft eine hohe Qualität feststellen; es wäre schade, wenn man es versäumte, Ton- und Videoaufnahmen zu machen. Die Schüler sind häufig überrascht über das, was sie zustande gebracht haben.

Die zweite Funktion des Umgangs mit den *medialen Formen* ist darin zu sehen, daß es von vornherein Ziel ist, ein *Hör- oder Fernsehspiel* zu produzieren. Ich habe die Produktion eines Hörspiels in einer 9. Klase in meiner *Einführung in die Fachdidaktik Deutsch* ausführlich beschrieben (vgl. auch *Praxis Deutsch, Nr. 44, 1980*), so daß ich das Vorgehen hier nur andeuten möchte. Ausgegangen sind wir von einem Zeitungsartikel. Die gezielte Umwandlung von Texten verschiedenster Herkunft, aus der Epik, Dramatik und Lyrik, in eine Hörspielfassung, allerdings oft ohne den professionellen Aufwand, wird in der Schule den häufigsten Verwendungszusammenhang ausmachen. Denn gerade eine solche Umwandlung wirft viele Fragen der Deutung und Interpretation auf. Dazu kommt, daß sich hier klanggestaltendes Lesen geradezu aufdrängt, so daß dies vom Lehrer nicht eigens begründet werden muß.

---

## Der Zeitungsartikel

### Zwei junge Bambergerinnen brachten Haschraucher zur Polizei

Recht couragiert zeigten sich zwei junger Bambergerinnen und spielten quasi Polizei. Vielleicht ist ihnen aber auch inzwischen klar geworden, daß sie ein recht gewagtes Spiel gespielt hatten, das leicht hätte ins Auge gehen können.

Die beiden Mädchen im Alter von 16 und 17 Jahren hatten sich am frühen Dienstagabend in einer Diskothek in der Innenstadt aufgehalten. Dort machten sie die Bekanntschaft von zwei auswärtigen Männern, 19 und 22 Jahre alt. Diese forderten die Mädchen auf, mit ihnen das Lokal zu verlassen und an einer einsamen Stelle im Stadtgebiet Haschischzigaretten zu rauchen. Zum Schein gingen die Mädchen auf das Ansinnen ein, und gemeinsam lief man zu einer recht dunklen Stelle unter der Unteren Brücke. Dort zündeten die Männer selbstgedrehte und mit Haschisch vermischte Zigaretten an und rauchten diese. Die Mädchen aber lehnten – wie sie es von Anfang an vorgehabt hatten – das Rauchen ab. Als sich dann einer der Männer eine zweite Haschischzigarette anzündete, gab es den großen Knall.

Ein Mädchen zog nämlich aus der Handtasche eine Schreckschußpistole und erklärte den beiden verdutzten Burschen, daß sie festgenommen wären und mit zur Polizei müßten. Die beiden jungen Männer waren so überrascht und verschreckt, daß sie an keinerlei Gegenwehr dachten. Gehorsam marschierten sie vor den Mädchen her zur nahegelegenen Polizeiinspektion Geyerswörth, wo sie von den Polizeibeamten in Empfang genommen wurden.

Die Mädchen hatten nicht einmal vergessen, die nötigen Beweismittel zu sichern, sie hatten nämlich die von den Männern weggeworfenen Zigarettenkippen aufgehoben und mit zur Polizei genommen.                                              (Fränkischer Tag 20.12.1979)

Über die Herstellung des Hörspiels schrieben die Schüler im Jahresbericht folgendes:

> [...] Wir fielen, wie es also der Zufall wollte, der Vermittlung unseres Deutschlehrers zum Opfer. In der nächsten Deutschstunde übernahm dann Herr Schuster den Oberbefehl. Er besprach zuerst den Zeitungsartikel und ließ ihn uns in einzelne Szenen gliedern. Als Hausaufgabe sollten wir in Gruppenarbeit jeweils eine Szene in Dialoge umsetzen. Nach anfänglichem Stöhnen und einigen Flüchen war das Ergebnis doch einigermaßen brauchbar (jedenfalls schien Herr Schuster zufrieden zu sein).
>
> Es kam zu allgemeiner Kritik und schließlich verfaßten wir aus den verschiedenen Beiträgen ein einheitliches Manuskript, das eine Studentin im Schweiße ihres Angesichts abtippte.
>
> Rollenverteilung und Sprechproben folgten. Probleme hierbei gab es vor allem bei der Wiedergabe des Textes auf eine möglichst natürliche Weise. Doch auch diese Schwierigkeiten konnten wir letzten Endes meistern. Einige von uns beschafften Schallplatten mit dem entsprechend heißen Sound, und Herr Schuster besorgte eine Platte mit Geräuschen; abgesehen davon, daß z. B. Schritte eher wie Hufgeklapper klangen, war das sehr effektvoll.
>
> Und dann war der Tag des großen Lampenfiebers gekommen: Man schritt zur Aufnahme im Sprachlabor. Unsere Tontechniker haben alles so organisiert, daß es bei der Aufnahme kaum noch Probleme gab (von der Ablenkung der „Stars" durch das ständige Blitzen der Fotoapparate abgesehen. Unser Wirken soll nämlich auch in Bildern für die Nachwelt erhalten bleiben). Die Musik wurde nachträglich von einer Gruppe im Tonstudio der Universität dazugeschnitten.
>
> Als krönender Abschluß des Projekts fand ein Treffen mit den beiden Mädchen, den Original-Heldinnen der Geschichte, statt, die wir nur mit Mühe hatten ausfindig machen können. Ebenso waren die Kripobeamten, die den Fall bearbeitet hatten, eingeladen. Auch die Presse hatte sich angesagt. Um das Ganze abzurunden, buken die Mädchen Kuchen, und Herr Schuster spendierte Getränke. Nach der Premiere unseres Hörspiels schilderten die beiden Mädchen den wahren Verlauf des Geschehens. In der folgenden Diskussion konnten wir einiges über die Hintergründe der Handlungsweise der Mädchen und auch Allgemeines über Drogen und das Waffenschutzgesetz erfahren.
>
> Während des ganzen Nachmittags wurden die Gespräche auf Tonband festgehalten. Ausschnitte fügten wir dem Hörspiel zu. Weil unser Werk bei allen, die es hörten (Studenten, Lehrer und Schüler) große Resonanz fand, wurde der Entschluß gefaßt, die Aufnahme an den Bayerischen Rundfunk zu senden.
>
> Was wir anfangs als Witz aufgefaßt hatten, wurde Wirklichkeit: Der Bayerische Rundfunk zeigte sich sehr interessiert und wird das Hörspiel im Schulfunk senden.

Was sich im Bericht (*einer Glosse*) der Schüler lustig und humorvoll anhört, schließt aber gleichzeitig einen intensiven Lernprozeß ein. Sie lernten, daß ein *Hörspiel vom akustischen Raum* lebt (sprechende Personen, Geräusche, Musik), der sorgfältig fixiert werden muß (vgl. *Everling, E., 1988; Klose, W., 1974*). In unserem Falle war die Pop-Musik von besonderer Bedeutung, da die Diskothek zum zentralen Raum des Hörspiels wurde. Sie begriffen, daß die Personen, da sie ja nur über die Stimmen und durch die verbale Interaktion auf den Zuhörer wirken, charakterisiert werden müssen, sei es durch einen *Erzähler* oder durch *innere Monolo-*

*ge.* Implizit also werden die Schüler mit der Struktur des dramatischen Aufbaus konfrontiert: Zwangsläufig wird ihnen klar, daß die *Peronen vorgestellt werden müssen (Exposition),* der *„Knoten geschürzt" (Mitnahme des Revolvers),* die Handlung bis zum *Höhepunkt, zur Peripetie (Schüsse unter der Brücke)* spannend gestaltet, die *fallende Handlung* bis zum Schluß *(letzte Moment der Spannung durch die Überredungversuche der jungen Männer)* etwas verzögert werden muß. Da die Erstfassung des Hörspiels durch originale Ausschnitte aus der Diskussion mit den beiden „Heldinnen" ergänzt wurde, wurde zugleich die sog. *Originalton- hörspieltechnik* verwendet. Da Schüler heute in der Regel an Technik sehr interessiert sind, finden sich immer auch einige, die technische Aufgaben gerne übernehmen, was gleichzeitig bedeutet, daß viele Schüler an der Erarbeitung beteiligt werden können.

*Gerhard Haas* bemerkt zur Eigenproduktion von Hörspielen:

„Ebenso selbstverständlich sollte es sein, bei der Weckung und Ausbildung von Erzähllust, von Fähigkeiten zu schriftlicher Kommunikation und im ganzen bei der Ausdrucksschulung so weit wie möglich alle kulturell standardisierten Äußerungsformen zuzulassen bzw. in sie einzuüben. Das heißt, daß Schüler neben Aufsätzen auch Gedichte, Kurzgeschichten, Kommentare, Glossen, Features und eben auch Hörspiele zu schreiben lernen." *(1991, S. 19)*

Die Szenen lassen sich gezielt auch mit Hilfe des *sprachdidaktischen und literarischen Rollenspiels* herstellen (bei gleichzeitiger Fixierung auf Band), d. h. daß nicht das Schreiben einer Szene am Anfang steht, sondern die spielerische Annäherung. Die Transkription mit gezielten Eingriffen in den Text, wenn sie nötig sein sollten, erfolgt am Schluß. Meiner Beobachtung nach ergeben sich daraus meist sehr natürliche, auch dramatische Dialoge und interessantere Monologe.

Zum Teil hat das Obengesagte für das *Fernsehspiel* dieselbe Bedeutung. Ich setze den *Camcorder* heute häufig zur Dokumentation ein, was technisch völlig problemlos ist. Allerdings absorbiert die Aufnahmetechnik die Aufmerksamkeit des Kameramannes, so daß es nicht günstig ist, wenn der Lehrer diese Aufgabe selbst übernimmt, da er so die anderen Interaktionsprozesse nicht mehr im Blickfeld haben kann. Es ist sicher besser, diese Aufgabe zu delegieren.

Aus der *Aufnahme eines literarischen Rollenspiels* kann sich ein solches *Fernsehspiel* ergeben. Wenn man Szenen wiederholt, bis alle zufrieden sind, ist der Übergang zur *Ergebnisorientierung* vollzogen. Es würde in diesem Zusammenhang zu weit führen, die spezifisch filmischen Ausdrucksmittel beschreiben zu wollen. Aber gerade in unserer Zeit, in der das Fernsehen für unsere Gesellschaft, und insbesondere auch für die Jugend, eine so ungeheure Bedeutung gewonnen hat, erscheint es unabdingbar, daß sich die Schule nicht nur in reflektierender Form mit diesem Medium auseinandersetzt, sondern der Lernprozeß durch eigenes Tun eingeleitet wird. So gibt es inzwischen Schulen, die ihre eigene Fernsehstation (oder auch ihr eigenes *„Schulradio",* vgl. dazu *Ferenz, H,. 1991*) betreiben (durch Schüler) und ihre Nachrichten, Reportagen, Interviews und Hintergrundsberichte produzieren. Ein solcher Unterricht wird einen wichtigen Beitrag zur Mediendidaktik darstellen.

### Exkurs: Die spielerisch-kreative Schule

*Es war einmal ein Architekt, der den Lehrern und Schülern alle Wünsche erfüllte, als eine neue Schule gebaut werden sollte. Selbst die Bürokraten stellten alle statischen, funktionalen Bedenken zurück, ja auch die Kosten schienen keine Rolle zu spielen. So war denn auch der Bau in Kürze aufgeführt. Man hatte fast den Eindruck, daß Heinzelmännchen an den Bauarbeiten beteiligt waren.*

*Voller Stolz und Freude zogen die Schüler und Lehrer in das Gebäude ein. Die Klassenzimmer waren groß und geräumig, so daß man darin herumtollen konnte, ohne die Bänke zusammenschieben zu müssen. Dies war aber dennoch leicht möglich, wenn man in einer Phantasiereise nach Afrika fliegen oder mit der ganzen Klasse eine riesige lebendige Maschine darstellen wollte. Zum Ausruhen und Meditieren konnte man sich bequem auf den Boden legen, da dieser mit einem wärmenden Teppichboden ausgestattet war. Durch die großzügigen Fenster hatte man einen weiten Blick in einen Park. Außerdem war es möglich, in allen Nuancen abzudunkeln. Die Wände des Klassenzimmers konnte man beschreiben und jederzeit wieder löschen. Selbstverständlich war daran gedacht worden, in einem großen Wandschrank viel Spielmaterial und entsprechende Hilfsmittel bereitzustellen (Stöcke, Bälle, Augenbinden, Musikaufnahmen verschiedenster Art, Kassettenrekorder, Camcorder und Ähnliches mehr). Um das jeweilige Klassenzimmer waren kleinere gemütliche Räume angeordnet, in die man sich in Kleingruppen zurückziehen konnte. Überall im Schulgebäude waren Blumen und Pflanzen verteilt, für die die Schüler zu sorgen hatten. Im Zentrum konnten die Schüler in einer Art Amphitheater, das sich in eine Theaterbühne verwandeln ließ, ihre Spiele der Schulgemeinde vorführen. Daran schloß sich eine große Bibliothek mit vielen gemütlichen Leseecken an, in die man sich gerne zurückzog. Malstudios und Werkstätten, in denen man auch Objekte herstellen konnte, befanden sich in einem anderen Schultrakt. Künstler und Handwerker halfen bei der Umsetzung der Ideen. Im Sommer wurde meist im Freien gespielt, wobei sich oft mehrere Klassen zu den Neuen Spielen zusammenfanden. Auch die Sportstätten waren etwas anders gestaltet als sonst üblich. Abenteuerkrabbelsäcke und Kletterräume begeisterten die Schüler.*

*Wenn das Wetter es zuließ, konnte man sich ins Freie begeben, wo großzügige Sportstätten zur Verfügung standen und ein Abenteuerspielplatz für die Jüngeren, den sie sich weitgehend selbst eingerichtet hatten. Man konnte ohne große Umstände Exkursionen in die nähere und weitere Umgebung unternehmen, um vor Ort lernen zu können.*

*Durch Bewegung und gemeinsames Spielen entwickelten die Schüler ein Gefühl für Rhythmus und Harmonie und damit ein intensives Körperbewußtsein, was ein äußerst wirksames soziales Lernen ermöglichte. Gleichzeitig wurden die Gehirne mit viel Sauerstoff versorgt, so daß die ruhigen Lernphasen sehr effizient genutzt werden konnten.*

LehramtsstudentInnen trugen in einem Seminar (schriftlich) zusammen, wie sie sich eine *spielerische, kreative Schule* vorstellten. Nicht systematisiert seien hier noch einige weitere Aspekte ergänzt:

○ Die *Klassen* sollten *klein und nicht immer zwingend nach Alterklassen* „sortiert" sein, sondern evtl. nach Interessensgebieten. So könnten die Schüler besser voneinander lernen.

○ *Hausaufgaben* sollten nicht nur zum Einüben von Wissen und Fertigkeiten gegeben werden, sondern die Schüler sollten auch „Neuland" betreten dürfen.

○ *Die Lehrer sollten sich als Partner der Schüler empfinden und untereinander gut kooperieren,* sich gegenseitig supervisieren. Sie sollten selbst gern spielen, darin gut ausgebildet und in der Lage sein, neue Spiele zu entwickeln, und sich diese auch gegenseitig vorstellen können.

○ Auch Schüler sollten evtl. in *Projekten Spiele* entwickeln dürfen.

○ Auch am Nachmittag sollten die Lehrer gemeinsam mit Eltern, die Zeit haben, als Spielpartner zur Verfügung stehen. Landschulheimaufenthalte sollten durchgeführt werden.

○ Die Schule sollte mehr Freiheit und Selbstbestimmung verwirklichen und nicht der Bürokratie untergeordnet sein.

○ In Spielphasen darf es *keine Noten* geben. Diese sind zum großen Teil überflüssig. Wenn sie dennoch gegeben werden, sollte der individuelle Lernfortschritt festgehalten werden.

○ Auf die *individuelle Begabung des einzelnen Schülers* sollte geachtet werden.

○ *Offenheit nach außen!* Besuch von Ausstellungen, Theateraufführungen, Konzerten (auch Popkonzerten). Ideen in die Schule holen!

○ *„Lernen mit allen Sinnen"* – Erfahrungen sollten in allen Sinnesbereichen vermittelt und unkonventionelle Verbindungen und Kombinationen gewagt werden. Erlernen und Erfahren von *„Lebens"zusammenhängen; Erfahren der eigenen Person!*

# Schluß

Zum Schluß des Buches möchte ich Sie auffordern, schon morgen mit Spielversuchen in Ihrem Unterricht zu beginnen. Lassen Sie sich nicht abschrecken durch unwirtliche äußere Umstände und auch nicht durch Warnungen von Kollegen, die in der Routine längst erstarrt sind!

Selbstverständlich weiß ich, daß häufig die Klassen groß und damit die räumlichen Voraussetzungen nicht geradezu ideal sind und die SchülerInnen sich erst an den neuen Unterrichtsstil gewöhnen müssen. Sprechen Sie deshlab mit ihnen über ihre Pläne, machen Sie sie zu Mitverschworenen der Versuche und machen Sie sie neugierig! Lassen Sie sich und ihnen Zeit, erwarten Sie nicht von heute auf morgen ein vollkommen verändertes Verhalten, registrieren Sie die kleinen Fortschritte und ermutigen Sie die SchülerInnen. Dieses Buch soll behilflich sein, die Komplexität des Spiels im Deutschunterricht bewußt zu machen. Alle Lernbereiche könnten hiervon profitieren. Wichtig erscheint mir in dem Zusammenhang, darauf zu verweisen, daß die Spielökonomie beachtet werden muß, d. h. nicht in jeder Stunde diese Methode verwendet werden sollte, damit sie sich nicht abnützt. Auf der anderen Seite allerdings kann man Spielen nur durch Spielen lernen. Und Spielen befindet sich immer in der Nachbarschaft zur *Kreativität*.

„Kreativität ist die Verherrlichung unserer eigenen Größe, unseres Gefühls, alles erreichen zu können. Kreativität ist eine Verherrlichung des Lebens – meine Verherrlichung des Lebens. Sie ist die unerschrockene Feststellung: Ich bin hier! Ich liebe das Leben! Ich liebe mich! Ich kann alles sein! Ich kann alles tun!

Kreativität ist nicht nur die Idee, sondern der Akt selbst, die Erfüllung dessen, was danach drängt geäußert zu werden. Sie ist nicht nur ein Ausdruck der ganzen Erfahrungsbreite eines Menschen und der Empfindung seiner Einzigartigkeit, sie ist auch ein sozialer Akt dadurch, daß wir unsere Mitmenschen an dieser Verherrlichung teilhaben lassen, an diesem Ausdruck dessen, daß wir ein reiches Leben führen." *(Zinker, J., 1984, S. 13)*

Ohne auf die verschiedenen *Definitionen von Kreativität* einzugehen, wird sie hier in einem umfassenden Sinn, wenn auch vielleicht ein bißchen pathetisch, als *Urquell des Lebens* begriffen („*Gestalttherapie als kreativer Prozeß*"); und in der Tat ist das kreative Potential jedes Menschen in der Regel erheblich größer, als er selbst es annimmt. Besonders die Schule, die sich darauf spezialisiert hat, vor allem nach Fehlern und Defiziten zu fahnden, um die Schüler leistungsmäßig zu erfassen, verhindert oft genug eine kreative Persönlichkeitsentfaltung. Fast immer sah ich mich bei meinen Schulversuchen mit der bangen Frage konfrontiert, ob das, was die Schüler gesagt, getan, geleistet hätten, brauchbar gewesen, und ob ich damit also zufrieden sei. Das Mißtrauen in bezug auf die eigenen Fähigkeiten sitzt üblicherweise tief. Noch immer bestimmt allzu oft der Lehrer letztlich die Richtung (z. B. für eine Interpretation). Er sollte die Kinder und Jugendlichen aber ermutigen und zu einem Klima des Vertrauens und des Selbstvertrauens beitragen.

Hierzu kann *das Spiel* einen ganz wesentlichen Beitrag leisten, da es ein Probehandeln auf verschiedenen Ebenen möglich macht, ohne daß der einzelne Sanktionen befürchten muß. Darüber hinaus wird der Lehrer auf Dauer nur dann erfolgreich „spielen" und seine Schüler dafür begeistern können, wenn er diese als gleichwertige Partner ernst nimmt.

„Die Entwicklung von kreativem und originellem Denken ist heute wichtiger denn je – sowohl auf dem Gebiet der Wissenschaft wie im Bereich der Künste. Auf die Kinder, die unsere Zukunft sind, wird soviel eingeredet, daß viele Formulierungen der Erwachsenen entweder nicht ankommen oder als ganzes, unverdaut und nicht hinterfragt heruntergeschluckt werden. [...]

Kreativität ist eine Einstellung, eine Art die Dinge anzusehen, eine Art, Fragen zu stellen, vielleicht ein Lebensstil – man kann Kreativität sehr wohl auf Wegen finden, die man vorher noch nie beschritten hat. Kreativität ist Neugierde, Freude und Gemeinsamkeit." *(Spolin, V., 1993, S. 288)*

Und *Kreativität* wird notwendig sein, um die ungeheuren Probleme der Menschheit zu lösen. Und dazu muß die Schule den ihr zukommenden notwendigen Anteil beitragen.

# Auswahlbibliographie

Die Grobgliederung aus der Darstellung wurde im großen und ganzen auch für die Auswahlbibliographie übernommen, damit die Suche im Zusammenhang einer bestimmten Spielform erleichtert wird. Markierungen der Titel sollen die Orientierung erleichtern. Allgemein grundlegende Literatur ist mit einem ○ versehen. Abhandlungen, die Spiele, Experimente und Übungen enthalten, sind mit einem * gekennzeichnet. Mit einem → sind die Bücher hervorgehoben, die Aspekte einer Spielform in besonderer Weise ergänzen. Auch wenn ein Titel mehrfach zitiert wurde, ist er dennoch nur in das Kapitel aufgenommen, in dem er zum ersten Mal erwähnt wurde.

## 1 Allgemeines – Einführung – Theorie

Beck, U. / Beck-Gernsheim, E.: Das ganz normale Chaos der Liebe. Frankfurt: Suhrkamp 1990

→   Berne, E.: Spiele der Erwachsenen. Hamburg: Rowohlt 1985

Bruner, J. S. / Sherwood, V.: Das Erlernen von Regelstrukturen in den frühesten Spielen von Mutter und Kind (Guckuck-da). In: Flitner, 1988, S. 158–167

Callies, E.: Spielen ein didaktisches Instrument für soziales Lernen in der Schule? In: Die Grundschule 1/1976, S. 7–11

Carse, J. P.: Endliche und unendliche Spiele: Die Chancen des Lebens. Stuttgart: Klett-Cotta 1987

→   Chateau, J.: Das Spiel des Kindes. Paderborn: Ferdinand Schöningh 1969

Einsiedler, W.: Inhalte und Probleme der pädagogischen Spielforschung. In: Universitas, Jg. 39, 1984, S. 887–896

→   Einsiedler, W. (Hg.): Aspekte des Kinderspiels. Pädagogisch-psychologische Spielforschung. Weinheim und Basel: Beltz 1985

○   Flitner, A. (Hg.): Das Kinderspiel. München: Piper 1988, 5. Aufl.

Fritz, J. (Hg.): Programmiert zum Kriegspielen. Weltbilder und Bilderwelten im Videospiel. Frankfurt und New York: Campus 1988

○   Fritz, J.: Methoden des sozialen Lernens. München: Juventa 1981, 2. Aufl.

○   Fritz, J.: Mit Spielliteratur umgehen. Hinweise zur Datenbankbenutzung. Mainz: Grünewald o. J.

Fritz, J.: Theorie und Pädagogik des Spiels. Eine praxisorientierte Einführung. Weinheim und München: Juventa 1993, 2. Aufl.

Heimlich, R.: Soziales und emotionales Lernen in der Schule. Weinheim und Basel: Beltz 1988

○   Huizinga, J.: Homo Ludens. Vom Ursprung der Kultur im Spiel. Hamburg: Rowohlt (1956) 1987

Kluge N. und Fried, L. (Hg.): Spielen und Lernen mit jungen Kindern. Frankfurt: Lang 1987

Kluge, N. (Hg.): Spielpädagogik. Bad Heilbrunn: Klinkhardt 1980

Krappmann, L.: Entwicklung und soziales Lernen im Spiel. In: Flitner, 1988, S. 168–183

○   Kreuzer, K. J. (Hg.): Handbuch der Spielpädagogik. 4 Bände, Düsseldorf: Schwann 1983–84

Kurzrock, R.: Das Spiel. Berlin: Colloquium 1983

Loch, W.: Selbstverwirklichung und Spiel im Jugendalter. In: Spanhel, D. (Hg.), 1985, S. 16–42

○   Mogel, H.: Psychologie des Kinderspiels. Berlin: Springer 1991

Nitsch-Berg, H.: Kindliches Spiel zwischen Triebdynamik und Enkulturation. Stuttgart: Klett-Cotta 1978

Oerter, R. / Montada, L. (Hg.): Entwicklungspsychologie. Weinheim: Psych. Verlagsunion 1987, 2. Aufl.

Piaget, J. / Inhelder, B.: Das symbolische Spiel. In: Flitner, 1988, S. 130–132

Polzin, M.: Kinderspieltheorien und Spiel- und Bewegungserziehung. München: Minerva 1979

Röhrs, H.: Das Spiel – Eine Grundbedingung der Entwicklung des Lebens. In: Kreuzer, K. J. (Hg.), Bd. 1, 1983, S. 43– 68

O    Scheuerl, H. (Hg.): Theorien des Spiels. Weinheim: Beltz (1975), 11. Aufl. 1990

Scheuerl, H.: Das Spiel. Band 2 – Theorien des Spiels. Weinheim und Basel: Beltz 1991

→    Scheuerl, H.: Das Spiel. Untersuchungen über sein Wesen. Weinheim und Basel: Beltz 1990, 11. Aufl.

O    Scheuerl, H.: Das Spiel. Weinheim und Basel: Beltz 1979

→    Scheuerl, H.: Die pädagogisch-anthropologische Dimension des Spiels. In: Kreuzer, K. J.(Hrsg.), Bd. 1, 1983, S. 31–42

Scheuerl, H.: Alte und neue Spieltheorien. In: Flitner, A. (Hg.), 1988, S. 32–52

O    Schiffler, H.: Schule und Spielen. Ravensburg: Maier 1976

Schneider, M. / Steininger, E.: Spielmodelle. Wien: Österreichischer Bundesverlag 1987

Seiffert, H.: Einführung in die Wissenschaftstheorie. München: Beck, Bd. I, 1983, 10. Aufl.; Bd. II, 1983, 8. Aufl.; Bd. III, 1985

→    Spanhel, D.: Das Spiel bei Jugendlichen. Ansbach: Ansbacher Verlagsgesellschaft 1985

Spinner, K. H. (Hrsg.), Identität und Deutschunterricht. Göttingen: Vandenhoeck u. Ruprecht 1980

Sutton-Smith, B. und S.: Hoppe, hoppe, Reiter . . . Die Bedeutung von Kinder-Eltern-Spielen. München und Zürich: Piper 1986

Sutton-Smith, B.: Die Dialektik des Spiels. Schorndorf: Karl Hofmann 1978

Werner-Hervieu, G.: Kindliches Spiel in der bürgerlichen Gesellschaft. Gießen: Focus 1983

Winnicott, D. W.: Warum Kinder spielen. In: Flitner, A. (Hg.), 1988, S. 107–110

Wygotski, L. S.: Denken und Sprechen. Frankfurt: Fischer 1977

## Praxis des Spiels (allgemein)
(die übergreifend sind und sich nicht zuordnen lassen)

Allen, W.: Ohne Leid kein Freud. Reinbek: Rowohlt 1988

*    Baer, U.: 500 Spiele für jede Gruppe, für alle Situationen. Remscheid: Akademie Remscheid 1988

*    Basset, K.: Spielen und spielen lassen. Das Spielbuch der Stuttgarter Jugendhäuser. Tübingen: Katzmann 1985

Bort, W. u. a.: Schulspielkartei. Münster: Ökotopia 1990

Büttner, C.: Kinder und Krieg. Zum pädagogischen Umgang mit Haß und Feindseligkeit. Frankfurt und New York: Campus 1984

*    Fritz, J.: Mainzer Spielkartei. Mainz: Grünewald 1987, 2. Aufl.

*    Griesbeck, J.: Werkstattspiele. München: Don Bosco 1982

*    Jokisch, W.: Steiner Spielkartei. Münster: Ökotopia 1987

*    Kelber, M. (Hg.): Schwalbacher Spielkartei. Mainz: Grünewald 1988, 15. Aufl.

## Das Spiel und der Deutschunterricht (allgemein)

Behr, K.: Spiel im Deutschunterricht. Überlegungen zur theoretischen Begründung einer spielorientierten Lernpraxis. In: Der Deutschunterricht. 1980, H. 4, S. 4–15

Fischer-Trumpp, B. und Köhler, R.: Miteinander spielen lernen. Anregungen, Tips, Erfahrungsberichte. Köln: Kuratorium Deutsche Altershilfe 1981

Gerdsen, R. / Wolff, J. (Hg.): Deutschunterricht im Umfeld seiner Herausforderer: Jugendkulturen und Medien. Stuttgarter Germanistentag 1985 (Veröffentlichung des Deutschen Germanistenverbandes), 1987

Goldbrunner, H.: Funktionen der menschlichen Hand. In: Praxis Spiel + Gruppe. Heft 2, 1990, S. 50–59

\* Gorys, E.: Das Buch der Spiele. Über 500 Freizeitspiele. Hanau: Dausien o.J.

Haas, G.: Handlungs- und produktionsorientierter Deutschunterricht. Hannover: Schroedel 1984

→ Kochan, B.: Szenisches Spielen. In: Praxis Deutsch (1976), H. 20, S. 10–18

Korte, J.: Faustrecht auf dem Schulhof. Über den Umgang mit aggressiven Verhalten in der Schule. Weinheim: Beltz 1992

Lander, H.-M. / Zohner, M.-R.: Bewegung und Tanz – Rhythmus des Lebens. Mainz: Grünewald 1988

Lippert, G.: Der Lehrer als Spieler. In: Der Deutschunterricht. 1983, H. 3, S. 3–6

Lowtzow, C. von: Spielend Gruppe werden. 128 heitere Spielideen auf Karten. München: Don Bosco 1984

Meyer, H.: „Das wichtigste Medium im Unterricht ist der Körper des Lehrers" . In: Otto, G. (Hrsg.): Unterrichtsmedien. Friedrich Jahresheft XI 1993, S. 36–37

Morris, D.: Körpersignale. Bodywatching. München: Heyne 1986

Schuster, K.: Ausgewählte Aspekte der Humanistischen Psychologie und deren Bedeutung für die Deutschdidaktik. In: LUSD, H. 4, 1992, S. 7–29

Schuster, K.: Drama – Theater – Kommunikation. Bamberg: Buchner 1985

O Schuster, K.: Einführung in die Fachdidaktik Deutsch. Baltmannsweiler: Schneider (1992), 6. Aufl. 1996

Spinner, K. H.: Spieletüden zu Ernst Jandl „eulen". In: PRAXIS DEUTSCH, H. 136, 1996, S. 44–46

O Waldmann, G.: Grundzüge von Theorie und Praxis eines produktionsorientierten Literaturunterrichts. In: Hopster, N. (Hg.): Handbuch „Deutsch" für Schule und Hochschule. Sekundarstufe I. Paderborn: Schöningh 1984, S. 98–141

\* Walter, G.: Spiel und Spielpraxis in der Grundschule. Donauwörth: Auer 1993

Warns, E.: Die spielende Klasse. Ideen, Vorschläge und Texte für Schule und Gruppe. München: Pfeifer 1981

Whitmore, D.: Kreativitätsspiele mit Kindern. München: Kösel 1988

Ziehe, Th.: Jugendkulturen – angesichts der Entzauberung der Welt . Veränderte Möglichkeitshorizonte und kulturelle Suchbewegungen. In: Gerdsen / Wolff (Hg.), 1985

# 2 Traditionelle Spielformen
# Figurentheater: Kasperl-, Marionetten-, Masken-, Schattentheater

Andersen, T.: Das Puppenspielbuch. Ravensburg: Otto Maier 1979

→ Batek, O.: Einfache Marionetten zum Nachbauen. Ravensburg: Otto Maier 1985

\* Batek, O.: Marionetten. Stab-, Draht- und Fadenpuppen. Ravensburg: Otto Maier 1988

Baumann, H.: Kasperle hat viele Freunde. Ravensburg: Otto Maier 1971

\* Becker, I.: Marionetten leicht zu bauen. Stuttgart: Frech 1979

Beisl, H. u.a.: Puppen – Bau und Spiel im Kindergarten. Donauwörth: Auer 1981

\* Berg, M. J. van den: Schattenspiele. Freiburg: Christopherus 1988

Berri, G.: Masken selbst herstellen. Düsseldorf: Econ 1987

\* Bleisch, H. und Bleisch-Imhof, U.: Puppentheater, Theaterpuppen. Ein Werk- und Spielbuch. Aarau: AT 1991

\* Bollinger, H. u. a.: Maskentheater in der Schule. Handreichungen. Hamburg: Amt für Schule 1991

\* Canacakis, J. u. a.: Wir spielen mit unseren Schatten. Reinbek: Rowohlt 1986

Denneborg, H. M. und Gut, S.: Kinder laßt uns Kasperle spielen. Ravensburg: Otto Maier 1963

→ Dering, F.: Kasperl Larifari. Das Münchener Marionettentheater 1858–1988. München: Hugendubel 1988

→ Dunkel, P. F.: Schattenfiguren – Schattenspiel. Geschichte – Herstellung – Spiel. Köln: DuMont 1984

Ebeling, I.: Masken und Maskierung, Kult, Kunst und Kosmetik. Köln: DuMont 1984

O Ellwanger, W. / Grömminger, A.: Das Puppenspiel. Psychologische Bedeutung und pädagogische Anwendung. Freiburg: Herder 1989

\* Flemming, I.. Mit Schatten spielen. In: Praxix Spiel + Gruppe, Heft 3, 1989, S. 97–107

\* Fuglsang, M.: Schatten- und Schemenspiel in einer Tischbühne. Stuttgart: Frech 1988

Glathe, B.: Rhythmik Lernspiele. Wolfenbüttel: Kallmeyer 1985

→ Goldbrunner, H.: Masken – das andere Gesicht. In: Praxis Spiel + Gruppe, H. 2/1993, S. 54–59

Gsella, M.: Jetzt lassen wir die Puppen tanzen. Offenbach: Burckhardthaus-Laetare 1987

\* Haehnel, G. und Söll, F.: Wege zum Menschenschattenspiel. 35 Karten für Menschen von 10–100. Mülheim a. d. Ruhr: Die Schulpraxis, Verlag an der Ruhr, o.J.

\* Hentschel, J.: Kindertheater. Frankfurt: Brandes & Apel 1988

\* Hof, B., Sajuntz, H. und S.: Hände hoch! Ideen für das Puppenspiel. Reinbek: Rowohlt 1982

Hoffrage, H. u. a.: Stutzen, Staunen, Stöbern. Spiele mit Knud dem Umweltfreund. Münster: Ökotopia 1991

Knoedgen, W.: Das unmögliche Theater. Zur Phänomenologie des Figurentheaters. Edition Bühnenkunst, Bd.2. Stuttgart: Urachhaus 1990

→ Köhnen, D.: Marionetten. Selbst bauen und führen. Niedernhausen: Falken 1989

Kraus, G.: Das kleine Welttheater. Die Salzburger Marionetten. München: Hugendubel 1988

Lange, U. und Könemund, G.: Das Kasperle Buch. Ravensburg: Otto Maier 1987

\* Lenzen, K.-D.: Zirkusschule – Schulzirkus. Essen: NDS 1992

Lichtenstein-Brauneis: Marionetten. Figuren, die aus der Reihe tanzen. München: Compact 1989

Lietz, U.: Kasperletheater. Spieltexte und Spielanleitungen, Basteltips. Niederhausen: Falken 1982

Lietz, U.: Tri-tra-trullalla. Neue Texte mit Spielanleitungen fürs Kasperletheater. Niederhausen: Falken 1987

Marks, D. und Schneider, S.: Maskenbau und Maskenspiel. Offenbach: Burckhardthaus – Laetare 1988

Maul-Krumrich, G. / Krumrich W.: Marionetten. Bern, Stuttgart: Haupt 1985

Miller, N. / Riha, K. (Hg.): Kasperletheater für Erwachsene. Frankfurt: Insel 1978

→  Neuschütz, K.: Gib den Puppen Leben. Vom Wollknäuel zum Marionettentheater. Stuttgart: Freies Geistesleben 1985

→  Nold, W.: Die Maske in der Entwicklungsgeschichte der Menschen. In: Praxis Spiel + Gruppe, H. 2/1993, S. 60–64

*  Paerl, H. u. a.: Schattenspiele selbermachen. Ravensburg: Otto Maier 1985

Paerl, H.: Schattenspiel und das Spielen mit Silhouetten. München: Hugendubel 1981

Paster und Neijens: Schattenspiele. Reinbek: Carlsen 1987

Publikationskommission der UNIMA (Hg.): Figur und Spiel. Im Puppentheater der Welt. Berlin: Henschel 1977

○  Purschke, H. R.: Über das Puppenspiel und seine Geschichte. Frankfurt: Puppen & Masken 1983

Raab, A.: Das europäische Schattenspiel. Donauwörth: Auer 1970

→  Rathmann, I.: Handpuppen. Arbeitstechniken, Gestaltungsmöglichkeiten, Spielvorschläge. Wiesbaden: Englisch 1986

Rathmann, I.: Kinderfeste für das ganze Jahr. Wiesbaden: Englisch 1988

Reinckens, J.: Marionetten. Freiburg: Christopherus 1979

Reinhard, F.: Schattenspiele für Kinder. Modelle mit Musik. München: Don Bosco 1984

Reinhardt, F.: Menschen- und Figurenschattenspiele. Modelle – Szenen – Experimente. München: Don Bosco 1986

Reinhardt, F.: Schattenspiele für Kinder. Modelle mit Musik. München: Don Bosco o.J.

Rosar, R. J.: Spiel- & Bastelmappe, die 1. Saarbrücken: Kreisel 1988

*  Rothmann, N. und Markus, H.: Maskenspiel. Oberbrunn: Ahorn 1984

Rothstein, A.: Du wollen Clown spielen? Ein Zirkus-Spiel-Buch. Wien und München: Jugend und Volk 1979

*  Sander, H.: Marionetten, Techniken der Herstellung und des Spiels. Wiesbaden: Englisch 1989

Scheel, B. (Red.): UNIMA-Almanach 1979. Frankfurt: Puppen & Masken 1979

→  Scheu, H.: Puppen Theater Spiele. Frankfurt: Puppen & Masken 1982

Schlamp, R.: Rot und blau ist dem Kasperl sei Frau. Figurentheater. München: Don Bosco 1981

Schöni, A. u. a.: Schultheater 4. Theaterschule. Gümlingen: Zytglogge 1985

Seitz, R. (Hg.): Spiele mit Licht und Schatten. München: Don Bosco 1984

→  Seitz, R. (Hg.): Masken. Bau und Spiel. München: Don Bosco 1986

*  Sommer, K.: Maskenspiel in Therapie und Pädagogik. Paderborn: Junfermann 1992

Spitzing, G.: Das indonesische Schattenspiel. Bali – Java – Lombok. Köln: DuMont 1981

Steinmann, P. K.: Theaterpuppen. Ein Handbuch in Bildern. Frankfurt: Puppen & Masken 1980

→  Steinmann, P. K.: Figurentheater. Reflexionen über ein Medium. Frankfurt: Puppen & Masken 1983

Szilagyi, D.: Die Welt des Puppenspiels. O-Berlin: Henschel 1989

Thiesen, P.: Drauflosspieltheater. Weinheim und Basel: Beltz 1990

Till, W.: Puppentheater. Bilder, Figuren, Dokumente. München: Hugendubel 1986

Urbanski, R.: Maskenbau – Schminken – eigene Maske. Moers: Edition Aragon 1989

○ *  Waldmann, W.: Handpuppen, Stabfiguren, Marionetten. Gestalten, bauen, spielen. München: Hugendubel 1986

Waldmann, W. und Zerbst, M.: Theater spielen. Spieltips für Kinder von 6–12 Jahren. Zürich und Wiesbaden: Orell Füssli 1988

Weinkauff, G. (Hg.): Rote Kasper-Texte. Stücke aus den 20er Jahren für das Figurentheater. . . Frankfurt: Puppen & Masken 1986

Winkler, R.: Rituelle Maskenarbeit. Frankfurt: Puppen & Masken 1992

→    Wolf, W.: Kasperl Larifari. Ravensburg: Otto Maier 1986

Zwiefka, H.-J.: Slapstick, Pantomime, Maskenspiel. Moers: Edition Aragon 1988

## Pantomime

Avital, S.: Mimenspiel. Die Kunst der Körpersprache. Berlin: Herzschlag 1985

Bartussek, W.: Pantomime und darstellendes Spiel. Mainz: Matthias Grünewald 1990

O    Falckenberg, B. und Titt, G.: Die Kunst der Pantomime. Köln: Prometh 1987

Gerber, A. und Wroblewski, C. de: Anatomie der Pantomime. Hamburg: Rasch und Röhring 1985

Hamblin, K.: Pantomime. Spiel mit deiner Fantasie. Pittenhart-Oberbrunn: Ahorn 1979

*    Keysell, P.: Pantomime für Kinder. Über Ausdruck und Körpersprache zum Theaterspiel. Ravensburg: Otto Maier 1977

*    Keysell, P.: Pantomime mit Kindern. Ein Spielbuch für Kinder von 5 bis 12 Jahren. Ravensburg: Otto Maier 1985

Kramer, M.: Pantomime und Clownerie. Anleitung und Vorschläge. Offenbach: Burckhardthaus-Laetare 1986

*    Kramer, M.: Pantomime. 40 Spielstücke für Gruppen. Offenbach: Burckhardthaus-Laetare 1982

Marks, D.: Pantomime. Lingen: Burgtor 1983

Melczer-Lukacs, G. und Zwiefka, H.-J.: Akrobatische Theater für Clownerie, Schauspielerei, Pantomime. Moers: Edition Aragon 1989

Meyer, F.: Milan Sladek. Pantomimentheater. Köln: Bund-Verlag 1985

Molcho, S.: Körpersprache. München: Mosaik 1984

Molcho, S.: Magie der Stille. Mein Leben als Pantomime. München: Mosaik 1988

Molcho, S.: Partnerschaft und Körpersprache. München: Mosaik 1990

*    Müller, W.: Auf die Bühne, fertig, los! München: Pfeiffer 1988

*    Müller, W.: Körpertheater und Commedia dell'arte. München: Pfeiffer 1984

O *  Müller, W.: Pantomime. Eine Einführung für Schauspieler, Laienspieler . . . . München: Pfeiffer 1979

Nold, W. (Hg.): Mimen, Gaukler, Possenreißer. Frankfurt: Puppen & Masken 1987

Oppenheim, M.: Nomo. Spaß an der Pantomime. Aachen: Meyer & Meyer 1985

Pinok und Matho: Dynamik der Kreation: Wort- und Körpersprache. Köln: Schortemeier 1987

Reichel, G.: Bewegungstheater. Darstellen und pantomimisch spielen. Karlsruhe: Ettlinger o. J.

Schober, O. / Rosenbusch, H. S. (Hg.): Körpersprache in der schulischen Erziehung. Pädagogische und fachdidaktische Aspekte nonverbaler Kommunikation. Baltmannsweiler: Schneider (1986) 2. Aufl. 1995; darin Schober, O.: Körpersprache als Gegenstand des Deutschunterrichts. S. 215–243

Schober, O.: Zur Körpersprache von Jungen und Mädchen. In: Praxis Deutsch 12 (1985), Heft 73, S. 53–57

* Seidel, G.: Spiel ohne Probe. Stegreifspiele mit Kindern von 7–12. München: Don Bosco 1989

Soubeyran, J.: Die wortlose Sprache. Lehrbuch der Pantomime. Zürich: Orell Füssli 1984

Spier, A.: Mit Spielen Deutsch lernen. Frankfurt: Scriptor 1981

Vlatten, J.: Spiel ohne Worte. Eine Handreichung zur Pantomime. Recklinghausen: Landesarbeitsgemeinschaft NRW 1969

Zwiefka, H. J.: Pantomime, Ausdruck, Bewegung. Moers: Edition Aragon 1987

Zwiefka, H.-J.: Slapstick, Pantomime, Maskenspiel. Moers: Edition Aragon 1988

# Stegreiftheater
## Schulspiel – Schultheater – Dramen
(vgl. auch Titel zum alternativen und Freien Theater S. 207)

→ Abraham, U.: Mehr als Nachspielen und Vorspielen: Dramatisches Gestalten zwischen Prozeß- und Produktorientierung. In: LUSD, H. 4, 1992. S. 30–50

Abraham, U.: Sich ins Spiel bringen. Inszenierung im Kopf und ausgespielter Sinn im Übergang von der Rezeption zur dramatischen Gestaltung fiktionaler Texte. In: Beisbart, O. / Eisenbeiß, U. u. a. (Hg.): Leseförderung und Leseerziehung. Donauwörth: Auer 1993

* Batz, M. / Schroth, H.: Theater zwischen Tür und Angel. Hamburg: Rowohlt 1984

* Brokemper, P. und El Kerk, S.: So ein Theater. Einführung in die Theaterarbeit in Schule und Freizeit. Mülheim: Die Schulpraxis 1988

Brook, P.: Der leere Raum. Möglichkeiten des heutigen Theaters. München: dtv 1979

Bubner, C. / Mienert C.: Bausteine des darstellenden Spiels. Frankfurt: Hirschgraben 1987

Butzlaff, M. und Ille-Kopp, R.: Hinter den Kulissen. Mülheim: Die Schulpraxis 1988

Cechow, M. A.: Die Kunst des Schauspielers. Moskauer Ausgabe. Stuttgart: Urachhaus 1990

Dringenberg, R. und Krause, S. (Hg.): Jugendtheater – Theater für alle. Perspektiven – Projekte – Möglichkeiten. Braunschweig: Agentur Petersen 1983

Ebert, G.: Improvisation und Schauspielkunst. Über die Kreativität des Schauspielers. Berlin: Henschel o. J.

→ Fehlin, U. und Brost, H.: Kostümkunde. Mode im Wandel der Zeiten. Leipzig: VMA-Wiesbaden 1983

Fo, D.: Kleines Handbuch des Schauspielers. Frankfurt: Verlag der Autoren 1989

* Giffei, H. (Hg.): Theater machen. Ein Handbuch für die Amateur- und Schulbühne. Ravensburg: Otto Maier 1982

* Govier, J.: Theaterwerkstatt. Bühnenrequisiten selbst gemacht. Wiesbaden und Berlin: Bauverlag 1986

Hefft, G.: Das Spielleiterhandbuch. Wie Romeo und Julia nie spielen sollten. Reihe: „Theater Spiel" Bd. 8., Aachen: Meyer & Meyer 1991

→ Hentschel, I.: Kindertheater. Die Kunst des Spiels zwischen Phantasie und Realität. Frankfurt: Brandes & Apsel 1988

* Jenisch, J.: Methoden szenischer Spielfindung. Köln: Maternus 1987

Kunz, M. und Marchetti, A.: Erziehung zum Theater. Historische Einführung, Didaktische Darstellung, Spielanregungen zur Commedia dell'Arte. Zug: Klett und Balmer 1989

* Langer, G.: Darsteller ohne Bühne. Anleitung zum Rollenspiel im Unterricht. Stuttgart: Klett und Balmer 1989

Lippert, E. und Ohgke, A.: „Leonce und Lena" als Unterrichtsspiel und Schulspiel. Stuttgart: Klett 1989

Müller-Michaels, H.: Dramatische Werke im Deutschunterricht. Stuttgart: Klett 1975

\* Neuhaus, D.: Theater spielen. Anregungen, Übungen, Beispiele. Stuttgart: Reclam 1985

→ Nold, W.: Spiel- und Theateraktionen mit Kindern. München: Hugendubel 1987

→ Payrhuber, F.-J.: Das Drama im Unterricht. Rheinbreitbach: Dürr 1991

Praxis Grundschule: Darstellendes Spiel in der Grundschule. Braunschweig: Westermann, Heft 1 1991

Preu, O. und Stötzer, U.: Sprecherziehung für Studenten pädagogischer Berufe. Berlin: Volk und Wissen 1989

Renk, H.-E.: Dramatische Texte im Unterricht. Stuttgart: Klett 1986, 3. Aufl.

→ Reumont, A. von: Ein kreativer Versuch. Reihe: „Theater Spiel" , Bd. 3. Aachen: Meyer & Meyer 1985

Rheinische Arbeitsgemeinschaft für Spiel und Amateurtheater Aachen / Mönchengladbach (Hg.): Protokolle Bd.1, Protokolle Bd.2, Theater Selbermachen. Ein erster Schritt. Reihe: „Theater Spiel" , Bd. 4. Aachen: Meyer & Meyer 1984 - 1986

→ Riha, K.: Commedia dell'arte. Mit den Figurinen Maurice Sands. Frankfurt: Insel 1980

Rosenberg, C.: Praxis für das Bewegungstheater. Aachen: Meyer & Meyer 1990

\* Scheller, I. / Schumacher, R.: Das szenische Spiel in der Hauptschule. Uni Oldenburg: Zentrum für päd. Berufspraxis 1984

\* Scheller, I.: Wir machen unsere Inszenierungen selber. Uni Oldenburg: Zentrum für päd. Berufspraxis 1989, 2 Bde.

Schöni, A. u. a.: Schultheater 4. Theaterschule. Gümlingen: Zytglogge 1985

Schriever, E. und Wehmeier, U.: Spielwerkstatt. Aktion Erfahrungswelt. Düsseldorf: GPM 1989

Schuster, K.: Aspekte einer pragmatischen Dramendidaktik. In: Blätter für den Deutschlehrer, H. 2, Juni 1979, S. 33–41

Schwab, L. und Weber, R.: Theaterlexikon. Kompaktwissen für Schüler und junge Erwachsene. Bielefeld: Cornelsen / Scriptor 1991

\* Seidel, G.: Spiel ohne Probe. Stegreifspiele mit Kindern von 7 - 12. München: Don Bosco 1989.

Somplatzki, H.: Körpertraining und Bewegungsgestaltung im darstellenden Spiel. Recklinghausen: LAG NRW 1976

→ Spangenberg, E. u.a.: So einfach ist Theater. Vom Spaß haben und Spaß machen ... . München: Heinrich Ellermann 1979

\* Spolin, V.: Improvisationstechniken für Pädagogik, Therapie und Theater. Paderborn: Junfermann (1983), 4. Aufl. 1993

Streader, T. und Williams, J. A.: Theaterwerkstatt. Bühnenbeleuchtung selbstgemacht. Wiesbaden und Berlin: Bauverlag 1988

Thomas, T.: Theaterwerkstatt. Bühnenbild und Kulissen selbstgemacht. Wiesbaden und Berlin: Bauverlag 1987

\* Thurn, B.: Mit Kindern szenisch spielen. Entwicklung von Spielfähigkeiten; Pantomimen, Stegreif- und Textspiele. Bielefeld: Cornelson / Skriptor 1992

Wägner, H.: Schul- und Amateurtheater. Kommentierte Stücke aus der Spielpraxis. Siegen: Kalliope 1989

Wolfersdorf, P.: Darstellendes Spiel und Theaterpädagogik. Baltmannsweiler: Schneider 1984

Yang, D.: Theaterwerkstatt. Maskenbildnerei und Schminken. Wiesbaden und Berlin: Bauverlag 1988

## 3 Neuere Spielformen
Konfliktrollenspiel – Psychodrama – Planspiel – Selbsterfahrungsspiel –
New Games

(Vgl. auch Praxis des Spiels, allgemein S. 196)

Abresch, J.: Konkurrenz im Spiel – Spiele ohne Konkurrenz. Pohlheim: Mondstein 1981

Aissen-Crewett, M.: Darstellendes Spielen mit geistig behinderten Kindern. Dortmund: modernes lernen 1988

Ammann, R.: Heilende Bilder der Seele. Das Sandspiel. München: Kösel 1989

Arbeitsgemeinschaft Jeux Dramatiques: Ausdrucksspiel aus dem Erleben. Einführung – Methodik – Arbeitsblätter. Bern: Zytglogge 1987

Aschenbrenner-Egger, K. u. a. (Hg.): Praxis und Methode des Sozialtherapeutischen Rollenspiels . . . . Freiburg: Lambertus, 1987

Baer, U. und Thole, W. (Hg.): Kooperatives Verhalten im Spiel. Remscheid: Adademie Remscheid 1985

\* Baer, U.: 500 Spiele für jede Gruppe, für alle Situationen. Remscheid: Akademie Remscheid 1988

Barbucke, M. T. und Kluge, K.-J.: Handlexikon für therapeutisches Spiel. Bonn: Rehabilitationsverlag 1982

Bartl, A. und M.: Gedankenspiele. München: Don Bosco 1987

Bärwinkel, A. u. a.: Füße im Wind. Bewegung mit Kindern. Offenbach: Burckhardthaus-Laetare 1984

Behr, K. u. a.: Grundkurs für Deutschlehrer: Sprachliche Kommunikation. Analyse der Voraussetzungen und Bedingungen des Faches Deutsch in Schule und Hochschule. Weinheim: Beltz (1972), 5. überarb. Aufl. 1980

Behr, K. u. a.: Folgekurs für Deutschlehrer: Didaktik und Methodik der sprachlichen Kommunikation. Weinheim: Beltz 1975

→ Behr, K.: Rollenspiel. In.: Nündel, E. (Hg.): Lexikon zum Deutschunterricht. München: Urban & Schwarzenberg (1979) 1981, 2. Aufl.

Bellebaum, A.: Soziologische Grundbegriffe. Stuttgart 1972

→ Blumenthal, E.: Kooperative Bewegungsspiele. Schorndorf: Hofmann 1987

○ Bonk-Luetkens, M.: Planspiele und Planspielmodelle. In: Kreuzer, K. J., Bd 2, 1983, S. 269–284

\* Broich, J.: Erwachsenwerden. Szenen und Spiele für die Gruppenarbeit. Gelnhausen und Berlin: Burckhardthaus-Laetare 1983

\* Broich, J.: Rollenspiele mit Erwachsenen. Anleitungen und Beispiele für Erwachsenenbildung, Sozialarbeit und Schule. Reinbek: Rowohlt 1980

\* Brüggebors, G.: Körperspiele für die Seele. Hamburg: Rowohlt 1989

Buddensiek, W.: Pädagogische Simulationsspiele im sozio-ökonomischen Unterricht. Bad Heilbrunn: Klinkhardt 1979

Bünting, K.-D. / Kochan, D. C.: Linguistik und Deutschunterricht. Kronberg/Ts.: Scriptor 1973

Büttner, C.: Spiele gegen Streit, Angst und Not. Spielpädagogik und soziales Lernen. Waldkirch: Waldkircher Verlagsgesellschaft 1982

Bull, R.: Kognitive Entwicklung und Rollenspielaufgaben. In: Der Deutschunterricht. 1980, H. 4, S. 16–25

Carrington, P.: Das große Buch der Meditation. Bern, München, Wien: Scherz 1982

Cohan, R.: Dance Workshop. Bewegung – Ausdruck – Selbsterfahrung. Ravensburg: Otto Maier 1986

O  Cohn, R. C.: Von der Psychoanalyse zur themenzentrierten Interaktion. Stuttgart: Klett (1983), 6. Aufl.

Dirx, R.: Kind ärgere dich nicht. 288 Spiele ohne Verlierer. Frankfurt: Fischer 1984

Döbler, E. und H.: Kleine Spiele. Berlin: Volk und Wissen 1983

Dörner, D.: Die Logik des Mißlingens. Strategisches Denken in komplexen Situationen. Reinbek: Rowohlt 1989

Dornette, W. und Pulkowski, H. B.: Konfliktspiele. Experimentelle Spiele in der Psychologie. München und Basel: Ernst Reinhardt 1974

Dreitzel, H. P.: Die gesellschaftlichen Leiden und das Leiden an der Gesellschaft. Vorstudien zu einer Pathologie des Rollenverhaltens. Stuttgart 1972

Dychtwald, K.: Körperbewußtsein. Essen: Synthesis 1981

*  Ehrlich, M. und Vopel, K. W.: Phantasiereisen. Hamburg: Isko-Press 1987

Ehrlich, P. und Heimann, K.: Bewegungsspiele für Kinder. Dortmund: modernes lernen 1986

*  Fluegelman, A. und Tembeck, S.: New Games. Die Neuen Spiele, Bd. 1. Pittenhart-Oberbrunn: Ahorn 1980

*  Fluegelman, A.: New Games. Die Neuen Spiele, Bd. 2. Pittenhart-Oberbrunn: Ahorn 1982

Frei, H.: Jeux Dramatiques mit Kindern 2. Ausdrucksspiel aus dem Erleben. Bern: Zytglogge 1990

→  Freudenreich, D. u. a.: Rollenspiel. Rollenspiellernen für Kinder und Erzieher. Hannover: Schroedel 1976

O  Freudenreich, D.: Rollenspiel und soziales Lernen im Unterricht. In: Kreuzer, J., Bd. 2, 1983

O  Fritz, J.: Mit Spielliteratur umgehen. Hinweise zur Datenbankbenutzung. Mainz: Grünewald o.J.

Fritz, J. (Hg.): Interaktionspädagogik. Methoden und Modelle. München: Juventa 1975

*  Fritz, J.: Mainzer Spielkartei. Mainz: Matthias-Grünewald-Verlag 1986

Fritz, J.: Vom Verständnis des Spiels zum Spielen mit Gruppen. Mainz: Grünewald 1986

O  Fritz, J.: Methoden sozialen Lernens. München: Juventa (1977), 1981, 2. Aufl.

Fröhlich, P.: Rollenspiel und Sozialverhalten. Frankfurt: Haag + Herchen 1981

Frör, H.: Spielend bei der Sache. Spiele für Gruppen. München: Chr. Kaiser 1989

*  Griesbeck, J.: Jeder Anfang ist ein Spiel. 66 Spiele zum Kennenlernen. München: Don Bosco 1989

*  Griesbeck, J.: Werkstatt-Spiel. Spaß und Kommunikation in Gruppen. München: Don Bosco 1982

O *  Gudjons, H.: Spielbuch Interaktionserziehung. Bad Heilbrunn: Klinkhardt (1977), 6. erw. Aufl. 1995

Haberkorn, R.: Rollenspiel im Kindergarten. Erfahrungen aus Modellkindergärten. München: Juventa 1978

Harms, P. A.: Lehrtheater, Lerntheater. Analysen, Kriterien, Beispiele. Münsterdorf: Hansen & Hansen 1978

Heimlich, R.: Soziales und emotionales Lernen in der Schule. Weinheim und Basel: Beltz 1988

Höper, C.-J. u. a.: Die spielende Gruppe. Wuppertal: Jugenddienst 1974

Hoff, H.: Märchen erzählen und Märchen spielen. Freiburg: Herder 1989

Ingendahl, W.: Szenische Spiele im Deutschunterricht. Düsseldorf: Schwann 1981

Jacobi, S.: Sinnlicher Alltag. Ein Kreativitäts-Training. Bern: Zytglogge 1991

Jost, E. (Hg.): Spielanregungen – Bewegungsspiele. Reinbek: Rowohlt 1985

Kischnick, R.: Was die Kinder spielen. Bewegungsspiele für die Schuljugend. Stuttgart: Freies Geistesleben 1960

Klein, I.: Freizeitfahrplan. Ein Handbuch für Kinder- und Jugendgruppen. München: Peiffer 1978

→  Klosinski, G.: Problemlösen im Psychodrama. In: Kreuzer, K. J., 1984, Bd. 4, S. 131–153

Klosterkötter, B.-S.: Spielendes Lernen und Rollenspiel zwischen Sinnlichkeit und Vernunft. Rheinstetten: Schindele 1980

Kluckhuhn, R.: Rollenspiel in der Hauptschule. Braunschweig: Westermann 1978

→  Kochan, B. (Hg.): Rollenspiel als Methode sprachlichen und sozialen Lernens. Kronberg/Ts.: Scriptor (1974), 1981

Kochan, B.: Szenisches Spielen. In: Praxis Deutsch (1976) H. 20, S. 10–18

→  Kochan, B.: Rollenspiel, Planspiel. In: Stocker, K. (Hg.): Taschenlexikon der Literatur- und sprachdidaktik. Frankfurt. Hirschgraben (1976), 1987, 2. Aufl.

Kramer, M.: Das praktische Rollenspielbuch. Offenbach: Burckhardthaus-Laetare 1981

Krappmann, L.: Lernen durch Rollenspiel. In: Klewitz / Nickel: Kindertheater und Interaktionspädagogik. Stuttgart 1972.

Krause, S.: Zur Praxis des Rollenspiels in der Schule. Stuttgart: Thienemann 1975

Krejci, M.: Fachdidaktik Deutsch als Wissenschaft. In: Blätter für den Deutschlehrer. Heft 3, 1975, S. 83–92

Kube, K.: Spieldidaktik. Düsseldorf: Schwann 1977

Kutzleb, U. u. a.: Zeit für Zärtlichkeit. Wuppertal: Jugenddienst 1977

Lang, H. G.: Spiele in der religiösen Erziehung. Grundlegung und Beispiele. Tübingen: Katzmann 1985

Lauster, P.: Sensis. Sich selbst und andere besser kennenlernen. Düsseldorf: Econ 1986

*  LeFevre, D.: Das kleine Buch der neuen Spiele. Oberbrunn: Ahorn 1985

Leifels, G. und Mölter, U.: Konflikte spielend begreifen. Offenbach: Burckhardthaus-Laetare 1984

Lief Barlin, A.: Fliegen möcht ich. Kreative Bewegungserziehung mit Kindern. Ravensburg: Otto Maier 1982

Lowtzow, C. von: Spielend Gruppe werden. 128 heitere Spielideen auf Karten. München: Don Bosco 1984

Malek, W. und R., Rainer J.: Jugendgruppenleiter. Konzepte zur Aus- und Fortbildung. Saarbrücken: Kreisel 1988

Malek, W.: Thema: Sexualität & Partnerschaft. Wochenseminare mit Jugendlichen. Saarbrücken: Kreisel 1986

Manteufel, E. und Seeger, N.: Selbsterfahrung mit Kindern und Jugendlichen. München: Kösel 1992

Manthey, R.: Theorie und Praxis des Planspiels im Geographieunterricht. Frankfurt und Bern: Peter Lang 1990

Masters, R. und Houston, J.: Phantasie-Reisen. Zu neuen Stufen des Bewußtseins. München: Kösel 1984

Moegling, B. und K.: Sanfte Körpererfahrung. Für dich selbst und zwischen uns. Kassel: Kasseler Verlag 1986

Moegling, K.: Sanfte Körpererfahrung. Band II. Kassel: Kasseler Verlag 1984

Mönkemeyer, K.: Spiele mit Tiefgang. Sich selbst und andere erkennen. Reinbek: Rowohlt 1992

O    Moreno, J. L.: Das Stegreiftheater. Potsdam: Kiepenheuer (1924), 1970

→    Moreno, J. L.: Gruppenpsychotheapie und Psychodrama. Stuttgart: Thieme 1972

Nündel, E.: Kompendium Didaktik Deutsch. München: Ehrenwirth 1980

*    Orlick, T.: Kooperative Spiele. Herausforderung ohne Konkurrenz. Weinheim und Basel: Beltz 1982

*    Orlick, T.: Neue kooperative Spiele. Weinheim und Basel: Beltz 1985

Peter, B. und Geissler, A.: Muskelentspannung. München: Mosaik 1978

→    Petzold, H.: Psychodrama-Therapie. Paderborn: Junfermann 1985

→    Petzold, H.: Theater oder Das Spiel des Lebens. Frankfurt: Verlag für Hum. Psych. 1982

Philipps, I.: Körpersprache der Seele. Übungen und Spiele zur Sexualität. Wuppertal: Hammer 1989

Rademacher, H.: Spiele zum interkulturellen Lernen. Köln: Ulrich Baer 1987

Robinsohn, S. B.: Bildungsreform als Revision des Curriculum. Neuwied: Luchterhand (1967), 1975, 5. Aufl.

Rosenberg, C.: Praxis für das Bewegungstheater. Aachen: Meyer & Meyer 1990

Schneider, M. und Steininger, E.: Spielmodelle. Animationen und Rollenspiele. Wien: Österreichischer Bundesverlag 1987

Schober, O. (Hg.): Sprachbetrachtung und Kommunikationsanalyse. Beispiele für den Deutschunterricht. Königstein/Ts.: Scriptor 1980

Schön, W.: Rollenspiel als Unterrichtsmethode. Wien: Österreichischer Bundesverlag 1982

Schuster, K.: Literaturunterricht unter kommunikativem Aspekt. Baltmannsweiler: Schneider 1978

Schuster, K.: Neuere Aspekte von Theorie und Praxis des Rollenspiels im Deutschunterricht. In: Blätter für den Deutschlehrer, H. 2, 1985b, S. 42–50

Schuster, K.: Das Spiel im Deutschunterricht der Sekundarstufe I und II unter besonderer Berücksichtigung interaktionistischer Formen. In: Spanhel, D. (Hg.): Das Spiel bei Jugendlichen. Ansbach: Verlagsgesellschaft 1985, S. 118–137

Schuster, K.: Interaktionistische Spielformen in Schule und Theater. In: Gerdsen, R. / Wolff, J. (Hg.): Deutschunterricht im Umfeld seiner Herausforderer: Jugendkulturen und Medien. Stuttgarter Germanistentag 1985 (Veröffentlichung des Deutschen Germanistenverbandes), 1987, S. 812–840

Schuster, K.: Das Rollenspiel im Unterricht. In: unterrichten und erziehen. 1991, Heft 1, S. 7–13

Schwäbisch, L. / Siems, M.: Selbstentfaltung durch Meditation. Eine praktische Anleitung. Reinbek: Rowohlt 1976

O *  Schwäbisch, L. / Siems, M.: Anleitung zum sozialen Lernen für Paare, Gruppen und Erzieher. Kommunikations- und Verhaltenstraining. Hamburg: Rowohlt (1974) 1989

Seidl, E. / Pohl-Mayerhöfer, R. (Hg.): Rollenspiele für Grundschule und Kindergruppen. München: bsv 1976

Sibler, H. P. u. a.: Spiele ohne Sieger. Ravensburg: Otto Maier 1976

Stankewitz, W.: Szenisches Spiel als Lernsituation. München, Wien, Baltimore: Urban & Schwarzenberg 1977

Stocker, K. (Hg.): Taschenlexikon der Literatur- und Sprachdidaktik. Kronberg/Ts. / Frankfurt/M.: Scriptor u. Hirschgraben (1976), 1987, 2. Aufl.

Stöcklin-Meier: Kranksein und Spielen. Zürich: Orell Füssli 1982

Thielicke, B.: Das Lerntheater als Modell eines pädagogischen Theaters im Strafvollzug. Frankfurt: Haag + Herchen 1980

Vagt, R.: Planspiel. Konfliktsimulation und soziales Lernen. Heidelberg: Schindele 1983

Vohland, U.: Neue Spiele für draußen und drinnen. Köln: Bund 1988

\*　Vopel, K. W.: Anfangsphase 1. Hamburg: Isko-Press, 1984

\*　Vopel, K. H.: Anfangsphase 2. Hamburg: Isko-Press 1984

\*　Vopel, K. H.: Anwärmspiele. Hamburg: Isko Press 1981

\*　Vopel, K. H.: Interaktionsspiele für Kinder. 4 Teile. Hamburg: Isko-Press 1980

\*　Vopel, K. H.: Interaktionsspiele für Jugendliche. Hamburg: Isko-Press 1980

(Von Vopel gibt es im Isko-Press-Verlag noch eine ganze Reihe von einschlägigen Veröffentlichungen)

Wagner, R.: Formen spielerischen Lernens im Sachunterricht der Grundschule. Ansbach: Prögel 1985

Wallbott, H. G.: Mimik im Kontext. Göttingen: Hogrefe 1990

→　Warm, U.: Rollenspiel in der Schule. Tübingen: Niemeyer 1981

Warns, E.: Spiele zum Thema Dritte Welt. Band 2: Spielaktionen und Workshops. Gelnhausen, Berlin, Stein: Burckhardthaus-Laetare 1981

Wendlandt, W. (Hg.): Rollenspiel in Erziehung und Unterricht. München und Basel: Ernst Reinhardt 1977

Whitmore, D.: Kreativitätsspiele mit Kindern. München: Kösel 1988

\*　Wormser, R.: Sensitiv Spiele. München: Mosaik 1976

Zacharias, W. (Hg.): Spielraum für Spielräume. Zur Ökologie des Spiels 2. München: Pädagogische Aktion 1987

\*　Zalfen, W.: Spielräume. Über 100 Vorschläge für Spiel, Bewegung, Kommunikation. Mainz: Grünewald 1988, 2. Aufl.

Zobrist, N. u.a.: Schultheater 3. Spiele ohne Aufwand. Gümlingen: Zytglogge 1979

## Alternatives und Freies Theater

Barba, E.: Jenseits der schwimmenden Inseln. Reflexionen mit dem Odin-Theater. Theorie und Praxis des Freien Theaters. Reinbek: rowohlts enzyklopädie 1985

O \*　Batz, M. / Schroth,H.: Theater zwischen Tür und Angel.Hamburg: Rowohlt 1984

Baumgarten, M. / Schulz, W. (Hg.): Die Freiheit wächst auf keinem Baum . . . Theaterkollektive zwischen Volkstheater und Animation. Berlin: Medusa 1979

\*　Boal, A.: Theater der Unterdrückten. Frankfurt: Suhrkamp (1979) 1989, 2., erw. Aufl.

→　Harjes, R.: Handbuch zur Praxis des Freien Theaters. Köln: DuMont 1983

O　Hinck, W.: Das moderne Drama in Deutschland. Göttingen: Vandenhoeck 1973

Rühle, G.: Theater in unserer Zeit. Frankfurt: Suhrkamp 1976

→　Weihs, A.: Freies Theater. Hamburg: Rowohlt 1981

# 4 Das literarische Rollenspiel

Balhorn, H.: Freud in der Grundschule. Zu D. Freudenreichs Märchendeutungen. In: Die Grundschulzeitschrift, H. 48, 1991, S. 31

→　Blumensath, H.: Ein Text und seine Inszenierung. In: Praxis Deutsch. H. 115, 1992, S. 27–29

Böseke, H. und Land, U.: Worte im Aufwind. 100 Schreibspiele und Schreibaktionen. Remscheid: Bundesverein. kult. Jugendbild 1989

Braak, I.: Poetik in Stichworten. Kiel: Hirt 1972, 4. Aufl.

Eggert, H.: Literarische Rollenspiele. In: Der Deutschunterricht. 1980, H. 4, S. 80–86

→　Eggert, H. / Rutschky, M.(Hg.): Literarisches Rollenspiel in der Schule. Heidelberg: medium lit. 10, 1978

*　Freudenreich, D. / Sperth, K.: Stundenblätter: Rollenspiele Literaturunterricht. Sekundarstufe I. Stuttgart: Klett 1983

Freudenreich, D.: Hilfe von Märchenhelden. Die Forderung nach Ablösung von den Eltern. In: Die Grundschulzeitschrift. H. 48, 1991, S. 27–30

Glöckel, H.: Vom Unterricht. Lehrbuch der Allgemeinen Didaktik. Bad Heilbrunn: Klinkhardt 1990

*　Hoff, H.: Märchen erzählen und Märchen spielen. Freiburg: Herder 1989

Iser, W.: Die Appellstruktur der Texte. Unbestimmtheit als Wirkungsbedingung literarischer Prosa. Konstanzer Universitätsreden 28, Konstanz 1970

Jank, W. / Meyer, H.: Didaktische Modelle: Grundlegung und Kritik. Oldenburg: Karl-v.-Ossietzky-Uni V. 1990

Klinge, R.: Szenisches Interpretieren. In: Der Deutschunterricht. 1980, H. 4, S. 87–97

Meckling, I.: Fragespiele mit Literatur. Übungen im produktiven Umgang mit Texten. Frankfurt: Diesterweg 1985

Müller, E.: Auf der Silberlichtstraße des Mondes. Frankfurt: Fischer 1985

PRAXIS DEUTSCH: Szenische Interpretation. Hsrg.: Scheller, I., H. 136, März 1996

Psaar, W.: Spiel und Umwelt in der Kinderliteratur der Gegenwart. Paderborn: Schöningh 1973

Reger, H.: Kinderlyrik in der Grundschule. Baltmannsweiler: Schneider 1990

Rötzer, H. G. (Hg.): Märchen. Bamberg: Buchner 1992

*　Schau, A.: Szenisches Interpretieren. Konzeption – Modell - Versuch. In: Deutschunterricht. 1992, H. 9, S. 430–435

Schober, O.: Die Emotionalität des Schülers im Deutschunterricht. In: Beckmann, H.-K. / Fischer, W. (Hrsg.): Herausforderung der Didaktik. Bad Heilbrunn: Klinkhardt 1990

Schuster, K.: Zur Theorie und Praxis des literarischen Rollenspiels. In: Blätter für den Deutschlehrer. H. 2, 1988, S. 33–46

Schuster, K.: Aspekte des literarischen Rollenspiels. In: Grundschulunterricht. H. 4, 1993, S. 13–16

Schutte, J.: Einführung in die Literaturwissenschaft. Stuttgart: Metzler 1985

Springfeld, U.: Schreibspiele. 46 spannende Spielereien für gewitzte Wortverdreher. Köln: Du Mont 1989

*　Waldmann, G.: Produktiver Umgang mit Lyrik. Baltmannsweiler: Schneider (1988), 1996, 4. Aufl.

Zitzlsperger, H.: Kinder spielen Märchen. Schöpferisches Ausgestalten und Nacherleben. Weinheim und Basel: Beltz Praxis 1984

## 5  Spielformen im Umfeld des Deutschunterrichts
## Das Lernspiel (Sprachspiele) – Musik und Spiel – Schreibspiele –
## Mediale Formen

Baerenreiter, H. u. a.: Jugendliche Computerfans: Stubenhocker oder Pioniere? Opladen: Westdeutscher Verlag 1990

Baur, A.: Fließend sprechen. Sprachspiele für Kinder von 4–12 Jahren. Schaffhausen: Novalis 1988

Everling, E.: Ein Hörspiel produzieren. Aneignung sprachlicher und technischer Gestaltungs elemente in der Sekundarstufe I. Frankfurt: Skriptor 1988

Ferenz, H.: „Schulradio". Bericht über ein geplantes Projekt. In: Praxis Deutsch, Nr. 109, 1991, S. 12

Fried, L. und Christmann, M.: Neue Übungen und Spiele zur Lautunterscheidung. Weinheim und Basel: Beltz 1987

Fried, L.: Spiele und Übungen zur Lautbildung. Weinheim und Basel: Beltz 1988

Fritz, J.: Im Sog der Videospiele. Was Eltern wissen sollten. München: Kösel 1985

Gerg, K.: Musik – Sprache – Bewegung. Gestaltungsmodelle für den Unterricht. München: Prögel 1986

*    Glathe, B.: Die kleine Hexe Huckepack. Sieben Singspiele für Kinder. Wolfenbüttel: Kallmey er 1984

*    Gollwitz, G.: 100 neue Sprechspiele, Band II. Regensburg: Gollwitz 1988

*    Gollwitz, G.: 100 neue Sprechspiele. Regensburg: Gollwitz 1988

Haardt, A.-M. und Klemm, H.: Musiktherapie. Selbsterfahrung durch Musik. Wilhelmshaven: Heinrichshofen's Verlag 1982

→    Haas, G.: Das Hörspiel – die vergessene Gattung? In: Praxis Deutsch, Nr. 109, 1991, S. 13–19

*    Herholz, G. / Mosler, B.: Die Musenkußmischmaschine. 120 Schreibspiele für Schulen und Schreibwerkstätten. Essen: Neue deutsche Schule 1991

Hirschbold, K.: Spiel und Spaß mit der Sprache. Wien: Österreichischer Bundesverlag 1988

Klose, W.: Didaktik des Hörspiels. Stuttgart: Reclam 1974

Kluge, N.: Spielen und Erfahren. Der Zusammenhang von Spielerlebnis und Lernprozeß. Bad Heilbrunn: Klinkhardt 1981

*    Küntzel-Hansen, M.: Musikspiele. Wolfenbüttel: Kallmeyer 1985

Lauster, U.: Aufsatzspiele 2. Für das dritte und vierte Grundschuljahr. Reutlingen: Ensslin & Laiblin 1974

(Ursula Lauster hat eine Vielzahl – ich habe 28! solcher Publikationen gezählt – von solchen Heften, z. B. Rechtschreibspiele, Grammatikspiele, Konzentrationsspiele, Lesespiele, im Ensslin & Laiblin Verlag herausgebracht.)

Lermen, B. H.: Das traditionelle und neue Hörspiel im Deutschunterricht. Strukturen, Bei spiele und didaktisch-methodische Aspekte. Paderborn: Schöningh 1975

Lorenz, T.: Blitzbutz. Neue Sing-, Sprech- und Lernspiele für Kinder von 4–10. Boppard: Fidu la 1987

Meyer-Denkmann, G.: Kassettenrekorderspiele und Tonbandproduktionen. Regensburg: Bosse 1985

Nietsch, M. (Hrsg.): Wenn ich schreibe … Empirische Studien zu Schreibanregung, Motivati on, Blockaden, Textarbeit und -deutung. Berlin: Schelsky / Jeep 1990

Peukert, K. W.: Sprachspiele für Kinder. Programm zur Sprachförderung. Reinbek: Rowohlt 1975

\* Regelein, S.: Lernspiele für die Grundschule. München: Prögel 1987

\* Regelein, S.: Lernspiele im Deutschunterricht. Neue Lernspiele für die Grundschule. München: Prögel 1988

Reichel, G.: Kreativ Tanzen. Bewegungserfahrung und Ausdruckstanz. Ettlingen: Ettlinger 1990

Reinhardt, F.: Spiel mit Klängen. Anleitungen für Kindergarten und Grundschule. München: Don Bosco o.J.

Riedl, F. X. / Schweigert, A.: Erzählen – Spielen – Schreiben. Aufsatzerziehung in den Jahrgangstufen 3 und 4. Donauwörth: Auer 1992, 5. Aufl.

Schiffler, H.: Spielformen als Lernhilfe. Freiburg: Herder 1982

Schuster, K.: Gefährliches Spiel. Umwandlung eines Zeitungsberichtes in ein Kriminalhörspiel: Vergleich der Fiktion mit der Realität. In: Praxis Deutsch, Heft 44, 1980, S. 38–41

\* Schuster, K.: Das personal-kreative Schreiben im Deutschunterricht. Baltmannsweiler: Schneider 1995

Spanhel, D.: Jugendliche vor dem Bildschirm. Neueste Forschungsergebnisse. Weinheim: Deutscher Studien Verlag 1990

Spier, A.: Mit Spielen Deutsch lernen. Frankfurt: Cornelsen 1992, 8. Aufl.

\* Stadler, B.: Sprachspiele in der Grundschule. Donauwörth: Auer 1986

\* Stadler, B.: Sprachspiele in der Hauptschule. Donauwörth: Auer 1986

Steffens, W.: Das Gedicht in der Grundschule. Düsseldorf: Hirschgraben 1973

Steffens, W.: Spielen mit Sprache. Aspekte eines kreativen Sprach- und Literaturunterrichts im 1. bis 6. Schuljahr. Frankfurt: Hirschgraben 1981

Stöcklein-Meier, S.: Sprechen und Spielen. Ravensburg: Maier 1980

→ Storms, G.: Spiele mit Musik. Spiele zur Einführung und zum Kennenlernen. Frankfurt und Salzburg: Diesterweg und Sauerländer 1984

Wagner, R.: Formen spielerischen Lernens im Deutschunterricht der Grundschule. München: Prögel 1984

Werder L. von: ... triffst Du nur das Zauberwort. Eine Einführung in die Schreib- und Poesietherapie. München: Urban & Schwarzenberg 1986

Werder L. von: Schreiben als Therapie. München: Pfeiffer 1988

Werder L. von: Lehrbuch des kreativen Schreibens. Berlin: ifk (1990), 1993, 2. Aufl.

Würffel, S. B.: Das deutsche Höspiel. Stuttgart: Metzler 1978

Zinker, J.: Gestalttherapie als kreativer Prozeß. Paderborn: Junfermann 1984

# Sachregister

Karl Schuster

# Das personal-kreative Schreiben im Deutschunterricht

Theorie und Praxis. 1995. IX, 242 Seiten. Kt.

ISBN 387116481X. FPr. DM 36,—

Die **personal-kreativen Schreibformen** wurden im letzten Jahrzehnt heftig diskutiert. Sie sollen dem Aufsatzunterricht neue Impulse geben. Viele Lehrpläne haben bereits eine Umstellung vollzogen. Aber noch längst nicht alle LehrerInnen sind ausreichend informiert und geschult, um solche Schreibverfahren effektiv einzusetzen. Diese Lücke möchte die vorliegende Publikation schließen.

Zunächst werden die **Voraussetzungen und Bedingungen der Entwicklung der personal-kreativen Schreibformen** beschrieben. Hilfreich zum Verständnis heutiger Positionen ist ein **historischer Rückblick**.

Im Zentrum der Ausführungen des Buches aber stehen **konkrete Schreibmöglichkeiten, Situationen und Themen des personal-kreativen Schreibens** z. B.:

- Die Cluster-Methode (einschließlich des Mind-Mapping)
- Schreiben auf der Grundlage der Aktivierung von Körpergefühlen (Tasten – Riechen – Hören – Sehen – Schmecken)
- Schreiben in Situationen
- Psychologisch orientierte Schreibverfahren und -methoden (z. B. die Phantasiereise, der Traum als Schreibanlaß)
- Schreiben zur biographischen Selbstvergewisserung
- Personal-kreatives Schreiben im Literaturunterricht

Besonders wichtig ist es, aufzuzeigen, daß Methoden und Verfahren des **personal-kreativen Schreibens** auch im **traditionellen Aufsatzunterricht** eingesetzt werden können.

Der Autor hat viele Jahre das personal-kreative Schreiben in der Grundschule, der Hauptschule, in der Realschule und im Gymnasium (auch in Schreibseminaren der Universität und in der Lehrerfortbildung) erprobt, so daß er sich auf eigene Erfahrungen und auf umfangreiches Material (z. B. viele Schülertexte) stützen konnte. Eine **Fülle von konkreten Schreibvorschlägen** können den LehrerInnen aller Schularten helfen, den Aufsatzunterricht radikal umzustellen.

Das Buch möchte sich aber auch an Studierende und Dozenten des Faches Deutsch, die sich mit diesem Lernbereich intensiv auseinandersetzen wollen, richten. Nützlich kann es allen SchreiblehrerInnen sein.

 **Schneider Verlag Hohengehren;
Wilhelmstr. 13
73666 Baltmannsweiler**

KARL SCHUSTER

# Einführung in die Fachdidaktik Deutsch

6., überarb. Aufl., 1996. VII, 262 Seiten. Kt. ISBN 3871164852. FPr. DM 28,—

**Aus Rezensionen:**

Insgesamt wird diese Publikation ihrem Einführungscharakter gerecht: Eine gut durchschaubare Gliederung, viele Übersichten und graphische Darstellungen, eine sorgfältig angelegte Bibliographie und die konsequente Verbindung von theoretischen Ausführungen mit unterrichtspraktischen Beispielen machen dieses Fachbuch zu einer nützlichen und gut handhabbaren Lektüre. Den Studienanfängern gibt der Band einen Überblick über die Grundlagen der Fachdidaktik Deutsch, den Examenskandidaten hilft er beim Wiederholen und Systematisieren, Praktiker können ihm vielfach Anregungen für den eigenen Unterricht entnehmen.

Dr. Astrid Müller: PRAXIS DEUTSCH, 1/1993

Dem interessierten Deutschlehrer bietet der Band einen konzentrierten Einblick in die Entwicklung deutschdidaktischer Konzeptionen und in deren Bezüge zu anderen Wissenschaften. Insbesondere die Ausführungen zu neueren Tendenzen vermitteln zudem vielfältige Anregungen für die tägliche Unterrichtspraxis.

Dr. Ingrid Kunze, Deutschunterricht, 7/8/1992

Gut ausgewählte Literaturhinweise erleichtern das Arbeiten mit dem Buch. Alle diese Vorzüge machen das Buch zur wichtigen Hilfe für alle aktiven und angehenden Lehrerinnen und Lehrer.

Prof. Dr. Erich Reichert: Erziehungswissenschaft u. Beruf, 3/1992

GÜNTER WALDMANN

# Produktiver Umgang mit Lyrik

Eine systematische Einführung in die Lyrik, ihre produktive Erfahrung und ihr Schreiben. Für Schule (Sekundarstufe I und II) und Hochschule sowie zum Selbststudium

4. korr. Auflage, 1996. VIII, 279 Seiten. Kt. ISBN 3871164860. FPr. DM 36,—

„Günter Waldmann hat nun für die Gattung Lyrik ein Buch vorgelegt das sich als systematische Einführung in diesen unterrichtlich oft schwer zu vermittelnden Bereich der Literatur versteht und die Gattung Lyrik nicht von ihren abstrakten literarischen Formen, sondern von der aktiv-produktiven Rezeption des Lesers her erfahrbar werden läßt. Behandelt werden u.a. Metrum, Rhythmus, Lautsymbolik, Alliteration, Reim, Wortwiederholung, Leitmotiv, Mehrdeutigkeit, Metapher, Allegorie, Symbol, Enjambement, Inversion, Parallelismus, Strophe. Mit mehrfach erprobten Arbeitsanregungen versehen, bietet der Autor viele detaillierte Vorschläge für die einzelnen Klassenstufen (5. Klasse bis Leistungskurs), Hinweise, die auch für das Selbststudium und die Arbeit in Schreibseminaren und -workshops interessant sind. Ziel für den Lyrikunterricht ist dabei nicht eine Art lyrische Schreibschule, die kleine bzw. junge Dichter hervorbringen soll, sondern eine Einführung in die Lyrik, die über produktive Erfahrung und ein 'learning by doing' erfolgt.

Auch wenn der Deutschlehrer vielleicht nicht alle 135 Arbeitsaufgaben verwirklichen kann, so hat er mit diesem Buch doch ein didaktisch gut aufbereitetes Arbeitsmittel, mit dessen Hilfe den Schülern ein deutlich leichteres und dabei intensiveres literarisches Lernen, aber auch ein weitaus lustvollerer Umgang mit Lyrik als üblich ermöglicht wird."

Das Gymnasium in Bayern

**Schneider Verlag Hohengehren;**
**Wilhelmstr. 13**
**73666 Baltmannsweiler**